"十三五"职业教育国家规划教材

"十二五"职业教育国家规划教材
经全国职业教育教材审定委员会审定

"教学做一体化"
特色教材

21世纪高职高专会计类专业课程改革规划教材

财经法规与会计职业道德（第五版）

主　编　丁增稳

副主编　郑兴东　李海燕

中国人民大学出版社

·北京·

前 言

为了宣传财经法规，加强会计人员的会计职业道德，我们组织了全国会计理论界和实务界的有关专家学者进行研讨，修订了本教材。本教材按照2017年新修订的《中华人民共和国会计法》和《会计专业教学标准》，结合财经院校和广大考生的实际教学需要编写，同时新增了课程思政专栏。其特点概括如下：

（1）体例新颖，引人入胜。本书在每章之首采用案例导入，使学习者读后疑问骤起、思绪萦绕，大有身临其境之感。同时，增加了"案例分析""小思考"等专栏，使教材的可阅读性大大提高。

（2）习题配套，学做合一。本书分章节组织习题，教师在完成单元教学的同时，学生也及时完成配套习题的练习，达到理论知识和考证技能并重，教、学、做融为一体。

（3）最新法规，讲解透彻。本书及时更新会计法律制度、结算法律制度、财政法律制度等相关法律法规，同时使用通俗易懂的语言进行讲解和分析。

（4）在线视频，在线测试。本书在教材部分增加了MOOC在线资源，使用者扫二维码就能观看视频，无须付费。同时，对每个章节的单项选择题、多项选择题和判断题设置二维码，学习者扫码就能进行在线测试，及时检查学习效果。

本书由安徽商贸职业技术学院丁增稳教授担任主编，安徽商贸职业技术学院郑兴东、李海燕担任副主编。具体分工如下：丁增稳编写第一章和第三章，郑兴东编写第二章，李海燕编写第四章。全书最后由丁增稳总纂定稿。

本书于2020年被评为"十三五"职业教育国家规划教材，2014年被评为"十二五"职业教育国家规划教材。本教材自2009年出版发行以来，我们不断修订和完善教材内容。特别是2017年取消会计从业资格考试以后，我们对教材的体例和内容进行了大幅度的调整，以适应社会发展对财经法规知识的需求。同时，我们也将继续虚心听取各院校广大师生的意见，不断修改和完善教材。

编 者

目　录

会计法律制度

教学目标

1. 知识目标

（1）掌握会计法律制度的概念与构成、会计工作管理体制的内容、会计核算和会计监督的内容、会计机构和会计人员的有关规定。

（2）熟悉会计法律责任等方面的知识。

2. 能力目标

（1）全面掌握我国现行会计法律制度的概念与构成，为会计管理工作提供法律保障。

（2）掌握我国会计工作管理体制，加强会计行政管理、会计行业自律和单位内部的会计管理。

（3）掌握会计核算的基本内容，做好会计基础工作。

（4）掌握会计监督的基本内容，正确处理单位内部的会计监督、政府监督和社会监督的关系，加强会计资料质量的控制。

（5）根据会计法规的要求，正确建立、健全会计机构，配备会计人员，保证会计工作的顺利进行。

（6）在明确会计人员的权利和责任的基础上，做一个守法的会计人员。

案例导入

科技公司财务造假手段曝光：两个账套、利润数据靠“策划”

金×科技股份有限公司（以下简称金×科技）财务造假案终于落锤。2018 年 3 月 7 日，金×科技发布公告称，公司及实际控制人周某于 3 月 6 日收到证监会《行政处罚决定书》及《市场禁入决定书》。证监会对金×科技给予警告，并处以 60 万元的罚款；对实际控制人周某采取终身证券市场禁入措施，对时任财务负责人张某、丁某分别采取 10 年证券市场禁入措施，对董事罗某、何某分别采取 5 年证券市场禁入措施。

随着行政处罚决定书的公开，金×科技财务造假手段被曝光。

金×科技2013年大幅亏损，为了扭转公司的亏损，时任董事长周某在2014年年初定下了公司当年利润为3 000万元左右的目标。每个季末，金×科技时任财务负责人（2014年6月20日之前是张某，之后是丁某）会将真实利润数据和按照年初确定的年度利润目标分解的季度利润数据报告给周某，最后由周某来确定当季度对外披露的利润数据。

在周某确认季度利润数据以后，张某、丁某于每个季度末将季度利润数据告诉金×科技财务部工作人员，要求他们按照这个数据来做账，虚增收入、成本，配套地虚增存货、往来款项和银行存款，并将这些数据分解到月，相应地记入每个月的账中。参与伪造财务数据的人员包括周某、张某、丁某、李某等多人。

金×科技的会计核算设置了006和003两个账套。003账套核算的数据用于内部管理，以真实发生的业务为依据进行记账。006账套核算的数据用于对外披露，伪造的财务数据都记录于006账套。2015年4月1日，金×科技依据006账套核算的数据对外披露了《金×科技股份有限公司2014年年度报告》。

金×科技通过虚构客户、伪造合同、伪造银行单据、伪造材料产品收发记录、隐瞒费用支出等方式虚增利润。经核实，金×科技2014年年度报告合并财务报表共计虚增营业收入7 363万元，虚增营业成本1 925万元，少计销售费用368万元，少计管理费用132万元，少计财务费用795万元，少计营业外收入19万元，少记营业外支出1 317万元，虚增利润总额8 049万元，占当期披露的利润总额的比例为335.14%，上述会计处理使金×科技2014年年度报告利润总额由亏损变为盈利。

同时，2014年末，金×科技在中国工商银行××支行账户的银行日记账余额为21 930万元，实际银行账户余额为139万元，该账户虚增银行存款21 791万元，占当期披露的资产总额的比例为16.46%。

另外，2014年，金×科技子公司的建设项目，由某建设工程有限公司施工，建设面积385 133平方米，每平方米造价约2 000元，按40%的预付比例估算需要预付工程款3.1亿元。为此金×科技制作了假的建设工程合同，填制了虚假银行付款单据3.1亿元，减少银行存款3.1亿元，同时增加3.1亿元预付工程款。

证监会认为，金×科技披露的2014年年度报告虚假记载的行为，违反了《中华人民共和国证券法》（以下简称《证券法》）第六十三条有关“发行人、上市公司依法披露的信息，必须真实、准确、完整，不得有虚假记载、误导性陈述或者重大遗漏”的规定，构成《证券法》第一百九十三条所述“发行人、上市公司或者其他信息披露义务人未按照规定披露信息，或者披露的信息有虚假记载、误导性陈述或者重大遗漏”的行为。对金×科技的上述违法行为，周某为直接负责的主管人员，张某、丁某、罗某、何某、周某、李某等为其他直接责任人员。

依据《证券法》第一百九十三条第一款、第三款的规定，证监会决定对金×科技给予警告，并处以60万元的罚款；对周某给予警告，并处以90万元的罚款，其中作为直接负责的主管人员罚款30万元，作为实际控制人罚款60万元；对张某、丁某给予警告，并分别处以30万元的罚款；对罗某、何某、李某给予警告，并分别处以25万元的罚款；对其他相关人员给予警告和不同金额的罚款。

此外，根据《证券法》第二百三十三条和《证券市场禁入规定》（证监会令第33号）第三条第（一）项、第（二）项及第五条的规定，证监会对周某采取终身证券市场禁入措施，对张某、丁某分别采取10年证券市场禁入措施，对罗某、何某分别采取5年证券市场禁入措施。①

第一节 会计法律制度的概念与构成

一、会计法律制度的概念

会计法律制度的概念与构成

会计作为一项管理活动，必然涉及国家、单位、组织、职工个人等相关方面的经济利益关系。会计要想处理好各种经济利益关系，必须依靠具有约束力的规范——这是各方面经济利益关系者的客观要求。经济越发展，会计越重要，建立和完善会计法律制度也越重要。

会计法律制度是指国家权力机关和行政机关单位制定的用以调整会计关系的各种法律、法规、规章和规范性文件的总称。会计法律制度是调整会计关系的法律规范。会计关系是会计机构和会计人员在办理会计事务过程中以及国家在管理会计工作过程中发生的经济关系。

二、会计法律制度的构成

我国已经形成了以《中华人民共和国会计法》为主体，以会计法律、会计行政法规、会计部门规章和地方性会计法规为有机构成的会计法律制度体系。

（一）会计法律

会计法律是指由全国人民代表大会及其常务委员会经过一定立法程序制定的有关会计工作的法律。我国目前有两部会计法律，分别是《中华人民共和国会计法》（以下简称《会计法》）和《中华人民共和国注册会计师法》（以下简称《注册会计师法》）。

1.《会计法》

1985年1月21日，第六届全国人民代表大会常务委员会第九次会议通过了《会计法》，1993年、1999年和2017年全国人民代表大会常务委员会三次对《会计法》进行了修订。目前施行的《会计法》包括总则，会计核算，公司、企业会计核算的特别规定，会计监督，会计机构和会计人员，法律责任和附则7章，共52条。《会计法》的修订与实

① 本案例发生于2014年，2019年12月28日第十三届全国人民代表大会常务委员会第十五次会议已对《证券法》进行第二次修订，相关法条内容已更新。

施，是我国会计法制建设中的一件大事，对规范会计行为，保证会计资料的真实、完整，加强经济管理和财务管理，提高经济效益，维护社会主义市场经济秩序具有十分重要的意义。《会计法》是我国会计法律中层次最高的法律规范，是制定其他一切会计法规、制度、办法等的法律依据，也是指导会计工作的最高准则。

2.《注册会计师法》

《注册会计师法》颁布于 1993 年，2014 年修正，是我国中介行业的第一部法律。《注册会计师法》对注册会计师行业管理体制、注册会计师考试和注册会计师事务所的组织形式和业务范围、法律责任等进行了系统规范，为注册会计师行业发展提供了有力的法律保障。

（二）会计行政法规

会计行政法规是指由国务院制定并发布，或者国务院有关部门拟订并经国务院批准发布，调整经济生活中某些方面会计关系的法律规范。如 1990 年 12 月 31 日国务院发布的《总会计师条例》（2011 年 1 月修订），2000 年 6 月 21 日国务院发布的《企业财务会计报告条例》等。

（1）《总会计师条例》是对《会计法》中有关规定的细化和补充，共 5 章 23 条，主要规定了单位总会计师的职责、权限、任免、奖惩等。

（2）《企业财务会计报告条例》是《会计法》中有关财务会计报告的规定的细化，共 6 章 46 条。该条例要求企业负责人对本企业的财务会计报告的真实性和完整性负责；强调任何组织或者个人不得授意、指使、强令企业编制和对外提供虚假的或者隐瞒重要事实的财务会计报告；规定有关部门或机构必须依据法律法规，查阅企业财务会计报告。条例还对违法违规行为应承担的责任作了明确的规定。

（三）会计部门规章

会计部门规章是指国家主管会计工作的行政部门即财政部以及其他相关部委根据法律和国务院的行政法规、决定、命令，在本部门的权限范围内制定的调整会计工作中某些方面内容的国家统一的会计准则制度和规范性文件，包括国家统一的会计核算制度、会计监督制度、会计机构和会计人员管理制度及会计工作管理制度等。

目前有效的会计部门规章有：《财政部门实施会计监督办法》（财政部令第 10 号）、《会计师事务所审批和监督暂行办法》（财政部令第 24 号）、《注册会计师注册办法》（财政部令第 25 号）、《代理记账管理办法》（财政部令第 80 号）、《企业会计准则——基本准则》（财政部令第 33 号）、《注册会计师全国统一考试违规行为处理办法》（财政部令第 40 号）等。

企业会计准则体系中的 44 项具体准则及应用指南、《小企业会计准则》《会计基础工作规范》《政府会计准则》《政府会计制度》《民间非营利组织会计制度》《会计人员继续教育规定》《全国先进会计工作者评选表彰办法》，以及财政部与国家档案局联合发布的《会计档案管理办法》等。

（四）地方性会计法规

地方性会计法规是指由省、自治区、直辖市人民代表大会或常务委员会在同宪法、会计法律、行政法规和国家统一的会计准则制度不相抵触的前提下，根据本地区情况制定发布的关于会计核算、会计监督、会计机构和会计人员以及会计工作管理的规范性文件。

案例分析 1-1

Q公司主要从事建筑材料生产，2020年1月经批准在上海交易所上市，成为一家上市公司。W公司是一家小型电器生产企业。请问：这两家公司应该执行什么会计制度？为什么？

分析与提示：

Q公司应该执行财政部颁布的《企业会计准则——基本准则》和《企业会计准则第1号——存货》等44个具体会计准则，不得执行《小企业会计准则》。W公司应该执行《小企业会计准则》，也可参照执行《企业会计准则——基本准则》和《企业会计准则第1号——存货》等44个具体会计准则。这是由两个会计制度的适用范围决定的。

※ 练习题 ※

一、单项选择题

在线测试

1. 会计法律制度中层次最高的法律规范是（　　）。

A. 会计法　　B. 会计行政法规
C. 会计规章　　D. 规范性文件

2. 根据我国会计法律制度的构成，《企业财务会计报告条例》属于（　　）。

A. 会计法律　B. 会计行政法规　C. 会计部门规章　D. 地方性会计法规

3. 《企业会计准则》《会计基础工作规范》属于会计法律制度中的（　　）。

A. 会计法律　B. 会计行政法规　C. 会计部门规章　D. 地方性会计法规

4. 我国中介行业的第一部会计法律制度是（　　）。

A. 《会计法》　　B. 《注册会计师法》
C. 《代理记账管理办法》　　D. 《税收征收管理法》

5. 到目前为止，《中华人民共和国会计法》已经修订（　　）次。

A. 2　B. 3　C. 4　D. 5

6. 下列各项中，法律效力仅次于《会计法》的是（　　）。

A. 《企业会计准则》　　B. 《企业财务会计报告条例》
C. 《会计基础工作规范》　　D. 《管理会计基本指引》

7. 下列各项中，需由全国人民代表大会及其常务委员会制定的是（　　）。

A. 会计法律　　B. 会计行政法规
C. 会计部门规章　　D. 国家统一的会计制度

8. 现行的《中华人民共和国会计法》是于（　　）修订通过并实施的。

A. 1985年　B. 1993年　C. 1999年　D. 2017年

9. 用以调整经济关系中的各种会计关系的法律规范的是（　　）。

A. 会计法律　B. 会计行政法规　C. 会计部门规章　D. 会计法律制度

10. 国家统一的会计制度是由（　　）制定的。

A. 全国人大常委会　　B. 国务院

C. 国务院财政部门　　D. 省级或省级以上财政部门

二、多项选择题

1. 下列各项中，属于我国会计法律层次的是（　　）。

A.《会计法》　　B.《总会计师条例》

C.《注册会计师法》　　D.《企业财务会计报告条例》

2. 我国已经形成了以《会计法》为主体，以（　　）为有机构成的会计法律制度体系。

A. 会计法律　　B. 会计行政法规　　C. 会计部门规章　　D. 地方性会计法规

3. 下列关于《会计法》的表述中，正确的有（　　）。

A.《会计法》是会计工作的最高准则

B.《会计法》是会计法律制度中层次最高的法律规范

C.《会计法》是制定其他会计法规的依据

D.《会计法》是国家宪法的范畴

4. 以下属于会计部门规章的有（　　）。

A.《企业会计准则》　　B.《会计档案管理办法》

C.《行政事业单位会计制度》　　D.《会计基础工作规范》

5. 国务院财政部门可以制定并自行发布（　　）。

A. 会计法律　　B. 企业行政法规　　C. 会计规章　　D. 会计规范性文件

6. 到目前为止，《中华人民共和国会计法》颁布和修订的年代分别是（　　）。

A. 1985 年　　B. 1993 年　　C. 1999 年　　D. 2017 年

7. 下列各项中，属于会计行政法规的有（　　）。

A.《会计法》　　B.《总会计师条例》

C.《企业会计准则》　　D.《企业财务会计报告条例》

8. 下列各项中，属于会计立法宗旨的有（　　）。

A. 规范会计行为　　B. 保证会计资料的真实、完整

C. 加强经济管理和财务管理　　D. 维护社会主义市场经济秩序

三、判断题

1. 我国会计法律制度指的就是全国人大及其常委会制定的《会计法》。（　　）

2. 我国会计法律制度包括会计法律、会计行政法规和会计部门规章。（　　）

3.《会计法》是会计法律制度中层次最高的法律规范，是制定其他会计法规的依据，也是指导会计工作的最高准则。（　　）

4. 会计法律制度是指国家权力机关制定的用以调整会计关系的各种法律、法规、规章和规范性文件的总称。（　　）

5. 会计法律制度是调整会计关系的法律规范。（　　）

6. 会计关系是会计机构和会计人员在办理会计事务过程中以及国家在管理会计工作过程中发生的经济关系。(　　)

7. 地方性会计法规同宪法、会计法律、行政法规和国家统一的会计准则制度不相抵触。(　　)

8. 会计法律制度是指由全国人民代表大会及其常务委员会经过一定立法程序制定的有关会计工作的法律。(　　)

9.《注册会计师法》颁布于1993年，是我国中介行业的第一部法律。(　　)

10. 会计行政法规都是由国务院制定并发布的。(　　)

第二节　会计工作管理体制

为了规范会计工作，保证会计工作在经济管理中发挥作用，政府部门应在宏观上对会计工作进行必要的指导、监督和管理，建立科学、合理的会计工作管理体制。会计工作管理体制是指国家划分会计工作管理权限的制度。目前，我国的会计管理体制在《会计法》和《注册会计师法》中已作明确规定，形成了会计工作的行政管理、会计工作的自律管理和单位内部的会计工作管理三位一体的会计工作管理体制。

一、会计工作的行政管理

(一)会计工作的行政管理体制

我国会计工作管理体制实行统一领导、分级管理的原则。《会计法》第七条规定：“国务院财政部门主管全国的会计工作。县级以上地方各级人民政府财政部门管理本行政区域内的会计工作。”正确理解这一规定的内涵，应该掌握以下三点：

(1) 财政部门主管会计工作具有中国特色。从国家机构的设置和权责归属的划分看，新中国一成立就在财政部设立专门管理会计工作的机构。多年来，会计工作一直由财政部门管理，财政部门在管理会计工作方面积累了一定的经验。从会计工作与我国经济管理职能相关的密切程度看，财务会计工作同国家财税工作的关系十分密切，它是确定税基、规范财政收支的重要基础。财政部门主管会计工作，有利于相互结合、相互促进，更好地为财税工作和其他经济工作服务。财政部门把会计这项基础工作抓好，是维护财经纪律、做好增收节支、强化财政管理职能的重要措施。

(2) 财政部门主管会计工作应遵循“统一领导、分级管理”的原则。“统一领导、分级管理”是划分会计工作管理权责的重要原则，也体现了管理的效率原则。财政部门主管会计工作，主要是在统一规划、统一领导的前提下，实行分级负责、分级管理，充分调动地区、部门、单位管理会计工作的积极性和创造性。

(3) 财政部门在管理会计工作时应发挥业务主管部门和其他政府管理部门的作用。对会计工作的监管，除发挥财政部门的主导作用外，还要发挥政府其他管理部门的作用。

《会计法》第三十三条规定："财政、审计、税务、人民银行、证券监管、保险监管等部门应当依照有关法律、行政法规规定的职责，对有关单位的会计资料实施监督检查。"这一规定体现了财政部门与其他政府管理部门在管理会计事务中的相互协作、相互配合的关系。

（二）会计工作行政管理的内容

会计工作的行政管理主要包括：制定国家统一的会计准则制度、会计市场管理、会计专业人才评价和会计监督检查等内容。

1. 制定国家统一的会计准则制度

制定国家统一的会计准则制度是财政部管理会计工作的一项最基本的职能。财政部负责管理全国的会计工作，研究提出会计改革和发展的政策建议，草拟会计法律法规和国家统一的会计制度，并组织贯彻实施；加强会计国际交流，推动会计国际趋同和等效。例如，财政部颁布、修订和实施了《企业会计准则》基本准则和 44 项具体会计准则，2015 年颁布了《政府会计准则》，2016 年陆续发布存货等 10 个项目的具体会计准则。2017 年 10 月颁布了《政府会计制度——行政事业单位会计科目和报表》等。

国家实行统一的会计制度。国家统一的会计准则制度是指在全国范围内实施的会计工作管理方面的规范性文件，主要包括四个方面：(1) 国家统一的会计核算制度；(2) 国家统一的会计监督制度；(3) 国家统一的会计机构和会计人员管理制度；(4) 国家统一的会计工作管理制度。

各地区、各部门可以在国务院财政部门制定的国家统一会计制度的基础上，制定符合《会计法》要求且与具体情况相适应的会计制度或者补充规定，报国务院财政部门审核批准或者备案后实施。

2. 会计市场管理

会计信息质量以及会计师事务所执业质量直接影响市场秩序，进而关系到国家和社会公众利益。在市场经济条件下，政府必须加强对会计市场的管理，包括会计市场准入管理、过程的监督管理和会计市场退出管理三个方面。

(1) 确保从事会计工作的人员必须具备专业能力。这里的"专业能力"，是指取得国家教育行政主管部门认可的中专以上会计类专业（会计学、会计电算化、注册会计师专门化、审计学、财务管理、理财学）学历（或学位）证书，或者取得初级以上会计专业技术资格证书，或者取得注册会计师的全国统一考试会计科目合格证明，或者取得财政部认可的其他会计能力水平证明等。

(2) 注册会计师审计在经济活动中起鉴证作用，其目的是增强相关利益方对鉴证对象的信任程度。为保证注册会计师鉴证作用的发挥，维护社会公众利益和投资者的合法权益，我国规定从事社会审计的人员必须具有注册会计师资格。我国实行注册会计师考试制度，考试成绩合格并从事审计业务工作两年以上的人员，才可以申请成为注册会计师。注册会计师执行业务，必须加入会计师事务所。

(3) 不具备设置会计机构或会计人员条件的单位应当委托代理记账机构办理会计业务。除会计师事务所以外，代理记账机构应当经所在地的县级以上人民政府财政部门批准，并取得由财政部统一印制的代理记账许可证书。

获准进入会计市场后，这些机构和人员还应当持续符合相关的资格条件，并主动接受财政部门的监督检查；不符合时，原审批机关可以撤回行政许可。同时，这些机构或人员还应当严格遵守各项法律法规，依据相关制度、准则、规则执行业务。发生违反《会计法》《注册会计师法》行为的，财政部门有权对其进行处罚，情节严重的，可吊销其执业资格，强制其退出会计市场。

3. 会计专业人才评价

会计人才是国家人才战略的重要组成部分，选拔、评价会计人员是财政部门的重要职责。目前，我国基本形成阶梯式的会计专业人才评价机制，包括初级、中级、高级会计人才评价机制和会计行业领军人才的培养、评价等。

会计专业技术资格考试是会计人才评价的一种方式，主要用于对初级、中级、高级会计人才的评价。会计领军（后备）人才培养是适应我国当前经济发展的一种新的会计人才评价方式。同样，对先进会计工作者的表彰也属于会计人才评价的范畴。

4. 会计监督检查

会计监督检查属于政府市场监管的范畴，它是规范会计秩序，打击违法行为，保证会计信息质量，保护国家、投资者、债权人、社会公众利益，维护社会主义市场经济秩序的重要举措。财政部门实施的会计监督检查主要是会计信息质量检查和会计师事务所执业质量检查。

二、会计工作的自律管理

除了财政部门对会计市场进行监管外，还应依法加强对会计行业自律组织的监督、指导。行业自律是指行业协会根据会员一致的意愿，自行制定规则，并据此对各成员进行管理，以促进成员之间的公平竞争和行业的有序发展。会计行业自律管理制度是对会计行政管理制度的一种有益的补充，有助于督促会计人员依法开展会计工作，树立良好的行业风气，促进行业的发展。

（一）中国注册会计师协会

中国注册会计师协会是由注册会计师组成的社会团体。中国注册会计师协会是注册会计师行业的全国组织，各省、自治区、直辖市注册会计师协会是注册会计师行业的地方组织。

注册会计师协会的宗旨是服务、监督、管理、协调，即以诚信建设为主线，服务本会会员，监督会员执业质量、职业道德，依法实施注册会计师行业管理，协调行业内、外部关系，维护社会公众利益和会员合法权益，促进行业健康发展。

（二）中国会计学会

中国会计学会是由全国会计领域各类专业组织及个人自愿结成的学术性、专业性、非营利性社会组织。各省、自治区、直辖市会计学会和全国性专业会计学会可申请成为中国会计学会的会员。其主要职责是：组织协调全国会计科研力量，开展会计理论研究和学术交流，促进科研成果的推广和运用；总结我国会计工作和会计教育经验，研究和推广会计专业的教育改革；发挥学会的智力优势，开展多层次、多形式的智力服务工作；开展会计领域国际学术交流与合作等。

（三）中国总会计师协会

中国总会计师协会是经财政部审核同意、民政部正式批准，依法注册登记成立的跨地区、跨部门、跨行业、跨所有制的非营利性国家一级社团组织，是总会计师行业的全国性自律组织。

单位会计工作管理

三、单位内部的会计工作管理

单位内部的会计工作管理主要包括单位负责人的职责、会计机构的设置、会计人员的选拔任用和会计人员回避制度四个方面。

（一）单位负责人的职责

《会计法》第四条规定："单位负责人对本单位的会计工作和会计资料的真实性、完整性负责。"这一规定明确了单位负责人是本单位会计行为的责任主体。

单位负责人是指单位法定代表人或者法律、行政法规规定代表单位行使职权的主要负责人。主要包括两类人员：一是单位的法定代表人（也称法人代表），是指依法代表法人单位行使职权的负责人，如国有企业的厂长或经理、公司制企业的董事长、国家机关的最高行政长官等；二是依法代表非法人单位行使职权的负责人，如个人独资企业的投资人、代表合伙企业执行合伙企业事务的合伙人等。根据《会计法》的规定，单位负责人并不是指具体经营管理事务的负责人，如公司制企业的总经理等。

单位负责人负责单位内部的会计工作管理，应当保证会计机构、会计人员依法履行职责，不得授意、指使、强令会计机构、会计人员违法办理会计事项。由于单位负责人是单位的最高管理者，必须对本单位的一切经营管理和业务活动负责任，当然也必须对会计工作和会计资料的真实性、完整性负责任。

案例分析 1-2

新源公司是N市一家外商投资企业。2021年1月，N市财政局对该公司的会计工作情况进行检查，公司董事长李某正在外地出差，公司总经理王某认为自己不是单位负责人，公司是外商投资企业，不受《会计法》的约束。总经理王某的观点是否正确？

分析与提示：

总经理王某对单位负责人的理解是正确的，单位负责人是公司董事长。但是，外资企业也是中国企业，企业无权拒绝财政部门对其会计工作进行监督检查。

（二）会计机构的设置

《会计法》第三十六条规定："各单位应当根据会计业务的需要，设置会计机构，或者在有关机构中设置会计人员并指定会计主管人员；不具备设置条件的，应当委托经批准设立从事会计代理记账业务的中介机构代理记账。”这是对设置会计机构作出的规定。

（三）会计人员的选拔任用

根据《会计法》的规定，会计机构、会计人员的基本职责是进行会计核算、实行会计监督。这些基本职责的履行还需要单位负责人、单位的其他人员和其他单位的有关人员的支持与配合。此外，会计人员隶属于所在单位，对于会计人员的任免、轮岗、提拔和调用都由所在单位负责。单位应对认真执行会计法律制度、忠于职守、坚持原则、做出显著成绩的会计人员，给予精神或者物质奖励。

（四）会计人员回避制度

回避制度是指为了保证执法或者执业的公正性，对可能影响其公正性的执法或者执业的人员实行职务回避和业务回避的一种制度。回避制度已成为我国人事管理的一项重要制度，同样也是我国会计人员管理的一项重要制度。

从会计工作的特殊性出发，《会计基础工作规范》对会计人员回避问题作出了更加明确的规定，即：国家机关、国有企业、事业单位任用会计人员应当实行回避制度；单位领导人的直系亲属不得担任本单位的会计机构负责人、会计主管人员；会计机构负责人、会计主管人员的直系亲属不得在本单位会计机构中担任出纳工作。

存在夫妻关系、直系血亲关系、三代以内旁系血亲以及配偶亲关系等亲属关系时需要回避。

直系血亲关系还包括本来没有自然的或者直接的血缘关系，但法律上确定其地位与血亲相等，如养父母和养子女之间的关系。三代以内旁系血亲包括自己兄弟姐妹及其子女和父母的兄弟姐妹及其子女；配偶亲关系则指配偶的父母、兄弟姐妹，儿女的配偶及儿女配偶的父母等。

案例分析 1-3

某市国有企业最近组织干部轮岗，讨论决定任命原人事科科长小刘担任财务科科长。小刘系某大学历史学专业毕业，一直在行政部门工作，取得经济师职称。同时，任命厂长的侄儿小王担任出纳。分析该企业对会计人员的任命是否符合《会计法》的规定。

分析与提示：

（1）该企业不能任命小刘担任会计机构负责人。《会计法》规定：担任单位会计机构负责人的，应当具备会计师以上专业技术职务资格或从事会计工作 3 年以上经历。

（2）任命厂长的侄儿小王担任出纳符合规定。《会计基础工作规范》规定，单位负责人的直系亲属不得担任本单位的会计机构负责人；会计机构负责人的直系亲属不得在本单位会计机构中担任出纳工作。

※ 练习题 ※

在线测试

一、单项选择题

1. 在我国，代表国家对会计工作行使管理职能的政府部门是（　　）。
A. 财政部门　　B. 税务部门
C. 审计部门　　D. 业务主管部门

2. 根据我国有关法律规定，在公司制企业，对本单位会计工作负责的单位负责人应当是（　　）。
A. 董事长　　B. 总经理　　C. 总会计师　　D. 会计机构负责人

3. 制定国家统一的会计准则制度的单位是（　　）。
A. 全国人民代表大会　　B. 国务院
C. 财政部　　D. 省级财政部门

4. 使用会计人员可以不实行回避制度的是（　　）。
A. 私营企业　　B. 国有企业　　C. 国家机关　　D. 事业单位

5. 单位提供财务会计报告的责任主体是（　　）。
A. 单位负责人　　B. 会计主管人员　　C. 总会计师　　D. 会计机构负责人

6. 根据《会计法》的规定，（　　）对本单位的会计工作和会计资料的真实性、完整性负责。
A. 会计机构负责人　　B. 会计主管人员
C. 单位负责人　　D. 总会计师

7. 下列项目中，不属于会计工作的自律管理组织是（　　）。
A. 中国注册会计师协会　　B. 中国会计学会
C. 中国总会计师协会　　D. 中国物业管理协会

8. 国有单位的会计主管人员的直系亲属不得在本单位会计机构中从事（　　）工作。
A. 稽核　　B. 会计档案管理　　C. 会计　　D. 出纳

9. 适应我国当前经济发展的一种新的会计人才评价方式是（　　）。
A. 会计从业资格考试　　B. 会计专业技术资格考试
C. 会计领军（后备）人才培养　　D. 注册会计师考试

10. 我国实行注册会计师考试制度，考试成绩合格并从事审计工作（　　）以上的人员，才可以申请成为注册会计师。
A. 1 年　　B. 2 年　　C. 3 年　　D. 5 年

二、多项选择题

1. 下列各项中，属于《会计法》规定的会计工作管理体制的内容有（　　）。
A. 国务院财政部门主管全国的会计工作
B. 国家统一的会计制度由国务院财政部门制定并公布

C. 各单位必须任用具备会计专业能力的人员从事会计工作
D. 财政部门有权对各单位的有关会计工作情况实施监督

2. 财政部门对会计人员的管理，包括（　　）。
A. 代理记账机构的管理　　B. 会计专业技术资格管理
C. 会计人员评优表彰奖惩　　D. 会计行业领军人才培养

3. 会计工作的行政管理主要包括（　　）。
A. 制定国家的统一会计准则和制度　　B. 会计市场管理
C. 会计专业人才评价　　D. 会计监督检查

4. 根据《会计法》的规定，国有单位的单位负责人的直系亲属不得担任单位的（　　）。
A. 会计机构负责人　　B. 会计主管人员
C. 会计档案管理人员　　D. 出纳

5. 我国会计工作管理体制包括（　　）。
A. 会计工作的行政管理　　B. 会计行业自律管理
C. 单位内部的会计工作管理　　D. 社会监督管理

6. 我国政府对会计市场管理的内容主要包括（　　）。
A. 会计市场的准入管理　　B. 会计行业自律管理
C. 过程的监督管理　　D. 会计市场的退出管理

7. 我国政府对会计人才的评价机制主要包括（　　）。
A. 会计专业技术资格考试　　B. 会计领军（后备）人才培养
C. 对先进会计工作者的表彰奖励　　D. 会计人员的继续教育管理

8. 我国会计工作自律管理的主体主要包括（　　）。
A. 中国注册会计师协会
B. 各省、自治区、直辖市注册会计师协会
C. 中国会计学会
D. 中国总会计师协会

9. 单位内部的会计工作管理主要包括（　　）。
A. 单位负责人的职责　　B. 会计机构的设置
C. 会计人员的选拔任用　　D. 会计人员的回避制度

10. 下列单位在任用会计人员时，应当实行回避的有（　　）。
A. 国有企业　　B. 国家机关　　C. 事业单位　　D. 民营企业

三、判断题

1.《会计法》中所称的单位负责人均指法定代表人。（　　）
2. 会计专业职务包括总会计师、会计师、助理会计师和会计员。（　　）
3. 对会计人员的任免、轮岗、提拔和调用都由所在单位负责。（　　）
4.《会计法》规定，单位的会计人员必须实行回避制度。（　　）
5. 财政部门对会计师事务所出具审计报告的程序和内容进行监督。（　　）
6. 我国的会计工作管理主管部门是县级以上人民政府的财政部门。（　　）

7. 我国会计工作管理体制实行“统一领导、分级管理”的原则。（ ）

8. 制定国家统一的会计准则制度是财政部管理会计工作的一项最基本的职能。（ ）

9. 存在夫妻关系、直系血亲关系、三代以内旁系血亲以及配偶关系等亲属关系时需要回避。（ ）

10. 单位负责人就是指单位法定代表人。（ ）

第三节 会计核算

会计核算是会计最基本的职能。我国会计法律制度从会计信息质量要求、会计资料的基本要求以及会计年度、记账本位币、填制会计凭证、登记会计账簿、编制财务会计报告、财产清查、会计档案管理等方面对会计核算进行统一规定。

会计核算的总体要求

一、总体要求

（一）会计核算的依据

《会计法》第九条规定：“各单位必须根据实际发生的经济业务事项进行会计核算，填制会计凭证，登记会计账簿，编制财务会计报告。任何单位不得以虚假的经济业务事项或者资料进行会计核算。”

1. 会计核算必须以实际发生的经济业务事项为依据

实际发生的经济业务事项是指各单位在生产经营或预算执行过程中发生的包括引起或未引起资金增减变动的经济活动。并非所有实际发生的经济业务事项都需要进行会计记录和会计核算。如单位双方签订购销合同或协议时，就不必进行会计核算；只有实际履行购销合同并引起资金增减变化时才需要对这一交易或事项进行会计核算。

以实际发生的经济业务事项为依据进行会计核算，是会计核算的重要前提，是填制会计凭证、登记会计账簿、编制财务会计报告的基础，是保证会计资料质量的关键。会计核算的主要环节有确认、计量和报告。

2. 以虚假的经济业务事项或资料进行会计核算，是一种严重的违法行为

会计核算应该有凭有据，不能臆造或捏造。如果以不真实或虚假的经济业务事项或者资料为依据进行会计核算，会导致所生成的会计资料与实际发生的经济业务事项不相符，造成会计资料失实、失真，从而影响会计资料的有效使用，扰乱社会经济秩序，这是一种严重的违法行为。《会计法》对此作出了禁止性规定，即任何单位不得以虚假的经济业务事项或资料进行会计核算。如果违反了这个规定，将受到法律的严厉制裁。

（二）对会计资料的基本要求

1. 会计资料的生成和提供必须符合国家统一的会计准则制度的规定

会计资料主要是指会计凭证、会计账簿、财务会计报告等会计核算专业资料，它是会

计核算的重要成果，是投资者作出投资决策、经营者进行经营管理、国家进行宏观调控的重要依据。因此，《会计法》和《会计基础工作规范》都规定，会计资料的内容和要求必须符合国家统一的会计制度的规定。

使用电子计算机进行会计核算的，其软件及其生成的会计凭证、会计账簿、财务会计报告和其他会计资料，也必须符合国家统一的会计准则制度的规定。

2. 提供虚假的会计资料是违法行为

会计资料的真实性和完整性，是对会计资料最基本的质量要求，是会计工作的生命线，各单位必须严格按照《会计法》的要求执行，保证所提供的会计资料的真实性和完整性。

会计资料的真实性主要是指会计资料所反映的内容和结果，应当同单位实际发生的经济业务的内容及结果相一致。会计资料的完整性主要是指构成会计资料的各项要素必须齐全，以使会计资料如实、全面地记录和反映经济业务的发生情况，便于会计资料使用者全面、准确地了解经济活动情况。会计资料的真实性和完整性是会计资料最基本的质量要求，是会计工作的生命，因此，各单位必须保证所提供的会计资料真实和完整。

与会计资料的真实性、完整性相对的是会计资料的不真实、不完整。造成会计资料不真实、不完整的原因很多，伪造、变造会计资料是主要手段之一。伪造会计资料，包括伪造会计凭证和会计账簿，是以虚假的经济业务为前提来编制会计凭证和会计账簿，旨在以假充真。变造会计资料，包括变造会计凭证和会计账簿，并用涂改、刮擦、挖补等手段来改变会计凭证和会计账簿的真实内容，以歪曲事实真相。伪造、变造会计资料必然导致会计资料失实、失真，误导会计信息的使用者，损害国家和社会公众利益，给投资者、债权人、社会公众造成巨大的经济损失。因此，《会计法》也对此作出了禁止性规定。例如，《会计法》第四十三条规定："伪造、变造会计凭证、会计账簿，编制虚假财务会计报告，构成犯罪的，依法追究刑事责任。"

二、会计凭证

会计凭证是指记录经济业务发生和完成情况，明确经济责任的书面证明，是登记账簿的依据。填制和审核会计凭证，是会计工作的起点，对企业经济管理工作起着举足轻重的作用，也是会计核算的一种专门方法。通过填制和审核会计凭证可以经常地、有效地实施会计监督，为企业经济管理提供真实、有用的会计信息资料。会计凭证按照填制程序和用途的不同，可分为原始凭证和记账凭证两种。

（一）原始凭证

原始凭证又称单据，是在经济业务发生时取得或填制的，用以记录和证明经济业务的发生或完成情况的具有法律效力的证明文件。原始凭证是编制记账凭证的依据，是会计主体进行会计核算的原始资料和重要证据。因此，凡是不能证明经济业务已经发生或完成的各种单据，如商品购销合同、银行对账单、银行存款余额调节表等均不能作为会计核算的原始证据。

经济业务是多种多样的，原始凭证也是多种多样的。例如，增值税专用发票、普通发票、领料单、收据、车船票、差旅费报销单等，都是原始凭证。这些原始凭证尽管格式不统一，项目也不尽相同，但都具备一些共同的基本内容。归纳起来，原始凭证必须包括以下一些基本要素：

（1）名称和编号。

（2）填制日期。

（3）接受单位名称。

（4）经济业务的基本内容（包括经济业务发生时的数量、单价和金额等）。

（5）填制单位或个人的签名、盖章。

（6）凭证附件等。

以经济业务活动实际发生为依据而填制完毕的原始凭证，必须经会计主管或具体处理该事项的会计人员审核无误后才能作为记账凭证填制的依据。会计机构、会计人员必须按照国家统一的会计制度的规定对原始凭证进行审核，对不真实、不合法的原始凭证有权不予接受，并向单位负责人报告；对记载不准确、不完整的原始凭证予以退回，并要求按照国家统一的会计制度的规定更正、补充。

原始凭证记载的各项内容均不得涂改，随意涂改过的原始凭证即为无效凭证，不能以此作为填制记账凭证或登记账簿的依据。原始凭证记载的内容有错误的，应当由出具单位重开或者更正，更正处应当加盖出具单位印章。原始凭证金额有错误的，应当由出具单位重开，不得在原始凭证上更正。

案例分析 1－4

某企业出纳人员在审核原始凭证时发现：业务员戴某提供的住宿费发票金额由出具单位更改，并由出具单位加盖财务专用章。出纳员指出：这张发票无效，不予报销。业务员戴某说，发票是出具单位填写错误，并且已经加盖财务专用章，应该是合法的凭证，认为出纳员不予报销是故意刁难。你认为谁是正确的？

分析与提示：

出纳员的会计处理是正确的。会计法律规定：原始凭证记载的内容有错误的，应当由出具单位重开或者更正，更正处应当加盖出具单位印章。原始凭证金额有错误的，应当由出具单位重开，不得在原始凭证上更正。显然，业务员对原始凭证错误的更正方法理解错误。

（二）记账凭证

记账凭证是指对审核无误的原始凭证，按照经济业务的内容加以归类，并据以确定会计分录后填制的会计凭证，它是登记账簿的直接依据。

记账凭证应具备以下基本内容：

（1）凭证的名称。

（2）填制日期。

（3）经济业务的内容、摘要。

（4）会计科目名称（包括一级科目、二级科目或明细科目）、金额和借贷方向。

（5）凭证的编号。

（6）所附原始凭证张数。

（7）制单、审核、记账、会计主管等人员的签名、盖章。如果为收款、付款凭证，还应由出纳人员签名或盖章。

（8）记账标记。

三、会计账簿

（一）会计账簿的含义及种类

会计账簿是指由一定格式的账页组成的，以经过审核的会计凭证为依据，全面、系统、连续地记录各项经济业务的簿籍。各单位应当按照国家统一的会计制度的规定和会计业务的需要设置会计账簿。设置和登记账簿，是会计工作的重要环节，是编制会计报表的基础，是连接会计凭证与会计报表的中间环节，也是会计信息处理的一个重要的专门方法。

《会计法》第十五条规定："会计账簿包括总账、明细账、日记账和其他辅助性账簿。"

（1）总账，也称总分类账，是根据一级会计科目设立的总分类账户，按照总括分类记录全部经济业务的账簿。它可以提供各种资产、负债、收入、成本、费用等的总括核算资料。各单位必须设置总账，进行总分类核算。总账一般采用订本式账簿。

（2）明细账，也称明细分类账，是根据总账科目所属的二级或明细会计科目设立的分类账户，用以详细登记某一类经济业务事项，提供有关明细核算资料。明细账一般采用活页式账簿。

（3）日记账，是一种特殊的序时明细账，是按照经济业务发生时间的先后顺序，逐日逐笔登记经济业务的账簿。我国要求企事业单位设置的日记账包括现金日记账和银行存款日记账。日记账一般采用订本式账簿。

（4）其他辅助账簿，也称备查账簿，是指对一些在序时账簿和分类账簿中不能记载或记载不全的经济业务进行补充登记的账簿，对序时账簿和分类账簿起补充作用。相对于序时账簿和分类账簿这两种主要账簿而言，与其他账簿之间不存在严密的钩稽关系，不受总账或明细账的控制。它可以为经营管理提供参考资料，如租入的固定资产登记簿、应收票据的备查簿、代销商品登记簿等。

案例分析 1-5

根据《会计法》的规定，本章"案例导入"中金×科技公司在账簿设置上有哪些违法行为？

分析与提示：

（1）以虚假的利润表数据作为收入、成本账簿数据，违背了真实性原则。

（2）设置两个账套，伪造财务数据对外披露，违背了会计诚信原则。

（二）登记会计账簿

根据有关规定，会计账簿的登记应满足下列要求：

（1）根据审核无误的会计凭证登记会计账簿。依据会计凭证登记会计账簿，是基本的会计记账规则；依据审核无误的会计凭证登记会计账簿，是保证会计账簿记录质量的重要环节。

（2）登记会计账簿必须按照记账规则进行。《会计工作基础规范》中规定的记账规则包括：

1）准确、完整。

2）登记账簿要及时。

3）注明记账符号。

4）书写留空。

5）正常记账使用墨水。

6）顺序连续登记。

7）不得刮擦、涂改等。

（三）账目核对

账目核对，也称对账。为了保证账簿记录的真实、可靠、正确、完整，对账簿和账户所记录的有关数据应加以检查和核对，这种检查和核对工作，在会计上叫对账。对账的基本内容包括如下几方面。

1. 账证核对

账证核对是指将会计账簿记录与会计凭证（包括记账凭证和原始凭证）的有关内容进行核对。由于会计账簿是根据会计凭证登记的，两者之间存在钩稽关系，因此，通过账证核对，可以检查、验证会计账簿记录与会计凭证的内容是否正确无误，以保证账证相符。各单位应当定期将会计账簿记录与其相应的会计凭证记录（包括时间、编号、内容、金额、记录方向等）逐项核对，检查是否一致。如有不符之处，应当及时查明原因，予以更正。

2. 账账核对

账账核对是指将各种会计账簿之间相对应的记录进行核对。由于会计账簿之间相对应的记录存在内在联系，因此，通过账账相对，可以检查、验证会计账簿记录的正确性，以便及时发现错账，予以更正，保证账账相符。

3. 账实核对

账实核对是在账账核对的基础上，将各种财产物资的账面余额与实存数额进行核对。由于实物的增减变化、款项的收付都要在有关账簿中如实反映，因此，通过会计账簿记录与实物、款项的实有数进行核对，可以检查、验证款项、实物会计账簿记录的正确性，以便及时发现财产物资和货币资金管理中存在的问题，查明原因，分清责任，改善管理，保证账实相符。

四、财务报表

（一）财务报表的构成

财务报表是对企业财务状况、经营成果和现金流量的结构性表述。一套完整的财务报表至少应当包括资产负债表、利润表、现金流量表、所有者权益（或股东权益）变动表以及附注。

资产负债表、利润表和现金流量表分别从不同角度反映企业的财务状况、经营成果和现金流量。资产负债表反映企业在某一特定日期所拥有的资产、需偿还的债务以及股东（投资者）拥有的净资产情况。利润表反映企业在一定会计期间的经营成果（即利润或亏损）的情况，表明企业运用所拥有的资产的获利能力。现金流量表反映企业在一定会计期间现金和现金等价物流入和流出的情况。所有者权益变动表反映构成所有者权益的各组成部分当期的增减变动情况。附注是财务报告不可或缺的组成部分，是对在资产负债表、利润表、现金流量表和所有者权益变动表等报表中列示项目的文字描述或明细资料，以及对未能在这些报表中列示项目的说明等。

财务报表是财务会计报告的核心内容，除了财务报表之外，财务报告还应当包括其他相关信息，具体可以根据有关法律、行政法规、部门规章等的规定和外部使用者的信息需求而定。

（二）财务报表的编制要求

（1）企业编制财务会计报告，应当根据真实的交易、事项以及完整、准确的账簿记录等资料，并按照国家统一的会计制度规定的编制基础、编制依据、编制原则和方法而进行。

（2）企业应当依照法律、行政法规和国家统一的会计制度中有关财务会计报告提供期限的规定，及时对外提供财务会计报告。

（3）财务会计报告应当由单位负责人和主管会计工作的负责人、会计机构负责人（会计主管人员）签名并盖章；设置总会计师的企业，还应当由总会计师签名并盖章。单位负责人应当保证财务会计报告的真实和完整。

（4）向不同的会计资料使用者提供的财务会计报告，其编制依据应当一致。

（5）财务会计报告须经注册会计师审计的，企业应当将注册会计师及其会计师事务所出具的审计报告随同财务会计报告一并对外提供。

案例分析 1-6

2020 年 12 月 8 日，某公司董事会研究决定，公司对外报送的会计报表由财务经理全权负责，并委托财务经理在财务会计报告中加盖董事长、财务经理和会计机构负责人的印章。该公司的做法是否符合会计法律制度的规定？

分析与提示：

该公司董事会作出的关于对外报送会计报表的决定是错误的。《会计法》规定，企业对外提供的财务会计报告应当由企业负责人和主管会计工作的负责人、会计机构负责人（会计主管人员）签名并盖章；设置总会计师的企业，还应当由总会计师签名并盖章。

会计档案的管理

五、会计档案管理

会计档案是记录和反映单位经济业务事项的主要史料和证据。《会计法》和《会计基础工作规范》都对会计档案管理作了原则性规定。财政部、国家档案局 2015 年 12 月发布修订后的《会计档案管理办法》，对会计档案管理的有关内容作出了具体规定。

（一）会计档案的内容

会计档案是指会计凭证、会计账簿、财务会计报告等会计核算专业资料。会计档案一般分为：

（1）会计凭证类，包括原始凭证、记账凭证。

（2）会计账簿类，包括总账、日记账、明细账、固定资产卡片及其他辅助性账簿。

（3）财务会计报告类，包括月度、季度、半年度、年度财务报告。

（4）其他会计资料，包括银行存款余额调节表、银行对账单、纳税申报表、会计档案移交清册、会计档案保管清册、会计档案销毁清册、会计档案鉴定意见书及其他具有保存价值的会计资料。

（二）会计档案的管理部门

县级以上各级人民政府财政部门和档案行政管理部门共同负责本行政区域内的会计档案工作的指导、监督和检查。

单位应当加强会计档案管理工作，建立和完善会计档案的收集、整理、保管、利用和鉴定销毁等管理制度，采取可靠的安全防护技术和措施，保证会计档案的真实、完整、可用、安全。

（三）会计档案的归档

各单位每年形成的会计档案，应当由会计机构按照归档要求，负责整理立卷归档。

采用计算机、网络通信等信息技术手段进行会计核算的单位，可以以电子形式保存，形成电子会计档案。

（四）会计档案的移交

当年形成的会计档案，在会计年度终了后，可由单位会计管理机构临时保管 1 年，再移交单位档案管理机构保管。因工作需要确需推迟移交的，应当经单位档案管理机构同意。

单位会计管理机构临时保管会计档案最长不超过 3 年。临时保管期间，会计档案的保管应当符合国家档案管理的有关规定，且出纳人员不得兼管会计档案。

保管期满后，原则上应由会计部门编制清册，移交本单位的档案部门保管。会计管理机构在向单位档案部门移交会计档案时要编制移交清册，详细登记所移交档案的名称、卷号、册数、起止年度、应保管期限、已保管期限等内容。

档案部门接受保管的会计档案，原则上应保持原卷册的封装，个别需要拆封重新整理的，应当会同会计部门和原经办人员共同拆封整理，以分清责任。

（五）会计档案的利用

单位应当严格按照相关制度利用会计档案，在进行会计档案查阅、复制、借出时履行登记手续，严禁篡改和损坏。

单位保存的会计档案一般不得对外借出。确因工作需要且根据国家有关规定必须借出的，应当严格按照规定办理相关手续。

会计档案借用单位应当妥善保管和利用借入的会计档案，确保借入会计档案的安全完整，并在规定时间内归还。

单位的会计档案及其复制件需要携带、寄运或者传输至境外的，应当按照国家有关规定执行。

案例分析 1-7

某企业的业务往来单位经该企业负责人批准，因业务需要查阅了该企业 2017 年的会计档案，对有关原始凭证进行了复制，并办理了有关手续。分析该业务往来单位对会计档案的查阅和复制是否符合《会计法》的规定。

分析与提示：

该企业向业务往来单位提供会计档案的查阅和复制符合法律的规定。《会计法》规定，会计档案原件原则上不得借出，如有特殊需要，须经本单位负责人批准，在不拆散原卷册的前提下，可以提供查阅和复制，并办理登记手续。

（六）会计档案的保管期限

根据 2015 年财政部、国家档案局发布的《会计档案管理办法》的规定，会计档案保管期限分为永久和定期两类。永久，是指会计档案须永久保存；定期，是指会计档案的保存应达到法定的时间。会计档案的定期保管期限分为 10 年和 30 年两种。会计档案的保管期限从会计年度终了后的第一天算起。《会计档案管理办法》规定的具体保管期限如表 1-1 所示。

表 1-1 企业和其他组织会计档案保管期限表

序号	档案名称	保管期限	备注
	一、会计凭证类		
1	原始凭证	30 年	
2	记账凭证	30 年	
	二、会计账簿类		

续表

序号	档案名称	保管期限	备注
3	总账	30 年	
4	明细账	30 年	
5	日记账	30 年	
6	固定资产卡片		固定资产报废清理后保管 5 年
7	其他辅助性账簿	30 年	
	三、财务报告类		
8	月、季度财务报告	10 年	
9	年度财务报告（决算）	永久	
	四、其他类		
10	银行存款余额调节表	10 年	
11	银行对账单	10 年	
12	纳税申报表	10 年	
13	会计档案移交清册	30 年	
14	会计档案保管清册	永久	
15	会计档案销毁清册	永久	
16	会计档案鉴定意见书	永久	

（七）会计档案的销毁

1. 编制会计档案鉴定意见书

会计档案鉴定工作应当由单位档案管理机构牵头，组织单位会计、审计、纪检监察等机构或人员共同进行。单位应当定期对已到保管期限的会计档案进行鉴定，并形成会计档案鉴定意见书。经鉴定，仍需继续保存的会计档案，应当重新划定保管期限；对保管期满，确无保存价值的会计档案，可以销毁。

2. 编制会计档案销毁清册

会计档案保管期满需要销毁的，由本单位档案管理机构编制会计档案销毁清册，列明拟销毁会计档案的名称、卷号、册数、起止年度、档案编号、应保管期限、已保管期限和销毁时间等内容。单位负责人、档案管理机构负责人、会计管理机构负责人、档案管理机构经办人、会计管理机构经办人在会计档案销毁清册上签署意见。

3. 专人负责监销

单位档案管理机构负责组织会计档案销毁工作，并与会计管理机构共同派员监销。监销人在会计档案销毁前，应当按照会计档案销毁清册所列内容进行清点核对；在会计档案销毁后，应当在会计档案销毁清册上签名或盖章。

电子会计档案的销毁还应当符合国家有关电子档案的规定，并由单位档案管理机构、会计管理机构和信息系统管理机构共同派员监销。

4. 不得销毁的会计档案

对于保管期满但未结清的债权债务会计凭证和涉及其他未了事项的会计凭证（如超过

会计档案保管期限但尚未报废的固定资产购买凭证等），不得销毁，纸质会计档案应当单独抽出立卷，电子会计档案单独转存，保管到未了事项完结时为止。单独抽出立卷或转存的会计档案，应当在会计档案鉴定意见书、会计档案销毁清册和会计档案保管清册上列明。另外，正在建设期间的建设单位，其保管期满的会计档案也不得销毁。

案例分析 1-8

某企业 2020 年 12 月 31 日清理了一批保管期满需要销毁的会计档案。企业档案管理部门编制了会计档案销毁清册，由其负责人签字后随即销毁。分析该企业销毁会计档案是否符合《会计法》的规定。

分析与提示：

该企业销毁会计档案属违法行为。《会计法》规定，会计档案保管期满需要销毁的，由本单位档案部门提出意见，会同会计部门共同进行审查和鉴定，并在此基础上编制会计档案销毁清册。该企业档案管理部门自行编制会计档案销毁清册并予以销毁是错误的。

※ 练习题 ※

一、单项选择题

在线测试

1. 按照来源不同，原始凭证可以分为（　　）。

A. 外来原始凭证和自制原始凭证

B. 收付业务凭证和转账业务凭证

C. 一次性原始凭证、累计原始凭证和汇总原始凭证

D. 专用凭证和通用凭证

2. 及时填制或取得（　　），是会计核算工作的起点。

A. 会计凭证　　B. 记账凭证　　C. 原始凭证　　D. 会计账簿

3. 会计档案保管期限分为永久和定期两类。定期保管的会计档案，其最长保管期限是（　　）。

A. 5 年　　B. 10 年　　C. 15 年　　D. 30 年

4. 下列各项中，不属于会计档案的是（　　）。

A. 会计移交清册　　B. 会计档案保管清册

C. 会计档案销毁清册　　D. 月度财务计划

5. 下列不属于财务会计报告组成部分的是（　　）。

A. 资产负债表　　B. 会计报表附注　　C. 现金流量表　　D. 科目汇总表

6. 单位会计管理机构临时保管会计档案最长不超过（　　）。

A. 1 年　　B. 2 年　　C. 3 年　　D. 5 年

7. 会计档案的保管期限从（　　）算起。

A. 会计档案形成时　　B. 会计档案装订时

C. 会计档案经审计后　　D. 会计年度终了后的第一天

8. 根据《会计法》的规定，会计机构、会计人员审核原始凭证的程序、要求，应当按照国家统一的会计制度的规定进行，对不真实、不合法的原始凭证会计人员有权不予受理，并向（ ）报告。

A. 会计机构负责人 B. 总会计师 C. 上级单位负责人 D. 单位负责人

9. 根据《会计法》的规定，未按照规定填制、取得原始凭证或者填制、取得原始凭证不符合规定的，应当追究（ ）的法律责任。

A. 会计人员 B. 会计主管人员 C. 单位负责人 D. 有关单位和个人

10. 财务报告按编报主体不同，可以分为（ ）。

A. 月报、季报、年报 B. 个别财务报告、合并财务报告

C. 单位报告、汇总报告 D. 中期财务报告、年度财务报告

11.《会计档案管理办法》规定的会计档案保管期限为（ ）保管期限。

A. 永久 B. 定期 C. 最低 D. 最高

12. 在手工会计下，不必采用订本式账簿的是（ ）。

A. 总账 B. 现金日记账 C. 银行存款日记账 D. 明细账

13. 会计人员在办理移交手续时，对已经受理的经济业务尚未填制会计凭证的，应当填制完毕；尚未登记的账目，应当登记完毕，并在最后一笔（ ）后加盖经办人员印章。

A. 累计发生额 B. 余额 C. 本期发生额 D. 期末余额

14. 会计核算必须以（ ）的经济业务事项为依据。

A. 过去发生 B. 将来发生 C. 预计发生 D. 实际发生

15. 当年形成的会计档案，在会计年度终了后，可由单位会计管理机构临时保管（ ），再移交单位档案管理机构保管。

A. 1 年 B. 2 年 C. 3 年 D. 4 年

16. 下列会计档案中，不需要永久保管的是（ ）。

A. 会计档案移交清册 B. 会计档案保管清册

C. 会计档案销毁清册 D. 会计档案鉴定意见书

17. 下列会计档案中，需要永久保管的是（ ）。

A. 原始凭证 B. 记账凭证 C. 总账 D. 年度会计报表

18. 下列会计档案中，保管期限为 10 年的是（ ）。

A. 原始凭证 B. 记账凭证 C. 总账 D. 月度会计报表

19. 反映企业一定日期财务状况的报表称为（ ）。

A. 资产负债表 B. 利润表

C. 现金流量表 D. 所有者权益变动表

20. 下列项目中，不属于对账工作的是（ ）。

A. 账证核对 B. 账账核对 C. 账实核对 D. 账表核对

二、多项选择题

1. 我国会计年度之所以采用公历年度，是因为（ ）。

A. 与国家计划年度保持一致 B. 与国家预算年度保持一致

C. 与国际会计惯例保持一致　　D. 与企业经营周期保持一致

2. 企业财务会计报告的组成一般包括（　　）。

A. 会计报表　　B. 会计报表附注

C. 财务情况说明书　　D. 注册会计师出具的审计报告

3. 根据《会计档案管理办法》的规定，下列各项中，属于会计档案的有（　　）。

A. 固定资产卡片　　B. 原始凭证　　C. 月度会计报表　　D. 信贷计划

4. 根据《会计法》的规定，发生经济业务的单位应当依法设账，应当设置的会计账簿通常包括（　　）。

A. 总账　　B. 明细账　　C. 日记账　　D. 辅助账

5. "依法建账"中的"法"包括（　　）。

A.《会计法》　　B.《中华人民共和国公司法》

C.《中华人民共和国税收征收管理法》　　D.《会计基础工作规范》

6. 关于更正原始凭证错误的叙述，下列各项中，错误的有（　　）。

A. 原始凭证记载的金额有错误的，可由原出具单位更正，并在更正处盖章

B. 原始凭证所记载的内容均不得涂改，随意涂改的原始凭证是无效凭证

C. 原始凭证记载的内容有错误的，只能由出具单位重开

D. 原始凭证的错误，可由接受单位审核后更正

7. 对账工作包括（　　）。

A. 账证核对　　B. 账账核对　　C. 账实核对　　D. 表表核对

8. 对于一般单位来说，需要在财务会计报告中签名并盖章的有（　　）。

A. 单位负责人　　B. 会计机构负责人

C. 主管会计工作的负责人　　D. 审核员

9. 销毁会计档案时，应当由（　　）共同派人监销。

A. 单位的档案机构　B. 人事部门　　C. 审计部门　　D. 财务会计机构

10. 下列会计档案中，保管期限为10年的有（　　）。

A. 月、季度财务报告　　B. 银行存款余额调节表

C. 银行对账单　　D. 纳税申报表

11. 下列会计档案中，保管期限为30年的有（　　）。

A. 原始凭证　　B. 记账凭证　　C. 总账　　D. 明细账

12. 下列会计档案中，需要永久保管的有（　　）。

A. 会计档案移交清册　　B. 会计档案保管清册

C. 会计档案销毁清册　　D. 会计档案鉴定意见书

13. 需要在会计档案销毁清册上签名的人员有（　　）。

A. 档案管理机构负责人　　B. 会计管理机构负责人

C. 单位负责人　　D. 会计管理机构经办人

14. 保管期满但不得销毁的会计档案有（　　）。

A. 总账

B. 未结清债权债务的会计凭证

C. 正在项目建设期间的建设单位

D. 超过会计档案保管期限但尚未报废的固定资产购买凭证

15. 下列项目中，属于会计档案的有（　　）。

A. 原始凭证、记账凭证　　B. 总账、日记账、明细账等

C. 财务会计报告　　D. 纳税申报表、银行对账单等

三、判断题

1. 会计核算必须以真实的原始凭证为依据。（　　）

2. 变造会计凭证是指以虚假的经济业务事项为前提编制会计凭证。（　　）

3. 对保管期满的会计档案，单位可以自行决定销毁。（　　）

4. 单位使用电子计算机进行会计核算，其核算软件可以根据需要自行设计。（　　）

5. 各单位当年形成的会计档案，在会计年度终了后，可暂由会计机构临时保管一年。（　　）

6. 会计人员发现报销人员所持发票有涂改，会计人员有权拒绝办理，否则会计人员就违反了《会计法》。（　　）

7. 会计资料移交人对自己已经移交的会计资料的合法性、真实性要承担法律责任，不能因为会计资料已移交而推脱责任。（　　）

8. 日记账是指按照经济业务活动发生时间的先后顺序，逐日逐笔登记经济业务的账簿。（　　）

9. 对于装订不规范的会计档案，单位档案部门可以重新拆封整理。（　　）

10. 我国会计核算应当以人民币为记账本位币。（　　）

11. 单位形成的会计档案可以查阅、复制，借出时履行登记手续。（　　）

12. 《会计档案管理办法》规定的会计档案保管期限为最高保管期限。（　　）

13. 各单位编报财务报告时，可以选用一种主要的货币作为记账本位币。（　　）

14. 原始凭证金额有错误的，应当由出具单位更正，更正处应当加盖出具单位印章。（　　）

15. 根据《会计档案管理办法》的规定，会计档案保管的最长期限为 25 年。（　　）

16. 财务会计报告应当包括财务报表和报表附注两部分。（　　）

17. 中期财务报表包括月报、季报、半年报和年报。（　　）

18. 对于保管期满的会计档案，可以按程序予以销毁。（　　）

19. 向不同的会计资料使用者提供的财务会计报告，其编制依据应当一致。（　　）

20. 单位的会计档案及其复制件不可以携带至境外。（　　）

第四节　会计监督

会计监督是会计的基本职能之一，是对经济活动的本身进行检查监督，借以控制经济活动，使经济活动能够根据一定的方向、目标、计划，遵循一定的原则正常进行。会计监督是我国经济监督体系的重要组成部分，也是会计资料质量控制的重要环节。

加强会计监督，最重要的是建立有效的会计监督体系。《会计法》以法律的形式确立了三位一体的会计监督体系。所谓三位，是指会计监督体系的机构包括三个层次，即单位内部的会计监督、政府监督和社会监督。所谓一体，是指各层次监督之间的相互联系、相互协调形成了一个有机整体。由于三种不同的监督主体客观上具有不同的利益关系，为消除利益关系可能对监督效果产生的不良影响，各种会计监督之间必须建立相互制约的关系，形成一个有机的会计监督体系，即内部监督的本质是内部控制，是内部管理的重要组成部分；社会监督是对内部监督的再监督，其特征是监督行为的独立性和有偿性；政府监督是对社会监督和内部监督的再监督，其特征是强制性和无偿性。三者缺一不可，共同构成了我国的会计监督体系。

一、单位内部的会计监督

单位内部会计监督

（一）单位内部会计监督的概念与要求

1. 单位内部会计监督的概念

单位内部会计监督是指会计机构、会计人员依照法律的规定，通过会计手段对经济活动的合法性、合理性和有效性进行的一种监督。《会计法》第二十七条规定：“各单位应当建立、健全本单位内部会计监督制度。”建立、健全单位内部会计监督制度，是贯彻执行会计法律、法规、规章，保证会计工作有序进行，完善会计监督体系的主要措施。

2. 单位内部会计监督的主体和对象

根据《会计法》《会计基础工作规范》《内部会计控制规范——基本规范（试行）》的规定，各单位的会计机构、会计人员对本单位的经济活动进行会计监督。内部会计监督的主体是各单位的会计机构、会计人员；内部会计监督的对象是单位的经济活动。

尽管单位内部会计监督的主体是各单位的会计机构、会计人员，但内部会计监督不仅仅是会计机构、会计人员的事情，单位负责人应当积极支持、保障会计机构、会计人员行使好会计监督职权。根据规定，单位负责人负责单位内部会计监督制度的组织实施，对本单位内部的会计监督制度的建立及有效实施承担最终责任。

3. 单位内部会计监督制度的基本要求

单位内部会计监督的内容十分广泛，涉及人、财、物等诸多方面，各单位应当根据实际情况建立、健全本单位内部会计监督制度和内部控制制度。单位内部会计监督制度应当符合以下要求：

（1）记账人员与经济业务事项或会计事项的审批人员、经办人员、财物保管人员的职责权限应当明确，并相互分离、相互制约。这是机构控制和职务控制的基本要求。

（2）重大对外投资、资产处置、资金调度和其他重要经济业务事项的决策和执行的相互监督、相互制约的程序应当明确。这是业务处理程序控制的基本要求。

（3）财产清查的范围、期限和组织程序应当明确。这是财产安全控制和会计信息控制的基本要求。

（4）对会计资料定期进行内部审计的办法和程序应当明确。这是内部审计控制的基本要求。

（二）内部控制

1. 内部控制的概念与目标

对企业而言，内部控制是指由企业董事会、监事会、经理层和全体员工实施的、旨在实现控制目标的过程。对行政事业单位而言，内部控制是指单位为实现控制目标，通过制定制度、实施措施和执行程序，对经济活动的风险进行防范和管控。

企业内部控制的目标主要包括：合理保证企业经营管理合法合规、资产安全、财务报告及相关信息真实完整，提高经营效率和效果，促进企业实现发展战略。行政事业单位内部控制的目标主要包括：合理保证单位经济活动合法合规、资产安全和使用有效、财务信息真实完整，有效防范舞弊和预防腐败，提高公共服务的效率和效果。

2. 内部控制的原则

企业、行政事业单位建立与实施内部控制，均应遵循全面性原则、重要性原则、制衡性原则和适应性原则。此外，企业还应遵循成本效益原则。

（1）全面性原则。内部控制应当贯穿决策、执行和监督的全过程，覆盖各种业务和事项，实现对经济活动的全面控制。

（2）重要性原则。内部控制应当在全面控制的基础上，关注重要经济活动和经济活动的重大风险。

（3）制衡性原则。企业内部控制应当在企业治理结构、机构设置及权责分配、业务流程等方面形成相互制约、相互监督，同时兼顾运营效率。行政事业单位内部控制应当在单位内部的部门管理、职责分工、业务流程等方面形成相互制约和相互监督。

（4）适应性原则。企业内部控制应当与企业经营规模、业务范围、竞争状况和风险水平等相适应，并随着情况的变化及时调整。行政事业单位内部控制应当符合国家有关规定和单位的实际情况，并随着外部环境的变化、单位经济活动的填制和管理要求的提高，不断修订和完善。

（5）成本效益原则。企业内部控制应当权衡实施成本与预期效益，以适当的成本实现有效控制。

3. 内部控制的责任人

对企业而言，董事会负责内部控制的建立健全和有效实施。监事会对董事会建立与实施内部控制进行监督。经理层负责组织领导企业内部控制的日常运行。企业应当成立专门机构或者指定适当的机构具体负责组织协调内部控制的建立实施及日常工作。

对行政事业单位而言，单位负责人对本单位内部控制的建立健全和有效实施负责。单位应当建立适合本单位实际情况的内部控制体系，并组织实施。

4. 内部控制的内容

为了加强和规范企业内部控制，提高企业经营管理水平和增强企业风险防范能力，促进企业可持续发展，维护社会主义市场经济秩序和社会公众利益，财政部、证监会、审计署、银监会、保监会五部门于 2008 年 5 月 22 日发布《企业内部控制基本规范》，自 2009 年 7 月 1 日起在大中型企业执行。企业建立与实施有效的内部控制，应当包括下列五个要素：

（1）内部环境。内部环境是企业实施内部控制的基础，一般包括治理结构、机构设置及权责分配、内部审计、人力资源政策、企业文化等。

（2）风险评估。风险评估是指企业及时识别、系统分析经营活动中与实现内部控制目标相关的风险，合理确定风险应对策略。

（3）控制活动。控制活动是企业根据风险评估结果，采用相应的控制措施，将风险控制在可承受范围之内。

（4）信息与沟通。信息与沟通是企业及时、准确地收集、传递与内部控制相关的信息，确保信息在企业内部、企业与外部之间进行有效沟通。

（5）内部监督。内部监督是企业对内部控制建立与实施的情况进行监督检查，评价内部控制的有效性，发现内部控制缺陷时，应当及时加以改进。

行政事业单位建立与实施内部控制的具体工作包括：梳理单位各类经济活动的业务流程，明确业务环节，系统分析经济活动风险，确定风险点，选择风险应对策略，在此基础上根据国家有关规定建立健全单位各项内部管理制度并督促相关工作人员认真执行。

5. 企业内部控制的控制方法

对企业而言，控制措施一般包括：不相容职务分离控制、授权审批控制、会计系统控制、财产保护控制、预算控制、运营分析控制和绩效考评控制等。

（1）不相容职务分离控制。要求企业全面系统地分析、梳理业务流程中所涉及的不相容职务，实施相应的分离措施，形成各司其职、各负其责、相互制约的工作机制。

（2）授权审批控制。要求企业根据常规授权和特别授权的规定，明确各岗位办理业务和事项的权限范围、审批程序和相应责任。

企业应当编制常规授权的权限指引，规范特别授权的范围、权限、程序和责任，严格控制特别授权。常规授权是指企业在日常经营管理活动中按照既定的职责和程序进行的授权。特别授权是指企业在特殊情况、特定条件下进行的授权。企业各级管理人员应当在授权范围内行使职权和承担责任。企业对于重大的业务和事项，应当实行集体决策审批或者联签制度，任何个人不得单独进行决策或者擅自改变集体决策。

（3）会计系统控制。要求企业严格执行国家统一的会计准则制度，加强会计基础工作，明确会计凭证、会计账簿和财务会计报告的处理程序，保证会计资料真实完整。

企业应当依法设置会计机构，配备会计从业人员。从事会计工作的人员，必须具备专业技能、遵守职业道德。会计机构负责人应当具备会计师以上专业技术职务资格。大中型企业应当设置总会计师。设置总会计师的企业，不得设置与其职权重叠的副职。

（4）财产保护控制。要求企业建立财产日常管理制度和定期清查制度，采取财产记录、实物保管、定期盘点、账实核对等措施，确保财产安全。企业应当严格限制未经授权的人员接触和处置财产。

（5）预算控制。要求企业实施全面预算管理制度，明确各责任单位在预算管理中的职责权限，规范预算的编制、审定、下达和执行程序，强化预算约束。

（6）运营分析控制。要求企业建立运营情况分析制度，经理层应当综合运用生产、购销、投资、筹资、财务等方面的信息，通过因素分析、对比分析、趋势分析等方法，定期开展运营情况分析，发现存在的问题，及时查明原因并加以改进。

（7）绩效考评控制。要求企业建立和实施绩效考评制度，科学设置考核指标体系，对企业内部各责任单位和全体员工的业绩进行定期考核和客观评价，将考评结果作为确定员工薪酬以及职务晋升、评优、降级、调岗、辞退等方面的依据。

6. 行政事业单位内部控制的控制方法

行政事业单位内部控制的控制方法一般包括：不相容岗位相互分离、内部授权审批控制、归口管理、预算控制、财产保护控制、会计控制、单据控制、信息内部公开等。

（1）不相容岗位相互分离。合理设置内部控制关键岗位，明确划分职责权限，实施相应的分离措施，形成相互制约、相互监督的工作机制。

（2）内部授权审批控制。明确各岗位办理业务和事项的权限范围、审批程序和相关责任，建立重大事项集体决策和会签制度。相关工作人员应当在授权范围内行使职权、办理业务。

（3）归口管理。根据本单位实际情况，按照权责对等的原则，采取成立联合工作小组并确定牵头部门或牵头人员等方式，对有关经济活动实行统一管理。

（4）预算控制。强化对经济活动的预算约束，使预算管理贯穿于单位经济活动的全过程。

（5）财产保护控制。建立资产日常管理制度和定期清查机制，采取资产记录、实物保管、定期盘点、账实核对等措施，确保资产安全完整。

（6）会计控制。建立健全本单位财会管理制度，加强会计机构建设，提高会计人员业务水平，强化会计人员岗位责任制，规范会计基础工作，加强会计档案管理，明确会计凭证、会计账簿和财务会计报告处理程序。

（7）单据控制。要求单位根据国家有关规定和单位的经济活动业务流程，在内部管理制度中明确界定各项经济活动所涉及的表单和票据，要求相关工作人员按照规定填制、审核、归档、保管单据。

（8）信息内部公开。建立健全经济活动相关信息内部公开制度，根据国家有关规定和单位的实际情况，确定信息内部公开的内容、范围、方式和程序。

（三）内部审计

1. 内部审计的概念及内容

内部审计是指单位内部的一种独立客观的监督和评价活动，它通过单位内部独立的审计机构和审计人员，审查和评价本部门、本单位财务收支和其他经营活动以及内部控制的适当性、合法性和有效性，以此来促进单位目标的实现。

内部审计的内容是一个不断发展变化的范畴，主要包括：财务审计、经营审计、经济责任审计、管理审计和风险管理等。

2. 内部审计的特点

内部审计的审计机构和审计人员都设在本单位内部，审计的内容更侧重于经营过程是否有效、各项制度是否得到遵守与执行。审计结果的客观性和公正性较低，并且以建议性意见为主。

3. 内部审计的作用

内部审计在单位内部会计监督制度中的重要作用主要体现在以下三个方面：

（1）预防保护作用。内部审计机构对会计部门工作的监督，有助于强化单位内部管理制度的落实，及时发现问题、纠正错误，堵塞管理漏洞，减少损失，保护资产的安全与完整，提高会计资料的真实性、可靠性。

（2）服务促进作用。内部审计机构作为企业内部的一个职能部门，熟悉企业的生产经营活动等情况，工作便利。因此，通过内部审计，可在企业改善管理、挖掘潜力、降低生产成本、提高经济效益等方面起到促进作用。

（3）评价鉴证作用。内部审计是基于受托经济责任的需要而产生和发展起来的，是经济管理分权制的产物。随着企业单位规模的扩大，管理层次增多，对各部门经营业绩的考核与评价已成为现代管理不可缺少的组成部分。通过内部审计，可以对各部门活动作出客观、公正的审计结论和意见，起到评价和鉴证的作用。

二、会计工作的政府监督

（一）会计工作的政府监督的概念

会计工作的政府监督是一种外部监督，也称国家监督，主要是指财政部门代表国家对各单位和单位中相关人员的会计行为实施的监督检查，以及对发现的违法会计行为实施的行政处罚。这是我国经济监督体系的一个重要方面，它与单位内部会计机构、会计人员实行的会计监督是相辅相成的。

（二）会计工作的政府监督的主体

根据《会计法》的规定，县级以上人民政府财政部门为各单位会计工作的监督检查部门，对各单位会计工作行使监督权，对违法会计行为实施行政处罚。因此，财政部门是《会计法》的执法主体，是会计工作国家监督的实施主体。这里所说的财政部门，是指国务院财政部门、国务院财政部门的派出机构和县级以上人民政府财政部门。

此外，《会计法》规定，除财政部门外，审计、税务、人民银行、证券监管、保险监管等部门依照有关法律、行政法规规定的职责和权限，可以对有关单位的会计资料实施监督检查。如根据《中华人民共和国税收征收管理法》（以下简称《税收征收管理法》）的规定，税务机关有权检查纳税人的账簿、记账凭证、报表和有关资料。

（三）财政部门实施会计监督检查的对象和内容

财政部门实施会计监督检查的对象是会计行为，并对发现的有违法会计行为的单位和个人实施行政处罚。违法会计行为是指公民、法人和其他组织违反《会计法》和其他有关法律、行政法规、国家统一的会计制度的行为。

根据《会计法》的规定，财政部门可以依法对各单位的下列情况实施监督检查。

1. 对单位设置会计账簿的检查

具体包括：依照法律、行政法规和国家统一的会计制度的规定，应当设置会计账簿的单位是否设置账簿；设置会计账簿的单位，其会计账簿的设置情况是否符合法律、行政法规和国家统一的会计制度的要求；各单位是否存在账外账违法行为等。

2. 对单位会计资料是否真实、完整的检查

具体包括：各单位对实际发生的经济业务事项是否及时办理会计手续，进行会计核

算；各单位填制的会计凭证、登记的会计账簿、编制的财务会计报告是否与实际发生的经济业务事项相符，是否做到账证相符、账账相符、账实相符、账表相符；各单位提供的财务会计报告是否符合法律、行政法规和国家统一的会计制度的规定等。

3. 对单位会计核算情况的检查

具体包括：各单位会计核算的内容是否真实、完整；各单位采用的会计年度、记账本位币、会计处理方法、会计记录文字是否符合法律、行政法规和国家统一的会计制度的规定；各单位对资产、负债、所有者权益、收入、费用、利润的确认、计量、记录和报告是否符合法律、行政法规和国家统一的会计制度的规定；各单位会计档案的保管是否符合法定要求等。

4. 对单位会计人员具备专业能力、遵守职业道德的检查

会计人员除了具有较强的会计核算能力以外，还应具有税收、审计、内部控制、金融、经营管理、计算机等方面的知识和能力，具备良好的会计职业道德。

5. 对会计师事务所出具的审计报告的程序和内容的检查

财政部应当加强对省级财政部门监督、指导注册会计师、会计师事务所工作的检查。省级财政部门应当建立信息报告制度，将会计师事务所、注册会计师发生的重大违法违规案件及时上报财政部。

根据《会计法》的规定，财政部门有权对会计师事务所出具的审计报告的程序和内容进行监督。也就是说，财政部门对注册会计师及其会计师事务所的审计质量进行再监督。

三、会计工作的社会监督

（一）会计工作的社会监督的概念

会计工作的社会监督主要是指由注册会计师及其所在的会计师事务所依法对委托单位的经济活动进行审计、鉴证的一种监督制度。根据《会计法》的规定，法律、行政法规规定须经注册会计师进行审计的单位，应当向接受委托的会计师事务所如实提供会计凭证、会计账簿、财务会计报告和其他会计资料以及有关情况。任何单位和个人不得以任何方式要求或者示意注册会计师及其所在的会计师事务所出具不实或者不当的审计报告。

《会计法》规定："任何单位和个人对违反本法和国家统一的会计制度规定的行为，有权检举。"这是为了充分发挥社会各方面力量的作用，鼓励各单位和个人检举违法会计行为，也属于会计工作社会监督的范畴。

会计工作的社会监督是一种外部监督，是对单位内部监督的再监督，其特征是监督行为的独立性和有偿性。社会监督以其特有的中介性和公正性得到法律的认可，具有很强的权威性、公正性。

（二）注册会计师审计与内部审计的关系

注册会计师审计与内部审计既有联系又有区别。二者的联系主要有：（1）都是现代审计体系的重要组成部分；（2）都关注内部控制的健全性和有效性；（3）注册会计师审计可能涉及对内部审计成果的利用等。

注册会计师审计与内部审计之间的区别主要在于：

（1）审计独立性不同。内部审计受本部门、本单位直接领导，只具有相对独立性；注册会计师审计则完全独立于被审计单位。

（2）审计方式不同。内部审计依照单位经营管理的需要自行组织实施，具有较大的灵活性；注册会计师审计则是受托审计，必须按照《注册会计师法》、执业准则和规则实施审计。

（3）审计的职责和作用不同。内部审计的结果只对本部门、本单位负责，只作为本部门、本单位改进经营管理的参考，不对外公开；注册会计师需要对投资者、债权人及其他利益相关者负责，对外出具的审计报告具有鉴证作用。

（4）接受审计的自愿程度不同。注册会计师审计时，委托人可自由选择会计师事务所。内部审计时，单位内部的组织必须接受内部审计人员的监督。

（三）会计师事务所的业务范围

根据《注册会计师法》和《会计师事务所审批和监督暂行办法》的规定，注册会计师及其所在的会计师事务所依法承办下列审计业务：（1）审查企业财务会计报告，出具审计报告；（2）验证企业资本，出具验资报告；（3）办理企业合并、分立、清算事宜中的审计业务，出具有关的报告；（4）法律、行政法规规定的其他审计业务。

注册会计师可以承办会计咨询、会计服务等业务，主要包括：（1）设计财务会计制度；（2）担任会计顾问，提供会计、财务、税务和其他经济管理咨询；（3）代理记账；（4）代理纳税申报；（5）代办申请注册登记，协助拟定合同、协议、章程及其他经济文件；（6）培训会计人员；（7）审核企业前景财务资料；（8）资产评估。

注册会计师承办业务，由其所在的会计师事务所统一受理并与委托人签订委托合同。会计师事务所对本所注册会计师承办的业务承担民事责任。

※ 练习题 ※

一、单项选择题

在线测试

1. 内部会计监督的对象是（　　）。

A. 会计机构　　B. 会计人员

C. 单位的经济活动　　D. 单位的会计核算

2. 对本单位内部会计控制的建立及有效实施承担最终责任的人员是（　　）。

A. 会计主管人员　　B. 单位负责人

C. 单位内部审计人员　　D. 会计机构负责人

3. 下列各项中，不属于企业内部控制基本规范的基本要素的是（　　）。

A. 内部环境　　B. 风险评估　　C. 外部监督　　D. 控制活动

4. （　　）有权对会计师事务所出具审计报告的程序和内容进行监督。

A. 审计部门　　B. 财政部门　　C. 政府部门　　D. 司法部门

5. 任何单位和个人有权检举，属于会计监督的是（　　）。

A. 单位内部监督　B. 政府监督　C. 社会监督　D. 司法监督

6. 单位内部监督的主体是（　　）。

A. 财政部门　B. 工商管理部门

C. 各单位的会计机构　D. 各单位的会计机构和会计人员

7. 财政部门实施会计监督的对象是（　　）。

A. 经济事项　B. 经济业务　C. 经济活动　D. 会计行为

8. 下列各项中，属于内部会计监督的是（　　）。

A. 财政机关的监督　B. 税务机构的监督

C. 审计机关的监督　D. 会计人员对于违法收支不予以受理

9. 下列属于会计工作的政府监督的是（　　）。

A. 审查财务会计报告，出具审计报告　B. 对各单位会计核算情况的监督

C. 验证企业资本、出具验资报告　D. 对单位重大对外投资事项进行监督

10. 下列属于会计师事务所业务范围的是（　　）。

A. 对单位依法设置会计账簿的检查　B. 对单位会计资料真实性、完整性的检查

C. 验证企业资本、出具验资报告　D. 对各单位会计人员具备专业能力的审查

二、多项选择题

1. 会计的基本职能包括（　　）。

A. 会计核算　B. 会计监督　C. 会计控制　D. 会计分析

2. 内部审计的作用包括（　　）。

A. 预防保护作用　B. 服务促进作用　C. 评价鉴证作用　D. 监督检查作用

3. 下列关于会计责任和审计责任的表述中，正确的有（　　）。

A. 会计责任是单位对提交的会计资料的真实性、合法性和完整性负责

B. 审计责任是注册会计师对委托人和被审计单位应尽的义务

C. 注册会计师对出具的审计报告负责

D. 会计责任和审计责任两者不能相互替代、减轻和免除

4. 下列各项中，属于企业内部控制基本规范的基本要素的有（　　）。

A. 内部环境　B. 风险评估　C. 信息与沟通　D. 内部监督

5. 下列各项中，属于行政事业单位内部控制原则的有（　　）。

A. 全面性原则　B. 制衡性原则　C. 重要性原则　D. 适应性原则

6. 下列项目中，属于财政部门会计监督的主要内容包括（　　）。

A. 对单位依法设置会计账簿的检查

B. 对单位会计资料的真实性、完整性的检查

C. 对单位会计核算情况的检查

D. 对单位会计人员具备专业能力、遵守职业道德的检查

7. 下列各项中，属于企业内部控制的控制方法的有（　　）。

A. 不相容职务分离控制　B. 授权审批控制

C. 会计系统控制　D. 财产保护控制

8. 根据《会计法》的规定，会计工作的国家监督除财政部门以外，（　　）等部门依

照有关法律、行政法规规定的职责和权限，可以对有关单位的会计资料实施监督检查。

A. 审计、税务　　B. 人民银行　　C. 证券监管　　D. 保险监管

9. 下列各项中，属于会计师事务所业务范围的有（　　）。

A. 审查企业财务会计报告，出具审计报告

B. 验证企业资本，出具验资报告

C. 办理企业合并、分立、清算事宜中的审计业务，出具有关的报告

D. 承办会计咨询、会计服务等业务

10. 我国的会计监督体系包括（　　）。

A. 单位内部的会计监督　　B. 政府监督

C. 社会监督　　D. 民间监督

11. 财产保护控制，要求企业建立财产日常管理制度和定期清查制度。下列项目中，属于财产保护措施的有（　　）。

A. 财产记录　　B. 实物保管　　C. 定期盘点　　D. 账实核对

12.《会计法》规定，政府财政部门为各单位会计工作的监督检查部门。这里所说的财政部门，是指（　　）。

A. 国务院财政部门　　B. 国务院财政部门的派出机构

C. 省、直辖市人民政府财政部门　　D. 县级人民政府财政部门

三、判断题

1. 单位内部会计监督的主体是单位的会计机构和会计人员。（　　）

2. 外部会计监督主要是指注册会计师依法接受委托从事的独立审计。（　　）

3. 财政部门实施会计监督检查的对象是会计核算工作。（　　）

4. 不相容职务分离的核心是内部牵制。（　　）

5. 任何单位和个人对违反《会计法》和国家统一会计制度规定的行为，有权检举。（　　）

6. 内部会计监督的对象是本单位的经济活动。（　　）

7. 国家监督是我国会计监督体系的主导。（　　）

8. 财政部门对会计师事务所出具审计报告的程序和内容进行监督。（　　）

9. 注册会计师审计能够替代或减轻单位负责人对本单位会计资料真实性、完整性承担的责任。（　　）

10. 县级以上政府财政部门可以对单位会计人员进行具备专业能力、遵守职业道德的检查。（　　）

第五节　会计机构和会计人员

会计机构是指各单位依据会计工作的需要设置的专门负责办理本单位会计业务事项、进行会计核算、实行会计监督的职能部门。会计人员是直接从事会计工作的专职人员。建

立、健全会计机构，配备数量和素质相当的会计人员，是各单位做好会计工作、充分发挥会计职能和作用的重要保证。

一、会计机构的设置

《会计法》第三十六条规定："各单位应当根据会计业务的需要，设置会计机构，或者在有关机构中设置会计人员并指定会计主管人员；不具备设置条件的，应当委托经批准设立从事会计代理记账业务的中介机构代理记账。"这是对设置会计机构作出的规定。

（一）办理会计事务的组织方式

1. 单独设置会计机构

一个单位是否单独设置会计机构，往往取决于以下三个因素：一是单位规模的大小；二是经济业务和财务收支的繁简；三是经营管理的要求。根据上述要求，一般来说，大中型企业和具有一定规模的行政、事业单位，以及财务收支数额较大、会计业务较多的社会团体和其他经济组织，应当单独设置会计机构，以便及时组织本单位各项经济活动和财务收支的核算，实行有效的会计监督。

2. 有关机构中配置专职会计人员

根据《会计法》的规定，不能单独设置会计机构的单位，应当在有关机构中设置会计人员并指定会计主管人员。这是提高工作效率、明确岗位责任制的内在要求，同时也是会计工作的专业性、政策性所决定的。"会计主管人员"是《会计法》的一个特定概念，不同于通常所说的"会计主管""主管会计""主办会计"等，而是指负责组织管理会计事务，行使会计机构负责人职权的负责人。

3. 代理记账

代理记账是指从事代理记账业务的中介机构接受委托人的委托办理会计业务。目前，代理记账机构主要包括代理记账公司、会计师事务所、具有代理记账资格的其他社会咨询服务机构三类。

（二）会计机构负责人的任职资格

会计机构负责人（会计主管人员）是在一个单位内具体负责会计工作的中层领导人员。在单位负责人的领导下，会计机构负责人（会计主管人员）负有组织、管理本单位所有会计工作的责任，其工作水平的高低、质量的好坏，直接关系到整个单位会计工作的水平和质量。

因此，对其任职资格条件加以严格规定是必要的。《会计法》规定："担任单位会计机构负责人（会计主管人员）的，应当具备会计师以上专业技术职务资格或者从事会计工作三年以上经历。"此外，还应当具有较高的政治素质和业务水平、良好的职业道德、较强的组织领导能力和较好的身体状况等。

二、会计工作岗位设置

会计工作岗位设置

（一）会计工作岗位的概念

会计工作岗位是指单位会计机构内部根据业务分工而设置的从事会计工作、办理会计事项的具体职位。在会计机构内部设置会计工作岗位，有利于明确分工和确定岗位职责，建立岗位责任制；有利于会计人员钻研业务，提高工作效率和质量；有利于会计工作的程序化和规范化，加强会计基础工作；有利于强化会计管理职能，提高会计工作的水平。同时，它也是配备数量适当的会计人员的客观依据之一。

（二）会计工作岗位设置的要求

1. 按需设岗

各单位会计工作岗位的设置应与其业务活动规模、特点和管理要求相适应，保证单位会计信息的生成、加工和传递真实、可靠、及时、有效。通常，业务活动规模大、业务过程复杂、经济业务量大和管理严格的单位，会计机构相应较大，会计人员相对较多，会计机构内部的岗位设置也较为细致；相反，会计机构内部的岗位设置则较为粗略。

2. 符合内部牵制制度的要求

内部牵制是通过实施岗位分离自动实现账目间的相互核对来保证相关账目正确无误的一种控制机制。它是内部控制制度的主要内容之一，主要包括：(1) 内部牵制制度的原则，即机构分离、职务分离、钱账分离、物账分离等；(2) 对出纳等岗位的职责和限制性规定；(3) 有关部门或领导对限制性岗位的定期检查等。

会计工作岗位可以一人一岗、一人多岗或者一岗多人，凡是涉及款项和财物收付、结算及登记的任何一项工作，必须由两人或两人以上分工办理，以起到相互制约的作用。出纳人员不得兼管稽核、会计档案保管，以及收入、费用、债权债务账目的登记工作。出纳以外的人员不得经管库存现金、有价证券、票据。

3. 建立轮岗制度

对会计人员的工作岗位要有计划地进行轮岗，以促进会计人员全面熟悉业务和不断提高业务素质。《会计基础工作规范》规定："会计人员的工作岗位应当有计划地进行轮换。"定期或不定期地轮换会计人员的工作岗位，有利于会计人员全面熟悉会计核算与监督业务，不断提高业务技能和业务素质，激励会计人员克服惰性，改进工作，而且在一定程度上有助于防止违法乱纪，保护会计人员。

4. 建立岗位责任制

会计工作岗位责任制是指明确各项会计工作的职责范围、具体内容和要求，并落实到每个会计工作岗位或会计人员的一种会计工作责任制度。

根据《会计基础工作规范》和有关制度的规定，会计工作岗位一般分为：总会计师（或行使总会计师职权）岗位；会计机构负责人（会计主管人员）岗位；出纳岗位；稽核岗位；资本、基金核算岗位；收入、支出、债权债务核算岗位；工资核算、成本费用核算、财务成果核算岗位；财产物资的收发、增减核算岗位；总账岗位；对外财务会计报告编制岗位；会计电算化岗位；会计档案管理岗位。

对于会计档案管理岗位，在会计档案正式移交之前，属于会计岗位；正式移交档案管理部门之后，不再属于会计岗位。档案管理部门的人员管理会计档案，不属于会计岗位。医院门诊收费员、住院处收费员、药房收费员、药品库房记账员、商场收银员所从事的工作均不属于会计工作岗位。单位内部审计、社会审计、政府审计工作也不属于会计工作岗位。

会计工作交接

三、会计人员的工作交接

会计人员工作交接，也称会计工作交接，是指会计人员因工作调动、离职或疾病而暂时不能工作，应与接管人员办理交接手续的一种工作程序。《会计法》规定："会计人员调动工作或者离职，必须与接管人员办清交接手续。一般会计人员办理交接手续，由会计机构负责人（会计主管人员）监交；会计机构负责人（会计主管人员）办理交接手续，由单位负责人监交，必要时主管单位可以派人会同监交。"这是对会计人员工作交接问题作出的法律规定。

（一）交接的范围

会计人员工作交接的范围为：

（1）会计人员临时离职或因病不能工作、需要接替或代理的，会计机构负责人（会计主管人员）或单位负责人必须指定专人接替或者代理，并办理会计工作交接手续。

（2）临时离职或因病不能工作的会计人员恢复工作时，应当与接替或者代理人员办理会计工作交接手续。

（3）移交人员因病或其他特殊原因不能亲自办理移交手续的，经单位负责人批准，可由移交人委托他人代办交接，但委托人应当对所移交的会计凭证、会计账簿、财务会计报告和其他有关资料的真实性、完整性承担法律责任。

（二）交接的程序

会计人员工作调动或者因故离职，必须将本人所经管的会计工作全部移交给接替人员。没有办清交接手续的，不得调动或者离职。

办理会计工作交接，具体应按以下程序进行：

1. 提出交接申请

会计人员在向单位或者有关机关提出调动工作或者离职的申请时，应当同时向会计机构提出会计交接申请，以便会计机构早做准备，安排其他会计人员接替工作。交接申请的内容通常应当包括：申请人姓名、申请调动工作或者离职的缘由、调动或离职的时间、会计交接的具体安排、有无重大报告事项或者建议等。

2. 做好移交准备工作

会计人员在办理会计工作交接前，必须做好以下准备工作：

（1）已经受理的经济业务尚未填制会计凭证的，应当填制完毕。

（2）尚未登记账目的，应当登记完毕，结出余额，并在最后一笔余额后加盖经办人员印章。

(3) 整理应该移交的各项资料，对未了事项和遗留问题要写出书面说明材料。

(4) 编制移交清册，列明移交凭证、账簿、会计报表、公章、现金、有价证券、支票簿、发票、文件、其他会计资料和物品等内容；实行会计电算化的单位，从事该项工作的移交人员应在移交清册上列明会计软件及密码、会计软件数据盘、磁带等内容。

(5) 会计机构负责人（会计主管人员）移交时，应将财务会计工作、重大财务收支问题和会计人员的情况等向接替人员介绍清楚。

3. 移交点收

移交人员在离职前，必须将经管的会计工作，在规定的期限内，全部向接替人员移交清楚。接替人员应认真按照移交清册逐项点收。

4. 专人负责监交

为了明确责任，会计人员办理工作交接时，必须有专人负责监交。对监交的具体要求是：

(1) 一般会计人员办理交接手续，由单位的会计机构负责人、会计主管人员负责监交。

(2) 会计机构负责人、会计主管人员办理交接手续时，由单位领导人负责监交，必要时，主管单位可以派人会同监交。当出现下列情况时，由上级主管部门派人会同监交：

1) 所属单位领导人不能监交，需要由上级主管单位派人代表主管单位监交。如因单位撤并而办理交接手续等。

2) 所属单位领导人不能尽快监交，需要由上级主管单位派人督促监交。如由上级主管单位责成所属单位撤换不合格的会计机构负责人、会计主管人员，所属单位领导人以种种借口拖延不办理交接手续时。

3) 不宜由单位领导人单独监交，而需要上级主管单位会同监交。如所属单位领导人与办理交接手续的会计机构负责人、会计主管人员有矛盾，交接时需要上级主管单位派人会同监交。

4) 上级主管单位认为存在某些问题需要派人会同监交的，也可以派人会同监交。

5. 移交后的有关事宜

(1) 会计工作交接完毕后，交接双方和监交人要在移交清册上签名、盖章，并在移交清册上注明单位名称，交接日期，交接双方和监交人的职务、姓名，移交清册页数及需要说明的问题和意见等。

(2) 接替人员应继续使用移交前的账簿，不得擅自另立账簿，以保证会计记录前后衔接，内容完整。

(3) 移交清册填制一式三份，交接双方各持一份，存档一份。

(三) 会计资料移交后的责任界定

根据《会计基础工作规范》的规定，移交人员对移交的会计凭证、会计账簿、会计报表和其他会计资料的合法性、真实性承担法律责任。移交人员所移交的会计资料是在其经办会计工作期间所发生的，其应当对这些会计资料的真实性、完整性负责。即便接替人员在交接时因疏忽没有发现所接收的会计资料在合法性、真实性、完整性方面存在的问题，如事后发现，仍应由原移交人员负责，原移交人员不得以会计资料已移交而推脱责任。接替人员不对移交过来的材料的真实性、完整性负法律上的责任。

案例分析 1-9

某企业原会计科科长周某调离本单位，与新上任的会计科科长葛某办理会计工作移交手续。人事科科长进行监交，并在移交清册上签名、盖章。葛某上任后发现该企业银行存款账实不符，存在较大问题，于是联系周某。周某说："我已经办理了移交，移交时没有发现问题，现在有问题与我无关。"分析该企业在会计工作移交上是否符合《会计法》的规定。

分析与提示：

(1) 该企业在办理会计工作交接中有违法之处。《会计法》规定：会计机构负责人(会计主管人员)办理交接手续，由单位负责人监交。该企业是由人事科科长进行监交，不符合法律规定。

(2) 周某的说法不正确。会计法律制度规定，移交人员所移交的会计资料是在其经办会计工作期间所发生的，其应当对这些会计资料的真实性、完整性负责。即便接替人员在交接时因疏忽没有发现所接收的会计资料在合法性、真实性、完整性方面存在的问题，如事后发现，仍应由原移交人员负责，原移交人员不得以会计资料已移交而推脱责任。

四、代理记账

为了加强代理记账机构的管理，规范代理记账业务，促进代理记账行业的健康、稳步发展，2005 年 1 月 22 日财政部发布了《代理记账管理办法》。为贯彻落实国务院行政审批制度和商事制度改革的相关要求，切实转变政府职能，并进一步规范代理记账资格管理，加强事中事后监管，促进代理记账行业健康发展，2016 年 2 月 16 日财政部发布了修订的《代理记账管理办法》(财政部令第 80 号)，自 2016 年 5 月 1 日起施行；2019 年 3 月 14 日再次修订。《代理记账管理办法》对代理记账机构设置的条件、代理记账的业务范围、代理记账机构与委托人的关系、代理记账人员应遵循的道德规则等作出了具体的规定。

(一) 代理记账机构及其管理

1. 代理记账机构

代理记账机构是指依法取得代理记账资格，从事代理记账业务的机构。会计师事务所及其分所可以依法从事代理记账业务。除会计师事务所以外的机构从事代理记账业务应当经县级以上地方人民政府财政部门批准，领取由财政部统一规定样式的代理记账许可证书。代理记账许可证书不受区域限制，在全国范围内有效。具体审批机关由省、自治区、直辖市、计划单列市人民政府财政部门确定。

2. 代理记账机构的管理

(1) 县级以上人民政府财政部门对代理记账机构及其从事代理记账业务情况实施监督，随机抽取检查对象、随机选派执法检查人员，并将抽查情况及查处结果依法及时向社会公开。

(2) 代理记账机构应当于每年 4 月 30 日之前，向审批机关报送下列材料：代理记账机构基本情况表（见表 1-2）；专职从业人员变动情况。

表 1-2 代理记账机构基本情况表

________年度

<table>
<tr><td colspan="4">代理记账机构（分支机构）基本信息</td></tr>
<tr><td>代理记账许可证书编号</td><td></td><td>发证日期</td><td></td></tr>
<tr><td>机构名称</td><td></td><td>组织形式</td><td></td></tr>
<tr><td>注册号/统一社会信用代码</td><td></td><td>成立日期</td><td></td></tr>
<tr><td>注册资本/出资总额（万元）</td><td></td><td>企业类型</td><td></td></tr>
<tr><td>办公地址（与注册地不一致时填写实际办公地址）</td><td></td><td>邮政编码</td><td></td></tr>
<tr><td>机构负责人姓名</td><td></td><td>机构负责人身份证号</td><td></td></tr>
<tr><td>股东/合伙人数量</td><td></td><td>机构人员数量</td><td></td></tr>
<tr><td>联系人姓名</td><td></td><td>联系电话</td><td></td></tr>
<tr><td>传真号码</td><td></td><td>电子邮箱</td><td></td></tr>
<tr><td>本年度业务总收入（万元）</td><td></td><td>其中：代理记账业务收入（万元）</td><td></td></tr>
<tr><td>代理客户数量</td><td></td><td>分支机构数量</td><td></td></tr>
<tr><td colspan="4">代理记账业务负责人信息</td></tr>
<tr><td>业务负责人姓名</td><td></td><td>会计专业技术资格证书管理号</td><td></td><td>资格等级</td><td></td></tr>
<tr><td colspan="4">专职从业人员信息</td></tr>
<tr><td rowspan="4">代理记账业务负责人姓名</td><td rowspan="2">身份证号</td><td>会计专业技术资格证书管理号</td><td>会计专业技术资格等级</td></tr>
<tr><td></td><td></td></tr>
<tr><td rowspan="2"></td><td>是否具有三年以上从事会计工作的经历</td><td>备注</td></tr>
<tr><td>□是　□否</td><td>需附书面承诺书</td></tr>
<tr><td>其他专职从业人员姓名</td><td>身份证号</td><td colspan="2">备注</td></tr>
<tr><td></td><td></td><td colspan="2">需附书面承诺书</td></tr>
<tr><td></td><td></td><td colspan="2"></td></tr>
<tr><td></td><td></td><td colspan="2"></td></tr>
<tr><td></td><td></td><td colspan="2"></td></tr>
<tr><td colspan="4">我机构保证本表所填内容全部属实

代理记账机构负责人签名（或签章）：
代理记账机构盖章
年　月　日</td></tr>
</table>

注：1. “组织形式”栏根据以下选择填写：有限责任公司、股份有限公司、分公司、非公司企业法人、企业非法人分支机构、个人独资企业、普通合伙企业、特殊普通合伙企业、有限合伙企业。

2. “企业类型”栏根据以下选择填写：内资企业、外商投资企业、港澳商投资企业、台商投资企业。

3. 分支机构填写时，代理记账许可证书编号及发证日期填写总部机构的证书信息；表中部分栏目对分支机构不适用的，分支机构可不用填写。

（3）代理记账机构设立分支机构的，分支机构应当于每年 4 月 30 日之前向其所在地的审批机关报送上述材料。

（4）代理记账机构采取欺骗、贿赂等不正当手段取得代理记账资格的，由审批机关撤销其资格，并对代理记账机构及其负责人给予警告，记入会计领域违法失信记录，根据有关规定实施联合惩戒，并向社会公告。

（5）代理记账机构在经营期间达不到规定的资格条件的，审批机关发现后，应当责令其在 60 日内整改；逾期仍达不到规定条件的，由审批机关撤销其代理记账资格。

（6）代理记账机构依法成立的行业组织，应当维护会员合法权益，建立会员诚信档案，规范会员代理记账行为，推动代理记账信息化建设。代理记账行业组织应当接受县级以上人民政府财政部门的指导和监督。

（二）代理记账机构的申请、变更及注销

1. 代理记账机构的申请

符合下列条件的机构可以申请代理记账资格：

（1）为依法设立的企业。

（2）专职从业人员不少于 3 名；专职从业人员是指仅在一个代理记账机构从事代理记账业务的人员。

（3）主管代理记账业务的负责人具有会计师以上专业技术职务资格或者从事会计工作不少于三年，且为专职从业人员。

（4）有健全的代理记账业务内部规范。

代理记账机构从业人员应当具有会计类专业基础知识和业务技能，能够独立处理基本会计业务，并由代理记账机构自主评价认定。

2. 申请代理记账机构应提交的资料

申请代理记账资格的机构，应当向所在地的审批机关提交申请及下列材料，并对提交材料的真实性负责：

（1）统一社会信用代码。

（2）主管代理记账业务的负责人具备会计师以上专业技术职务资格或者从事会计工作不少于三年的书面承诺。

（3）专职从业人员在本机构专职从业的书面承诺。

（4）代理记账业务内部规范。

3. 代理记账机构的变更

（1）代理记账机构名称、主管代理记账业务的负责人发生变更，设立或撤销分支机构，跨原审批机关管辖地迁移办公地点的，应当自作出变更决定或变更之日起 30 日内依法向审批机关办理变更登记，并应当自变更登记完成之日起 20 日内通过企业信用信息公示系统向社会公示。

（2）代理记账机构变更名称的，应当向审批机关领取新的代理记账许可证书，并同时交回原代理记账许可证书。

（3）代理记账机构跨原审批机关管辖地迁移办公地点的，迁出地审批机关应当及时将代理记账机构的相关信息及材料移交迁入地审批机关。

（4）代理记账机构设立分支机构的，分支机构应当及时向其所在地的审批机关办理备案登记。分支机构名称、主管代理记账业务的负责人发生变更的，分支机构应当按照要求向其所在地的审批机关办理变更登记。

（5）代理记账机构应当在人事、财务、业务、技术标准、信息管理等方面对其设立的分支机构进行实质性的统一管理，并对分支机构的业务活动、执业质量和债务承担法律责任。

4. 代理记账机构的注销

代理记账机构有下列情形之一的，审批机关应当办理注销手续，收回代理记账许可证书并予以公告：

（1）代理记账机构依法终止的。

（2）代理记账资格被依法撤销或撤回的。

（3）法律、法规规定的应当注销的其他情形。

（三）代理记账机构受托业务范围

代理记账机构可以接受委托办理下列业务：

（1）根据委托人提供的原始凭证和其他相关资料，按照国家统一的会计制度的规定进行会计核算，包括审核原始凭证、填制记账凭证、登记会计账簿、编制财务会计报告等。

（2）对外提供财务会计报告。

（3）向税务机关提供税务资料。

（4）委托人委托的其他会计业务。

（四）委托合同应具备的内容

委托人委托代理记账机构代理记账，应当在相互协商的基础上，订立书面委托合同。委托合同除应具备法律规定的基本条款外，应当明确下列内容：

（1）双方对会计资料真实性、完整性各自应当承担的责任。

（2）会计资料的传递程序和签收手续。

（3）编制和提供财务会计报告的要求。

（4）会计档案的保管要求及相应的责任。

（5）终止委托合同应当办理的会计业务交接事宜。

（五）委托人和代理记账机构的义务

1. 委托人的义务

（1）对本单位发生的经济业务事项，应当填制或者取得符合国家统一的会计制度规定的原始凭证。

（2）应当配备专人负责日常货币收支和保管。

（3）及时向代理记账机构提供真实、完整的原始凭证和其他相关资料。

（4）对于代理记账机构退回的，要求按照国家统一的会计制度的规定进行更正、补充的原始凭证，应当及时予以更正、补充。

2. 代理记账机构的义务

代理记账机构及其从业人员应当履行下列义务：

（1）遵守有关法律、法规和国家统一的会计制度的规定，按照委托合同办理代理记账业务。

（2）对在执行业务中知悉的商业秘密予以保密。

（3）对委托人要求其作出不当的会计处理，提供不实的会计资料，以及其他不符合法律、法规和国家统一的会计制度行为的，予以拒绝。

（4）对委托人提出的有关会计处理相关问题予以解释。

此外，代理记账机构为委托人编制的财务会计报告，经代理记账机构负责人和委托人负责人签名并盖章后，按照有关法律、法规和国家统一的会计制度的规定对外提供。

（六）法律责任

（1）代理记账机构违反《代理记账管理办法》相关规定，以及作出不实承诺的，由县级以上人民政府财政部门责令其限期改正，拒不改正的，将代理记账机构及其负责人列入重点关注名单，并向社会公示，提醒其履行有关义务；情节严重的，由县级以上人民政府财政部门按照有关法律、法规给予行政处罚，并向社会公示。

（2）代理记账机构及其负责人、主管代理记账业务负责人及其从业人员违反规定出具虚假申请材料或者备案材料的，由县级以上人民政府财政部门给予警告，记入会计领域违法失信记录，根据有关规定实施联合惩戒，并向社会公告。

（3）代理记账机构从业人员在办理业务中违反会计法律、法规和国家统一的会计制度的规定，造成委托人会计核算混乱、损害国家和委托人利益的，由县级以上人民政府财政部门依据《中华人民共和国会计法》等有关法律、法规的规定处理。

（4）代理记账机构有前款行为的，县级以上人民政府财政部门应当责令其限期改正，并给予警告；有违法所得的，可以处违法所得3倍以下罚款，但最高不得超过3万元；没有违法所得的，可以处1万元以下罚款。

（5）委托人向代理记账机构隐瞒真实情况或者委托人会同代理记账机构共同提供虚假会计资料的，应当承担相应法律责任。

（6）未经批准从事代理记账业务的单位或个人，由县级以上人民政府财政部门按照《中华人民共和国行政许可法》及有关规定予以查处。

（7）县级以上人民政府财政部门及其工作人员在代理记账资格管理过程中，滥用职权、玩忽职守、徇私舞弊的，依法给予行政处分；涉嫌犯罪的，移送司法机关处理。

五、会计专业资格与职务

（一）会计专业技术资格

会计专业技术资格分为初级资格、中级资格和高级资格三个级别。现阶段只对初级、中级会计资格实行全国统一考试制度，高级会计师资格实行考试与评审相结合的制度。

初级、中级会计资格考试实行全国统一组织、统一考试时间、统一考试大纲、统一考试命题、统一合格标准的考试制度。初级考试科目为：初级会计实务、经济法基础，实行1年内通过全部科目考试的方法；中级考试科目为：中级会计实务、财务管理、经济法，考试成绩以2年为一个周期，单科成绩采取滚动计算的方法。

高级会计师的取得实行考试与评审相结合制度，符合报名条件的人员，均可报考，考试合格后，方可申请参加高级会计师资格评审。其中，专业考试科目为高级会计实务。参加考试并达到国家合格标准的人员，由全国会计专业技术资格考试办公室核发高级会计师考试合格证，该证在全国范围内3年有效。报考高级会计师资格考试的人员需要符合的条件为：必须具有会计师、审计师、财税经济师等中级专业技术资格或注册税务师、注册资产评估师资格之一，并从事会计、财税和相应管理工作的在职专业人员。

（二）会计专业职务

会计专业职务是区别会计人员从事业务工作的技术等级。会计专业职务分为高级会计师、会计师、助理会计师和会计员。1986年4月中央职称改革工作小组转发了财政部制定的《会计专业职务试行条例》，规定：高级会计师为高级职务，会计师为中级职务，助理会计师和会计员为初级职务，并对会计专业职务的任职条件、基本职责以及聘（任）用办法等作出了具体规定。

1. 会计员的任职条件和基本职责

担任会计员的基本条件包括：

（1）初步掌握财务会计知识和技能。

（2）熟悉并能遵照执行有关会计法规和财务会计制度。

（3）能担负一个岗位的财务会计工作。

（4）大学专科或中等专业学校毕业，在财务会计工作岗位上见习1年期满。

会计员的基本职责包括：负责具体审核和办理财务收支，编制记账凭证，登记会计账簿，编制会计报表和办理其他会计事务。

2. 助理会计师的任职条件和基本职责

担任助理会计师的基本条件包括：

（1）掌握一般的财务会计基础理论和专业知识。

（2）熟悉并能正确执行有关的财经方针、政策和财务会计法规、制度。

（3）能担负一个方面或某个重要岗位的财务会计工作。

（4）取得硕士学位，或取得第二学士学位或研究生班结业证书，具备履行助理会计师职责的能力。

（5）大学本科毕业，在财务会计工作岗位上见习1年期满；大学专科毕业并担任会计员职务2年以上或中等专业学校毕业并担任会计员职务4年以上。

助理会计师的基本职责包括：负责草拟一般的财务会计制度、规定、办法，解释、解答财务会计法规、制度中的一般规定，分析、检查某一方面或某些项目的财务收支和预算的执行情况。

3. 会计师的任职条件和基本职责

担任会计师的基本条件包括：

（1）较系统地掌握财务会计理论和专业知识。

(2) 掌握并能正确贯彻执行有关的财经方针、政策和财务会计法规、制度。

(3) 具有一定的财务会计工作经验，能担负一个单位或管理一个地区、一个部门、一个系统某个方面的财务会计工作。

(4) 取得博士学位并具备履行会计师职责的能力，或者取得硕士学位并担任助理会计师职务 2 年左右，或者取得第二学士学位或研究生班结业证书并担任助理会计师职务 2～3 年，或者大学本科或专科毕业并担任助理会计师职务 4 年以上。

会计师的基本职责包括：负责制定比较重要的财务会计制度、规定、办法，解释、解答财务会计法规、制度中的重要问题，分析、检查财务收支和预算执行情况，培养初级会计人才。

4. 高级会计师的任职条件和基本职责

担任高级会计师的基本条件包括：

(1) 较系统地掌握经济、财务会计理论和专业知识。

(2) 具有较高的政策水平和丰富的财务会计工作经验，能担负一个地区、一个部门或一个系统的财务会计管理工作。

(3) 取得博士学位，并担任会计师职务 2～3 年；取得硕士学位、第二学士学位或研究生班结业证书，或大学本科毕业并担任会计师职务 5 年以上。

(4) 较熟练地掌握一门外语。

高级会计师的基本职责包括：负责草拟和解释、解答在一个地区、一个部门、一个系统或在全国施行的财务会计法规、制度、办法，组织和指导一个地区或一个部门、一个系统的经济核算和财务会计工作，培养中级以上会计人才。

六、会计人员继续教育

(一) 会计人员继续教育的概念

会计人员继续教育是指具有会计专业技术资格的人员，或不具有会计专业技术资格但从事会计工作的人员（以下简称会计专业技术人员）持续接受一定形式的、有组织的理论知识、专业技能和职业道德的教育和培训活动，优化知识结构，不断提高和保持其专业胜任能力和职业道德水平。

会计专业技术人员继续教育应当紧密结合经济社会和会计行业发展要求，以能力建设为核心，突出针对性、实用性，兼顾系统性、前瞻性，为经济社会和会计行业发展提供人才保证和智力支持。

会计专业技术人员是我国专业技术人员队伍的重要组成部分，广泛分布在我国各类企事业单位和国家机关、社会团体等组织中，是引导资源合理配置、维护市场经济秩序、促进经济社会持续健康发展的重要力量。党中央、国务院一直以来高度重视会计专业技术人员继续教育工作，并在法律层面作出明确规定。第十二届全国人大常委会第三十次会议修改后的《会计法》第三十九条规定："对会计人员的教育和培训工作应当加强。"党的十九大明确要求"办好继续教育，加快建设学习型社会，大力提高国民素质"。2015 年 8 月，人力资源和社会保障部发布《专业技术人员继续教育规定》，对专业技术人员继续教育工作的原则、要求、管理体制等作了明确要求。2017 年修订后的《会计法》取消了会计从业资格行政许可，会计人员管理工作需要转型升级。加强会计专业技术人员继续教育是做好新时期会计人员管理工作的一项重要内容，也是从制度上引导、督促会计专业技术人员履行继续教育义务、提高业务素质和专业胜任能力、提高会计信息质量的有效途径。为规范会计专业技术人员继续教育，保障会计专业技术人员的合法权益，不断提高会计专业技术人员素质，财政部、人力资源和社会保障部联合印发了《会计专业技术人员继续教育规定》（财会〔2018〕10 号，以下简称《会计继续教育规定》）。

（二）会计人员继续教育的基本原则

会计人员继续教育应当遵循下列基本原则：

1. 以人为本，按需施教

会计专业技术人员继续教育面向会计专业技术人员，引导会计专业技术人员更新知识，拓展技能，完善知识结构，全面提高素质。

2. 突出重点，提高能力

把握会计行业发展趋势和会计专业技术人员从业基本要求，引导会计专业技术人员树立诚信理念，提高职业道德和业务素质，全面提升专业胜任能力。

3. 加强指导，创新机制

统筹教育资源，引导社会力量参与继续教育，不断丰富继续教育内容，创新继续教育方式，提高继续教育质量，形成政府部门规划指导、社会力量积极参与、用人单位支持配合的会计专业技术人员继续教育新格局。

（三）会计人员继续教育管理体制

财政部负责制定全国会计专业技术人员继续教育政策，会同人力资源和社会保障部监督指导全国会计专业技术人员继续教育工作的组织实施，人力资源和社会保障部负责对全国会计专业技术人员继续教育工作进行综合管理和统筹协调。

除本规定另有规定外，县级以上地方人民政府财政部门、人力资源和社会保障部门共同负责本地区会计专业技术人员继续教育工作。

新疆生产建设兵团按照财政部、人力资源和社会保障部有关规定，负责所属单位的会计专业技术人员继续教育工作。中共中央直属机关事务管理局、国家机关事务管理局（以下统称中央主管单位）按照财政部、人力资源和社会保障部有关规定，分别负责中央在京单位的会计专业技术人员继续教育工作。

（四）会计人员继续教育的内容与形式

1. 会计人员继续教育的内容

会计专业技术人员继续教育内容包括公需科目和专业科目。

公需科目包括专业技术人员应当普遍掌握的法律法规、政策理论、职业道德、技术信息等基本知识，专业科目包括会计专业技术人员从事会计工作应当掌握的财务会计、管理会计、财务管理、内部控制与风险管理、会计信息化、会计职业道德、财税金融、会计法律法规等相关专业知识。

财政部会同人力资源和社会保障部根据会计专业技术人员能力框架，定期发布继续教育公需科目指南、专业科目指南，对会计专业技术人员继续教育内容进行指导。

2. 会计人员继续教育的形式

会计专业技术人员可以自愿选择参加继续教育的形式。会计专业技术人员继续教育的形式有：

(1) 参加县级以上地方人民政府财政部门、人力资源和社会保障部门，新疆生产建设兵团财政局、人力资源和社会保障局，中共中央直属机关事务管理局，国家机关事务管理局（以下统称继续教育管理部门）组织的会计专业技术人员继续教育培训、高端会计人才培训、全国会计专业技术资格考试等会计相关考试、会计类专业会议等。

(2) 参加会计继续教育机构或用人单位组织的会计专业技术人员继续教育培训。

(3) 参加国家教育行政主管部门承认的中专以上（含中专，下同）会计类专业学历（学位）教育；承担继续教育管理部门或行业组织（团体）的会计类研究课题，或在有国内统一刊号（CN）的经济、管理类报刊上发表会计类论文；公开出版会计类书籍；参加注册会计师、资产评估师、税务师等继续教育培训。

(4) 继续教育管理部门认可的其他形式。

(五) 会计人员继续教育的学分管理

1. 采用学分管理

会计专业技术人员参加继续教育实行学分制管理，每年参加继续教育取得的学分不少于 90 学分。其中，专业科目一般不少于总学分的三分之二。会计专业技术人员参加继续教育取得的学分，在全国范围内当年度有效，不得结转以后年度。

2. 学分管理的起点

具有会计专业技术资格的人员应当自取得会计专业技术资格的次年开始参加继续教育，并在规定时间内取得规定学分。不具有会计专业技术资格但从事会计工作的人员应当自从事会计工作的次年开始参加继续教育，并在规定时间内取得规定学分。

3. 学分的计量标准

参加《会计继续教育规定》第十条规定形式的继续教育，其学分计量标准如下：

(1) 参加全国会计专业技术资格考试等会计相关考试，每通过一科考试或被录取的，折算为 90 学分。

(2) 参加会计类专业会议，每天折算为 10 学分。

(3) 参加国家教育行政主管部门承认的中专以上会计类专业学历（学位）教育，通过当年度一门学习课程考试或考核的，折算为 90 学分。

(4) 独立承担继续教育管理部门或行业组织（团体）的会计类研究课题，课题结项的，每项研究课题折算为 90 学分；与他人合作完成的，每项研究课题的课题主持人折算为 90 学分，其他参与人每人折算为 60 学分。

(5) 独立在有国内统一刊号（CN）的经济、管理类报刊上发表会计类论文的，每篇论文折算为 30 学分；与他人合作发表的，每篇论文的第一作者折算为 30 学分，其他作者每人折算为 10 学分。

(6) 独立公开出版会计类书籍的，每本会计类书籍折算为 90 学分；与他人合作出版的，每本会计类书籍的第一作者折算为 90 学分，其他作者每人折算为 60 学分。

（7）参加其他形式的继续教育，学分计量标准由各省、自治区、直辖市、计划单列市财政厅（局）（以下称省级财政部门）、新疆生产建设兵团财政局会同本地区人力资源社会保障部门、中央主管单位制定。

4. 实行登记管理

对会计专业技术人员参加继续教育情况实行登记管理。用人单位应当对会计专业技术人员参加继续教育的种类、内容、时间和考试考核结果等情况进行记录，并在培训结束后及时按照要求将有关情况报送所在地县级以上地方人民政府财政部门、新疆生产建设兵团财政局或中央主管单位。省级财政部门、新疆生产建设兵团财政局、中央主管单位应当建立会计专业技术人员继续教育信息管理系统，对会计专业技术人员参加继续教育取得的学分进行登记，如实记载会计专业技术人员接受继续教育情况。

※ 练习题 ※

一、单项选择题

在线测试

1. 按照《会计法》的规定，必须设置总会计师的单位是（　　）。

A. 国有大中型企业　　B. 事业单位

C. 行政单位　　D. 业务主管部门

2. 会计工作交接完毕后，不必在移交清单上签名或盖章的是（　　）。

A. 会计机构负责人　B. 监交人　　C. 移交人　　D. 接交人

3.《会计法》规定的会计主管人员是指（　　）。

A. 会计机构中的主管会计

B. 未单独设置会计机构而在有关机构中指定的行使会计机构负责人职权的会计人员

C. 会计机构负责人

D. 主办会计

4. 高级会计师的基本条件之一是取得硕士学位、第二学士学位或研究生班结业证书，或大学毕业并担任会计师职务（　　）以上。

A. 1 年　　B. 3 年　　C. 5 年　　D. 8 年

5. 最新的《代理记账管理办法》的修订时间是（　　）。

A. 2003 年　　B. 2005 年　　C. 2009 年　　D. 2019 年

6. 下列各项中，属于会计岗位的是（　　）。

A. 会计电算化岗位　　B. 商场收银员

C. 单位内部审计岗位　　D. 住院处收费员

7. 单位会计机构负责人办理交接，由（　　）监交。

A. 会计主管人员　B. 单位负责人　　C. 总会计师　　D. 主管单位

8. 下列不属于会计岗位的是（　　）。

A. 出纳岗位　　B. 总账岗位　　C. 药房收费岗位　　D. 会计电算化岗位

9. 代理记账机构应当于（　　）之前，向审批机关报送代理记账机构基本情况表和专职从业人员变动情况。

A. 每年1月1日　B. 每年4月30日　C. 每年6月30日　D. 每年12月31日

10. 代理记账许可证书（　　）。

A. 在全县范围内有效　B. 在全市范围内有效

C. 在全省范围内有效　D. 在全国范围内有效

二、多项选择题

1. 各单位是否设置会计机构，一般取决于（　　）。

A. 单位规模大小　B. 财务收支繁简

C. 经济业务繁简　D. 经营管理的要求

2. 会计工作岗位，可以（　　）。

A. 一人一岗　B. 一人多岗　C. 一岗多人　D. 多岗多人

3. 出纳人员不得兼任（　　）。

A. 稽核、会计档案保管

B. 收入、支出、费用、债权债务账目的登记工作

C. 银行日记账的登记工作

D. 固定资产明细账的登记工作

4. 下列各项中，属于会计岗位的有（　　）。

A. 会计机构负责人或者会计主管人员　B. 财产物资核算、工资核算

C. 总账报表、稽核、档案管理　D. 商场收银员

5. 下列做法中，违背《会计法》规定的有（　　）。

A. 某市医院在行政办公室设置了会计人员并指定了符合条件的会计主管人员

B. 某私营企业委托代理记账机构为其代理记账

C. 某有限责任公司将财会部与企管部合并

D. 某公司委托其母公司代为办理记账业务

6. 代理记账机构可以根据委托人的委托，（　　）。

A. 对委托人的业务进行会计核算　B. 对外提供财务会计报告

C. 向税务机构提供税务资料　D. 办理工商执照

7. 办理会计事务的组织形式包括（　　）。

A. 单独设置会计机构　B. 在有关机构中配置专职会计人员

C. 实行代理记账　D. 指定会计主管人员

8. 应当设置会计机构的单位有（　　）。

A. 实行企业化管理的事业单位　B. 大中型企业

C. 业务较多的行政单位　D. 经济业务较少的企业

9. 主管代理记账业务的负责人为专职从业人员，且具备下列条件之一（　　）。

A. 取得注册税务师全国统一考试全科合格证书

B. 中级以上会计专业技术资格

C. 取得注册会计师全国统一考试全科合格证书

D. 从事会计工作不少于3年

10. 申请代理记账资格的机构，应当向所在地的审批机关提交申请报告并附送下列材料（　　）。

A. 营业执照复印件

B. 专职从业人员具备从事代理记账专业能力的证明

C. 专职从业人员在本机构专职从业的书面承诺

D. 代理记账业务内部规范

三、判断题

1. 出纳人员不得兼任稽核和债权债务账目的登记工作，但可以兼管会计档案工作。（　　）

2. 会计专业职务包括总会计师、会计师、助理会计师和会计员。（　　）

3. 各单位是否设置会计机构，应当根据会计业务的需要来决定。（　　）

4. 会计资料移交人对自己已经移交的会计资料的合法性、真实性要承担法律责任，不能因为会计资料已移交而推脱责任。（　　）

5. 对会计人员的任免、轮岗、提拔和调用都由所在单位负责。（　　）

6. 单位会计机构负责人必须具备会计师以上专业技术职务资格。（　　）

7. 会计师以上的专业技术职务资格仅指会计师和总会计师。（　　）

8. 会计人员工作交接是指当会计人员出差或离职时，必须办理交接手续。（　　）

9. 各单位必须在单位内部设置会计机构，并指定会计主管人员。（　　）

10. 未经批准从事代理记账业务的，由县级以上人民政府财政部门按照有关法律、法规予以查处。（　　）

11. 代理记账许可证书不受区域限制，在全国范围内有效。（　　）

第六节　法律责任

一、法律责任概述

会计法律责任

法律责任是指违反法律规定的行为应当承担的法律后果，也就是对违法者的制裁。它是一种通过对违法行为进行惩罚来实施法律规则的要求。《会计法》规定的法律责任主要有两种形式：一是行政责任，二是刑事责任。违反《会计法》关于会计核算、会计监督、会计机构、会计人员的有关规定的，应当承担法律责任。其法律责任的种类包括责令限期改正、罚款、行政处分、追究刑事责任等。

（一）行政责任

行政责任是行政法律关系主体在国家行政管理活动中因违反了行政法律规范，不履行行政上的义务而产生的责任。在《会计法》的规定中，有许多是属于对会计活动进行行政管理的内容，属于行政法律规范，相应地，在《会计法》“法律责任”一章中，对违反这些行政法律规范的行为，规定了行政法律责任，包括行政处罚和行政处分两种。

1. 行政处罚

行政处罚是指特定的行政主体基于一般行政管理职权，对其认为违反行政法上的强制性义务，违反行政管理秩序的行政管理相对人所实施的一种行政制裁措施。行政处罚的表现形式主要有批评、通报、没收非法所得、行政拘留、责令赔偿损失等。

2. 行政处分

行政处分是国家工作人员违反行政法律规范所应承担的一种行政法律责任，是行政机关对国家工作人员故意或者过失侵犯行政相对人的合法权益所实施的法律制裁。行政处分的表现形式主要有警告、记过、降职、降级、撤职、留用察看、开除等。

（二）刑事责任

刑事责任是指犯罪行为应承担的法律责任，即对犯罪分子依照刑事法律的规定追究的法律责任。主要包括两类：一是犯罪，二是刑罚。

1. 犯罪

根据《中华人民共和国刑法》（以下简称《刑法》）的规定，一切危害国家主权、领土完整和安全，分裂国家、颠覆人民民主政权和推翻社会主义制度，破坏社会秩序和经济秩序，侵犯国家财产或者劳动群众所有的财产，侵犯公民私人所有的财产，侵犯公民的人身权利、民主权利和其他权利，以及其他危害社会的行为，依照法律应当受刑罚处罚的，都是犯罪；但情节显著轻微、危害不大的，不认为是犯罪。

2. 刑罚

刑罚是由人民法院对犯罪分子适用并由专门机构执行的最为严厉的国家强制措施。根据我国《刑法》的规定，刑罚分为主刑和附加刑。主刑一般包括管制、拘役、有期徒刑和死刑。附加刑分为罚金、剥夺政治权利、没收财产等。

（三）行政责任与刑事责任的主要区别

（1）追究的违法行为不同。追究行政责任的是一般违法行为，追究刑事责任的是犯罪行为。

（2）追究责任的机关不同。追究行政责任由国家特定的行政机关依照有关法律的规定决定，追究刑事责任则由司法机关依照《刑法》的规定决定。

（3）承担法律责任的后果不同。追究刑事责任是最严厉的制裁，比追究行政责任严厉得多。

二、与会计职务有关的违法行为的法律责任

《会计法》第四十条规定：“因有提供虚假会计报告，做假账，隐匿或故意销毁会计凭证、会计账簿、财务会计报告，贪污，挪用公款，职务侵占等与会计职务有关的违法行为被依法追究刑事责任的人员，不得再从事会计工作。”

三、不依法设置会计账簿等会计违法行为的法律责任

根据《会计法》第四十二条的规定，有下列行为之一的，由县级以上人民政府财政部门责令限期改正，可以对单位并处三千元以上五万元以下的罚款；对其直接负责的主管人员和其他直接责任人员，可以处两千元以上两万元以下的罚款；属于国家工作人员的，还应当由其所在单位或者有关单位依法给予行政处分：

（1）不依法设置会计账簿的。

（2）私设会计账簿的。

（3）未按照规定填制、取得原始凭证或者填制、取得的原始凭证不符合规定的。

（4）以未经审核的会计凭证为依据登记会计账簿或者登记会计账簿不符合规定的。

（5）随意变更会计处理方法的。

（6）向不同的会计资料使用者提供的财务会计报告编制依据不一致的。

（7）未按照规定使用会计记录文字或者记账本位币的。

（8）未按照规定保管会计资料，致使会计资料毁损、灭失的。

（9）未按照规定建立并实施单位内部会计监督制度或者拒绝依法实施的监督或者不如实提供有关会计资料及有关情况的。

（10）任用会计人员不符合本法规定的。

有前款所列行为之一，构成犯罪的，依法追究刑事责任。

会计人员有第一款所列行为之一，情节严重的，五年内不得从事会计工作。

四、其他会计违法行为的法律责任

（一）伪造、变造会计凭证、会计账簿，编制虚假财务会计报告的法律责任

《会计法》第四十三条规定：“伪造、变造会计凭证、会计账簿，编制虚假财务会计报告，构成犯罪的，依法追究刑事责任。有前款行为，尚不构成犯罪的，由县级以上人民政府财政部门予以通报，可以对单位并处五千元以上十万元以下的罚款；对其直接负责的主管人员和其他直接责任人员，可以处三千元以上五万元以下的罚款；属于国家工作人员的，还应当由其所在单位或者有关单位依法给予撤职直至开除的行政处分；其中的会计人员，五年内不得从事会计工作。”

（二）隐匿或者故意销毁依法应当保存的会计资料的法律责任

《会计法》第四十四条规定：“隐匿或者故意销毁依法应当保存的会计凭证、会计账簿、财务会计报告，构成犯罪的，依法追究刑事责任。有前款行为，尚不构成犯罪的，由县级以上人民政府财政部门予以通报，可以对单位并处五千元以上十万元以下的罚款；对其直接负责的主管人员和其他直接责任人员，可以处三千元以上五万元以下的罚款；属于国家工作人员的，还应当由其所在单位或者有关单位依法给予撤职直至开除的行政处分；

其中的会计人员，五年内不得从事会计工作。”

（三）授意、指使、强令会计机构、会计人员及其他人员违法的法律责任

所谓授意，是指暗示他人按其意思行事。所谓指使，是指通过明示方式，指示他人按其意思行事。所谓强令，是指明知其命令是违反法律的，而强迫他人执行其命令的行为。

《会计法》第四十五条规定：“授意、指使、强令会计机构、会计人员及其他人员伪造、变造会计凭证、会计账簿，编制虚假财务会计报告或者隐匿、故意销毁依法应当保存的会计凭证、会计账簿、财务会计报告，构成犯罪的，依法追究刑事责任；尚不构成犯罪的，可以处五千元以上五万元以下的罚款；属于国家工作人员的，还应当由其所在单位或者有关单位依法给予降级、撤职、开除的行政处分。”

（四）单位负责人对会计人员实行打击报复的法律责任

《会计法》第四十六条规定：“单位负责人对依法履行职责、抵制违反本法规定行为的会计人员以降级、撤职、调离工作岗位、解聘或者开除等方式实行打击报复，构成犯罪的，依法追究刑事责任；尚不构成犯罪的，由其所在单位或者有关单位依法给予行政处分。对受打击报复的会计人员，应当恢复其名誉和原有职务、级别。”

根据《刑法》第二百五十五条的规定，公司、企业、事业单位、机关、团体的领导人，对依法履行职责、抵制违反会计法、统计法行为的会计、统计人员实行打击报复，情节恶劣的，处三年以下有期徒刑或者拘役。

※ 练习题 ※

在线测试

一、单项选择题

1.《刑法》规定，公司、企业、事业单位、机关、团体的领导人，对依法履行职责、抵制违反《会计法》行为的会计人员实行打击报复，情节恶劣的，（　　）。

A. 构成诽谤罪　　B. 构成寻衅滋事罪

C. 构成故意伤害罪　　D. 处三年以下有期徒刑或者拘役

2. 对于伪造、变造会计凭证、会计账簿或者编制虚假财务会计报告的行为，尚不构成犯罪的，县级以上人民政府财政部门予以通报，可以对单位并处（　　）的罚款。

A. 5 000 元以上 10 万元以下　　B. 2 000 元以上 2 万元以下

C. 3 000 元以上 5 万元以下　　D. 5 000 元以下

3. 会计人员违反会计制度规定情节严重的，（　　）。

A. 吊销其会计从业资格证书　　B. 移交司法机关

C. 5 年内不得从事会计工作　　D. 不得从事会计工作

4. 因有提供虚假财务会计报告等违法行为被追究刑事责任的人员，（　　）。

A. 吊销其会计从业资格证书　　B. 开除职务

C. 5 年内不得从事会计工作　　D. 不得从事会计工作

5. 伪造、变造会计凭证、会计账簿，编制虚假财务会计报告，尚不构成犯罪的，对其直接负责的主管人员，可以处（　　）的罚款。

A. 五千元以上十万元以下　　B. 三千元以上五万元以下
C. 五千元以上五万元以下　　D. 三千元以上十万元以下

二、多项选择题

1. 违反会计法律制度规定的行为应承担的法律责任包括（　　）。

A. 责令限期改正　　B. 通报
C. 罚款　　D. 没收非法所得

2.《会计法》规定的法律责任形式包括（　　）。

A. 行政责任　　B. 刑事责任　　C. 民事责任　　D. 经济责任

3.《会计法》第四十五条规定，授意、指使、强令会计机构、会计人员及其他人员伪造、变造会计凭证、会计账簿，编制虚假财务会计报告，构成犯罪的，依法追究刑事责任；尚不构成犯罪的，可以处（　　）的罚款。

A. 5 000 元以上　　B. 10 万元以下　　C. 5 万元以下　　D. 3 000 元以上

4. 下列属于会计违法行为的有（　　）。

A. 不依法设置会计账簿的　　B. 私设会计账簿的
C. 随意变更会计处理方法的　　D. 任用会计人员不符合本法规定的

5. 对受打击报复的会计人员的补救措施有（　　）。

A. 恢复其名誉　　B. 恢复其原有职位
C. 向其赔礼道歉　　D. 恢复其原有级别

6. 会计人员发生会计违法行为被追究刑事责任的，不得从事会计工作的情形包括（　　）。

A. 做假账　　B. 贪污
C. 挪用公款　　D. 销毁会计资料

三、判断题

1.《会计法》规定的“法律责任”主要规定了两种形式：一是行政责任，二是刑事责任。（　　）

2. 行政处分的表现形式主要有批评、通报、没收非法所得、行政拘留、责令赔偿损失等。（　　）

3. 追究行政责任的是一般违法行为，追究刑事责任的是犯罪行为。（　　）

4. 与会计职务有关的违法行为被依法追究刑事责任的人员，不得从事会计工作。（　　）

5. 对未按照规定填制、取得原始凭证或者填制、取得的原始凭证不符合规定的直接负责的主管人员和其他直接责任人员，处两千元以上两万元以下的罚款。（　　）

四、案例分析题

1. 某公司是一家中外合资企业。2020 年发生了以下事项：

（1）3月10日，公司接到市财政局来公司检查会计工作情况的通知，公司董事长兼总经理张某说该公司是中外合资企业，不受《会计法》的约束，财政部门无权来检查。

（2）4月20日，公司财务部一名档案管理人员生病请假，张某委托单位出纳孙某临时保管会计档案。

（3）6月15日，公司财务部经理王某退休。公司决定任命自参加工作以来一直从事文秘工作的办公室主任许某接任财务部主任。

（4）7月10日，公司上半年财务会计报告对外报出时，主管会计工作的副总经理和财务部经理许某在财务会计报告上签名，并加盖单位印章。

要求：从会计法律制度的角度，分别对上述行为进行分析说明。

2. 2020年5月，某市会计法执法小组对某厂的会计工作进行检查。检查中发现下列情况：

（1）该厂会计科6人，会计科科长李某是2017年毕业进厂的企业管理专业毕业生（进厂前未从事会计工作），主办会计王某取得了会计师任职资格，另有2人取得助理会计师资格，2人取得高职院校会计专业大学专科学历。

（2）2020年7月，会计张某调离该厂，厂人事部门在其没有办清会计工作交接手续的情况下，即为其办理了调离手续。

（3）该厂2019年财务会计报告反映获取盈利20万元，但实际亏损5万元。

（4）2020年1月，该厂销毁一批保管期满的会计档案。经查实，其中有两张未结清的债权债务原始凭证。

要求：指出上述情况中哪些行为违反了《会计法》和国家统一的会计制度的规定，并简要说明理由。

3. 甲企业2020年发生以下事项：

（1）该企业对3名会计人员进行了分工：会计主管人员兼总账登记工作，出纳人员兼债权债务明细账的登记工作，费用成本会计兼会计报表的编制工作。

（2）会计人员A向税务部门举报本企业存在偷税行为，税务部门接到举报后，将有关材料转给该单位负责人进行核实。

（3）该企业在向外部报送财务会计报表时，由单位负责人、主管会计工作负责人、会计主管人员盖章。

（4）2017年该企业会计主管人员因故意销毁会计档案被处2年有期徒刑。2017年单位因无合适人选，继续聘任他为会计主管人员。

要求：指出上述情况中哪些行为违反了《会计法》和国家统一的会计制度的规定，并简要说明理由。

4. 2020年8月，某市财政局派出检查组对市属某国有机械厂的《会计法》执行情况进行检查。检查中发现以下情况：

（1）出纳员王某自2017年7月会计专业毕业后，一直在该厂财务科工作，但尚未取得会计从业资格证书和其他专业职务资格证书。

（2）2019年年末，单位负责人授意会计人员编制虚假的会计凭证，伪造销售收入30万元，使该厂由亏损10万元变为获取盈利20万元。

（3）该厂的银行印鉴由总会计师统一保管。

(4) 该厂会计李某将该厂新产品研发的相关材料复印件提供给正在研究此项目的哥哥参考。

根据上述情况，回答以下问题：

(1) 出纳员王某是否可以担任出纳工作？

(2) 单位负责人授意会计人员伪造会计凭证，应承担什么责任？

(3) 该厂的银行印鉴由总会计师统一保管是否符合会计控制的有关规定？为什么？

(4) 该厂会计李某的行为是否恰当？

5. 2020 年 2 月，某建材厂（一般纳税人）发生以下事项：

(1) 2 月 10 日，该厂会计人员王某脱产学习一个月。会计科科长陈某指定出纳员李某临时兼管王某费用账目的登记工作。

(2) 2 月 15 日，该厂收到一张与乙公司共同负担费用支出的原始凭证，该厂会计人员赵某对该原始凭证及应承担的费用进行账务处理，并保存该原始凭证；同时应乙公司的要求，将该原始凭证复印件提供给乙公司用于账务处理。

(3) 2 月 20 日，该厂将购进的 100 套服装作为职工福利发给职工，会计科未进行增值税账务处理。

(4) 2 月 25 日，该厂厂长指使会计人员采取虚构销售业务等手段调整 2019 年度财务会计报告，将 2019 年度亏损额 800 万元调整为盈利 500 万元，并将调整后的财务会计报告签名、盖章后向有关部门报告。

根据上述情况，分析回答以下问题：

(1) 出纳员李某临时兼管王某费用账目的登记工作是否符合有关规定？为什么？

(2) 赵某将原始凭证复印件提供给乙公司用于账务处理的做法是否正确？为什么？

(3) 该厂会计科将购进服装未进行税务处理的做法是否正确？为什么？

(4) 该厂厂长授意会计人员采取伪造会计凭证等手段调整企业财务会计报告的行为是否应承担法律责任？应承担什么法律责任？请说明理由。

6. A 公司 2020 年发生如下事项：

(1) 1 月，刚刚通过考试取得会计初级资格证书的李强，被公司从办公室调到财务科担任出纳，公司原出纳张友调到销售科。李强与张友在办理会计工作交接手续时，因会计科科长在外地出差，遂指定财务科一名会计负责监交工作。在办理交接中，李强发现存在“白条顶库”问题，遂打电话向会计科科长汇报，会计科科长指示李强先办理完交接手续，并责成李强接管出纳工作后，再对“白条顶库”问题逐个查清处理。随后，李强、张友及监交人在移交清册上签字并盖章。

(2) 4 月，李强在办理报销工作中，发现采购科送来报销的 3 张由购货方开具的发票有更改现象：其中 2 张发票分别更改了数量和用途，另外 1 张发票更改了金额，该 3 张发票的更改处均盖有 A 公司采购科的业务印章。尽管李强开始时犹豫了一下，但考虑到 3 张发票已经公司总经理、财务科科长签字同意，最后均予以报销。

(3) 7 月，公司财务科团支部组织一次财务工作务虚会。会上，李强说：“《会计法》规定了公司领导对单位会计信息的真实性负责，作为一般会计人员应该服从领导的安排，领导让干啥就干啥，公司的一些业务也没有必要去问个明白，领导签字同意就给报销，只要两袖清风，不贪不占，就能把会计工作做好。”

(4) 12月，公司在进行内部审计时，发现公司原出纳张友在经办出纳工作期间的有关账目存在一些问题，而接替者李强在交接时并未发现。审计人员在了解情况时，原出纳张友说："已经办理了会计交接手续，我不再承担任何责任。"

根据会计法律制度的有关规定，回答下列问题：

(1) 李强与张友办理会计工作交接中是否有不符合规定之处？简要说明理由。

(2) 李强对3张更改的发票予以报销的做法是否符合规定？应如何处理？

(3) 从会计监督角度来看，李强在财务工作务虚会上的观点是否正确？简要说明理由。

(4) 原出纳张友关于"已经办理了会计交接手续，我不再承担任何责任"的说法是否符合规定？简要说明理由。

※ 课程思政专栏 ※

财务舞弊案例

课程思政融入点

1. 积极践行依法治国思想，成为依法办事践行者。

2. 以国家治理引领会计法律法规建设，为实现中华民族伟大复兴保驾护航。

3. 认真学习我国会计法律制度，掌握过硬的业务本领，识别会计核算和会计监督的风险点。

4. 树立诚信为本、操守为重、遵纪守法、客观公正、廉洁奉公的会计职业操守。

第二章

结算法律制度

教学目标

1. 知识目标

（1）理解支付结算的概念、特征以及基本原则；理解银行结算账户的概念、分类以及管理的基本原则。

（2）熟悉支付结算的主要支付工具，以及开立、使用银行结算账户，办理支付结算的基本要求。

（3）掌握现金结算的特点、渠道、范围及限额管理，明确建立现金结算的内部控制的重要性。

（4）掌握票据的概念、种类，熟悉支票、商业汇票、银行卡、委托收款、托收承付、信用证及汇兑的有关规定。

2. 能力目标

（1）能正确填写（签发）各类票据和结算凭证。

（2）能按单位的实际情况开立和使用各类银行结算账户。

（3）能应用支付结算的主要工具，按规定办理各种支付结算。

（4）能识别支付结算过程中存在的不合规事实，正确行使票据权利。

（5）能正确运用信用卡进行筹资、消费及理财。

案例导入

票据诈骗花样多，经济交往需谨慎

一、过期支票　购买夹板

2020年11月9日，被告人杨某、江某与刘某（另案处理）经事前密谋，以介绍受害人周某出售夹板为由，要求周某从广州将价值122 300元的30箱夹板运到佛山城南陶瓷批发市场的货仓存放。同年11月12日，被告人江某与刘某到中山市找到一名自称“李少雄”的男子假扮买主，由“李少雄”将一张面额为人民币9万元的中国农业银行的过期失效支票交给受害人周某，并谎称余下的货款第二天提货时支付。骗得周某的信任后，杨某、江某等将其中的20箱夹板取走。周某发现支票过期后立即打电话质问江某等3人，但他们全部关闭手机。三名被告人将夹板转移到广州芳村销赃，共得款4.2万元。

二、买假汇票　兑现未遂

被告人陈某原是河南省某市抗磨球铁厂厂长、法定代表人。2020年年初，陈某要被告人赵某帮忙找一张银行承兑汇票，并称其与佛山银行的人关系很好，只要汇票能经得起银行查询，不论真假他都能在佛山办理贴现。同时，陈某又联系到佛山市环市农村信用合作社职工李某（另案处理），李某答应帮忙拿汇票到佛山的银行查询后，陈某即将公司的公章、营业执照、财务专用章交给李某到佛山开户。之后赵某专门找到销售假汇票的赵某某，赵某某拿出一张复制得非常逼真的面额为100万元的假汇票，并保证该汇票在5天内绝对经得起银行的查询。1月12日，陈某将1万元交给赵某，由赵某购买了这张面额为100万元的假承兑汇票。14日，被告人陈某、赵某从河南赶到佛山。在李某告知汇票可以贴现后，陈某当天即与李某到佛山市环市农村信用合作社，准备办理汇票贴现手续时，被公安机关抓获。

三、开设账户　疯狂骗货

被告人林某是阳江人。2019年6月21日，他伙同一男青年以广州市某五金交电经营部曾敏波的名义向广州电机厂华兴风扇分厂购买总价值30 600元的风扇，收货后签发了一张同等金额的广州市商业银行空头支票进行支付。行骗得手后，林某在27日用购买回来的身份证到佛山市开设了南海五金交电购销部，并在农行某支行开设支票账户。有了固定的据点后，林某更肆无忌惮地签发空头支票行骗，2002年8月至9月间，共骗取他人货物价值207 500.26元，所骗的货物种类繁多，包括光管支架、电线、砂轮片等机电产品。每次行骗后，林某均将诈骗所得的货物全部运到阳江市销售。至公安机关破案时，仅追回赃款17 671元。

四、账户没钱　支票挥霍

被告人余某原是佛山市某公司经理。2019年1月7日，余某未经公司法定代表人的同意，私自使用该公司的营业执照、印章，在佛山市城郊农村信用合作联社开设了支票账户，该账户最高余额仅960元。余某于同年1月10日、13日先后两次到佛山市石油公司使用空头支票骗取汽油票11 590元，之后又3次使用空头支票购买高级洋酒和到酒店住宿消费，总金额达27 969.1元。

第一节　现金结算

一、现金结算的概念与特点

（一）现金结算的概念

现金结算是指在商品交易、劳务供应等经济往来中，直接使用现金进行应收应付款结算的一种行为。在我国主要适用于单位与个人之间的款项收付，以及单位之间的转账结算起点金额以下的零星小额收付。

（二）现金结算的特点

现金结算具有直接便利、不安全、不易宏观控制和管理、费用较高等特点。

1. 直接便利

现金结算方式下，买卖双方一手交钱一手交货，当面钱货两清，无须通过中介，对买卖双方而言是最为直接和便利的。在劳务供应、信贷发放和资金调拨方面，现金结算同样直接和便利，因而广泛地被社会大众所接受。

2. 不安全

现金结算的广泛性和便利性，使其成为不法分子觊觎的最主要目标，现金容易被偷窃、贪污和挪用。在现实生活中，绝大多数的经济犯罪活动都与现金有关。

3. 不易宏观控制和管理

现金结算大部分不通过银行进行，因而国家很难对其进行控制。过多的现金结算，使流通领域中的现钞过多，容易造成通货膨胀。

4. 费用较高

现金结算虽然可以减少相关手续费用，但其清点、运送、保管成本较高。过多的现金结算将增大整个国家印制、保管、运送现金和回收旧现钞等工作的成本，浪费大量的人力、物力和财力。

二、现金结算的渠道

现金结算的渠道有：(1) 付款人直接将现金支付给收款人，无须通过银行等中介机构；(2) 付款人委托银行、非银行金融机构或者非金融机构将现金支付给收款人。

三、现金结算的范围

根据《现金管理暂行条例》的规定，开户单位可以在下列范围内使用现金：

（1）职工工资、津贴。这里所说的职工工资指企业、事业单位和机关、团体、部队支付给职工的工资和工资性津贴。

（2）个人劳务报酬。个人劳务报酬指由于个人向企业、事业单位和机关、团体、部队等提供劳务而由企业、事业单位和机关、团体、部队等向个人支付的劳务报酬，包括新闻出版单位支付给作者的稿费，各种学校、培训机构支付给外聘教师的讲课费，设计费、装潢费、安装费、制图费、化验费、测试费、咨询费、医疗费、技术服务费、介绍服务费、经纪服务费、代办服务费、各种演出与表演费，以及其他劳务费用。

（3）根据国家规定，颁发给个人的科学技术、文化艺术、体育等各种奖金。

（4）各种劳保、福利费用以及国家规定的对个人的其他支出，如退休金、抚恤金、学生助学金、职工困难生活补助。

（5）向个人收购农副产品和其他物资的价款，如农副产品、工艺品、废旧物资的价款。

（6）出差人员必须随身携带的差旅费。

（7）结算起点（1 000 元）以下的零星支出。超过结算起点的应实行银行转账结算，结算起点的调整由中国人民银行确定后报国务院备案。

（8）中国人民银行确定需要现金支付的其他支出。如采购地点不确定、交通不便、抢险救灾以及其他特殊情况，办理转账结算不够方便，必须使用现金的支出。对于这类支出，现金支取单位应向开户银行提出书面申请，由本单位财会部门负责人签字、盖章，开户银行审查批准后予以支付现金。

除上述（5）（6）两项外，其他支付给个人的款项中，支付现金每人不得超过 1 000 元，超过限额的部分根据提款人的要求，在指定的银行转存为储蓄存款或以支票、银行本票予以支付。企业与其他单位的经济往来除规定的范围可以使用现金外，应通过开户银行进行转账结算。

四、现金使用的限额

（一）库存现金限额的概念

库存现金限额是指国家规定由开户银行给各单位核定一个保留现金的最高额度。核定单位库存限额的原则是，既要保证日常零星现金支付的合理需要，又要尽量减少现金的使用。开户单位由于经济业务发展需要增加或减少库存现金限额的，应按必要的手续向开户银行提出申请。

（二）库存现金限额的核定管理

各开户单位的库存现金都要核定限额。为了保证现金的安全，规范现金管理，同时又能保证开户单位现金的正常使用，按照《现金管理暂行条例》及其实施细则的规定，库存现金限额由开户银行和开户单位根据具体情况商定，凡在银行开户的单位，银行根据实际需要核定 3～5 天的日常零星开支数额作为该单位的库存现金限额。边远地区和交通不便地区的开户单位，其库存现金限额的核定天数可以适当放宽在 5 天以上，但最多不得超过

15天的日常零星开支的需要量。库存现金限额每年核定一次，经核定的库存现金限额，开户单位必须严格遵守。

案例分析2-1

中山兴中企业库存现金限额为50 000元，2020年3月20日库存现金为100 000元，出纳员按总经理的批示从中提取20 000元存入个人信用卡，从中借给兄弟单位50 000元发工资，另将其中10 000元存入单位信用卡。3月25日，企业直接从当天的现金收入中提取30 000元向农户收购农副产品。请问：该企业有关现金管理的做法是否正确？

分析与提示：

企业的做法有以下不对之处：

(1) 3月20日库存现金超过库存限额，违反现金管理“必须严格遵守开户银行核定的库存限额”的规定。

(2) 将单位现金20 000元存入个人信用卡，违反现金管理“不得将单位的收入以个人的名义储蓄”的规定。

(3) 直接从现金收入中支取现金，是坐支行为，违反现金管理“不得坐支”的规定。

(4) 单位之间互借现金，违反了现金管理“单位之间不得相互借用现金”的规定。

※ 练习题 ※

一、单项选择题

在线测试

1. 下列项目中，企业不能采用现金结算的是（　　）。

A. 支付工资　　B. 支付电话费

C. 购买商品物资　　D. 报销差旅费

2. 凡在银行开户的单位，银行根据实际需要核定（　　）的日常零星开支数额作为该单位的库存现金限额。

A. 1～3天　　B. 3～5天　　C. 5～7天　　D. 7～10天

3. 下列项目中，不属于现金结算特点的有（　　）。

A. 直接便利　　B. 安全性

C. 不易宏观控制和管理　　D. 费用较高

4. 企业、单位的库存现金限额一般（　　）核定一次。

A. 季度　　B. 半年　　C. 每年　　D. 2年

5. 下列关于库存现金限额说法不正确的是（　　）。

A. 各开户单位的库存现金都要核定限额

B. 库存现金限额是最低限额

C. 边远地区和交通不便地区的开户单位，其库存现金限额最多不得超过15天的日常零星开支的需要量

D. 库存现金限额由开户银行和开户单位根据具体情况商定

二、多项选择题

1. 下列项目中，属于现金结算特点的有（　　）。

A. 直接便利　　B. 不安全性

C. 不易宏观控制和管理　　D. 费用较高

2. 下列项目中，企业能采用现金结算的是（　　）。

A. 职工工资、津贴　　B. 个人劳务报酬

C. 劳保福利支出　　D. 颁发的科技发明奖

3. 单位使用现金结算费用较高，其原因有（　　）。

A. 现金结算增加相关手续费用

B. 现金清点、运送、保管成本较高

C. 现金结算将增大整个国家印制、保管、运送现金

D. 现金结算将增大国家回收旧现钞等工作的成本

4. 现金结算是指在商品交易、劳务供应等经济往来中，直接使用现金进行应收应付款结算的一种行为。其适用范围主要包括（　　）。

A. 单位与个人之间的款项收付

B. 单位与单位之间的款项收付

C. 单位之间的转账结算起点金额以下的零星小额收付

D. 个人与个人之间的款项收付

5. 现金结算的渠道主要有（　　）。

A. 付款人直接将现金支付给收款人

B. 付款人委托银行将现金支付给收款人

C. 付款人委托非银行金融机构将现金支付给收款人

D. 非金融机构将现金支付给收款人

三、判断题

1. 现金结算具有直接便利、安全性、易宏观控制和管理、费用较高等特点。（　　）

2. 库存现金限额由开户银行和开户单位根据具体情况商定。（　　）

3. 企业与其他单位的经济往来除规定的范围可以使用现金外，应通过开户银行进行转账结算。（　　）

4. 银行支付结算起点金额为 1 000 元。（　　）

5. 过多的现金结算，使流通领域中的现钞过多，容易造成通货膨胀。（　　）

第二节 支付结算概述

一、支付结算的概念与特征

（一）支付结算的概念

支付结算是指单位、个人在社会经济活动中使用现金、票据、银行卡和汇兑、托收承付、委托收款等结算方式进行货币给付及资金清算的行为。

银行、城市信用合作社、农村信用合作社（以下简称银行）以及单位（含个体工商户）和个人是办理支付结算的主体。其中，银行是支付结算和资金清算的中介机构。

（二）支付结算的特征

支付结算作为一种法律行为，具有下述法律特征。

1. 支付结算必须通过经中国人民银行批准的金融机构进行

支付结算包括现金、票据、银行卡和汇兑、托收承付、委托收款等结算行为，而这些结算行为必须通过经中国人民银行批准的金融机构才能进行。《支付结算办法》规定："银行是支付结算和资金清算的中介机构。未经中国人民银行批准的非银行金融机构和其他单位不得作为中介机构经营支付结算业务。但法律、行政法规另有规定的除外。"

2. 支付结算是一种要式行为

所谓要式行为，是指法律规定必须按照一定形式进行的行为。如果该行为不符合法定的形式要件，即为无效。支付结算的工具必须符合《支付结算办法》规定的格式要求。

3. 支付结算的发生取决于委托人的意志

银行在支付结算中充当中介机构的角色，因此，银行只要以善意且符合规定的正常操作程序进行审查，对伪造、变造的票据和结算凭证上的签章以及需要交验的个人有效身份证件未发现异常而支付金额的，对出票人或付款人不再承担委托付款的责任，对持票人或收款人不再承担付款的责任。与此同时，当事人对在银行的存款有自己的支配权。

4. 支付结算实行统一管理和分级管理

支付结算是一项政策性强、与当事人利益息息相关的活动，因此，必须对其实行统一管理。

《支付结算办法》规定，中国人民银行总行负责制定统一的支付结算制度，组织、协调、管理和监督全国的支付结算工作，调解与处理银行之间的支付结算纠纷。中国人民银行各分行根据统一的支付结算制度制定实施细则，报总行备案；根据需要可以制定单项支付结算办法，报经中国人民银行总行批准后执行。中国人民银行分、支行负责组织、协调、管理和监督本辖区的支付结算工作，调解与处理本辖区银行之间的支付结算纠纷。

政策性银行、商业银行总行可根据统一的支付结算制度，结合本行情况，制定具体管理实施办法，报经中国人民银行总行批准后执行，并负责组织、管理、协调本行内的支付结算工作。

5. 支付结算必须依法进行

《支付结算办法》规定，银行、城市信用合作社、农村信用合作社以及单位和个人（含个体工商户），办理支付结算必须遵守国家的法律、行政法规和本办法的各项规定，不得损害社会公共利益。因此，支付结算的当事人必须严格依法进行支付结算活动。

二、支付结算的主要法律依据

支付结算方面的法律、法规和制度主要包括：《票据法》《票据管理实施办法》《支付结算办法》《现金管理暂行条例》《中国人民银行银行卡业务管理办法》《人民币银行结算账户管理办法》《异地托收承付结算办法》《电子支付指引（第一号）》等。

三、支付结算的基本原则

支付结算的基本原则是单位、个人和银行在进行支付结算活动时所必须遵循的行为准则。

（一）恪守信用、履约付款原则

即各单位之间、单位与个人之间发生交易往来，通过银行办理结算，并根据各自的具体条件自行协商订约，使收付双方办理款项收付完全建立在自觉自愿、相互信任的基础上。这一原则是《民法典》的“诚信”原则在支付结算中的具体表现，该原则要求结算当事人必须依法承担义务和行使权利，严格遵守信用，履行付款义务，特别是应当按照约定的付款金额和付款日期进行支付。

（二）谁的钱进谁的账、由谁支配原则

即银行在办理结算时，必须按照存款人的委托，将款项支付给其指定的收款人；对存款人的资金，除国家法律另有规定外，必须由其自主支配，银行不代扣款项。该原则要求维护存款人对存款资金的所有权或经营权，保证其对资金支配的自主权，加强了银行办理结算的责任。

（三）银行不垫款原则

即银行办理结算时，只负责办理结算当事人之间的款项划拨，不承担垫付任何款项的责任。该原则要求划清银行资金与存款人资金的界限，保护银行资金的所有权或经营权，促使开户单位和个人直接对自己的债权债务负责。

上述三个原则既可单独发挥作用，也是一个有机的整体，分别从不同角度强调了付款人、收款人和银行在结算过程中的权利、义务，从而切实保障了结算活动的正常进行。

办理支付结算的要求

四、办理支付结算的相关要求

（一）办理支付结算的基本要求

（1）办理支付结算必须使用中国人民银行统一规定的票据和结算凭证，未使用中国人民银行统一规定的票据，票据无效；未使用中国人民银行统一规定的结算凭证，银行不予受理。

（2）办理支付结算必须按统一的规定开立和使用账户。单位、个人和银行应当按照《人民币银行结算账户管理办法》的规定开立、使用账户。

（3）填写票据和结算凭证应当全面规范，做到数字正确、要素齐全、不错不漏、字迹清楚、防止涂改。票据和结算凭证金额以中文大写和阿拉伯数码同时记载，二者必须一致，否则，银行不予受理。

（4）票据和结算凭证上的签章和记载事项必须真实，不得变造伪造。票据和结算凭证上的签章，为签名、盖章或者签名加盖章。单位、银行在票据上的签章和单位在结算凭证上的签章，为该单位、银行的盖章加其法定代表人或其授权的代理人的签名或盖章。个人在票据和结算凭证上的签章，为个人本名的签名或签章。

案例分析 2-2

2020 年 6 月 13 日，A 蔬菜公司向某超市出售了一批散装菜，货款总额为 7 000 元。A 蔬菜公司财务人员李某接收该超市财务人员孙某签发的支票时，发现支票的出票日期为 2020 年 6 月 15 日，遂向孙某询问为什么签发日期不是 2020 年 6 月 13 日。孙某接过李某手中的支票，二话没说就在支票上将“伍”字划掉，改成了“叁”字。孙某的做法是否妥当？李某是否应当接受修改后的支票？

分析与提示：

按照规定，票据的出票金额、出票日期、收款人名称不得更改，更改的票据无效。因此本例中，孙某在支票上更改出票日期的做法是不对的，这样会导致支票无效，李某不应当接受该出票日期更改后的支票。

（二）支付结算凭证填写的要求

（1）票据的出票日期必须使用中文大写。月为壹、贰和壹拾的，日为壹至玖和壹拾、贰拾和叁拾的，应在其前加“零”；日为拾壹至拾玖的，应在其前加“壹”。大写日期未按要求规范填写的，银行可予受理；但由此造成损失的，由出票人自行承担。例如，2 月 12 日，应写成零贰月壹拾贰日；10 月 20 日，应写成零壹拾月零贰拾日。

（2）中文大写金额数字应用正楷或行书填写，不得自造简化字。如果金额数字书写中使用繁体字，也应受理。

（3）中文大写金额数字前应标明“人民币”字样，大写金额数字应紧接“人民币”字样填写，不得留有空白。大写金额数字前未印“人民币”字样的，应加填“人民币”

三字。

（4）中文大写金额数字到“元”为止的，在“元”之后应写“整”（或“正”）字，到“角”为止的，在“角”之后可以不写“整”（或“正”）字。大写金额数字有“分”的，“分”后面不写“整”（或“正”）字。

（5）阿拉伯小写金额数字前面，均应填写人民币符号“￥”。阿拉伯小写金额数字要认真填写，不得连写分辨不清。

（6）阿拉伯小写金额数字中有“0”的，中文大写应按照汉语语言规律、金额数字构成和防止涂改的要求进行书写。举例如下：

1）阿拉伯数字中间有“0”时，中文大写金额要写“零”字。如￥1 409.50，应写成人民币壹仟肆佰零玖元伍角。

2）阿拉伯数字中间连续有几个“0”时，中文大写金额中间可以只写一个“零”字。如￥6 007.14，应写成人民币陆仟零柒元壹角肆分。

3）阿拉伯金额数字万位或元位是“0”，或者数字中间连续有几个“0”，万位、元位也是“0”，但千位、角位不是“0”时，中文大写金额中可以只写一个零字，也可以不写“零”字。如￥1 680.32，应写成人民币壹仟陆佰捌拾元零叁角贰分，或者写成人民币壹仟陆佰捌拾元叁角贰分；又如￥107 000.53，应写成人民币壹拾万零柒仟元零伍角叁分，或者写成人民币壹拾万柒仟元伍角叁分。

4）阿拉伯金额数字角位是“0”，而分位不是“0”时，中文大写金额“元”后面应写“零”字。如￥16 409.02，应写成人民币壹万陆仟肆佰零玖元零贰分；又如￥325.04，应写成人民币叁佰贰拾伍元零肆分。

票据和结算凭证的金额、出票或签发日期、收款人名称不得更改，更改的票据无效；更改的结算凭证，银行不予受理。对票据和结算凭证上的其他记载事项，原记载人可以更改，更改时应当由原记载人在更正处签章说明。

案例分析 2－3

2020年1月18日，荣昌商贸有限责任公司（以下简称荣昌公司）从龙腾公司购进一批货物，同时向龙腾公司开具一张商业承兑汇票，用于货款结算。

荣昌公司开具商业承兑汇票时，将付款人填写为“荣晶商贸有限责任公司”，出票日期填写为“贰零贰零年壹月拾捌日”，收款人未填写。后经财务部小胡核对，发现付款人名称填写有误，小胡遂将“晶”字改为“昌”字，交予龙腾公司。

请回答下列问题：

（1）荣昌公司开具商业承兑汇票未填写收款人名称是否影响该票据的效力？简要说明理由。

（2）指出荣昌公司在汇票出票日期填写中的错误，并写出正确的填写格式。

（3）指出荣昌公司在更改付款人名称行为中的不当之处，简要说明理由。

分析与提示：

（1）荣昌公司开具商业承兑汇票未填写收款人名称影响票据效力。根据《票据法》的规定，收款人名称是商业承兑汇票的必须记载事项（或绝对记载事项），未填写收款人名称，商业承兑汇票无效。

(2) 该商业承兑汇票出票日期的月、日填写错误。正确的填写格式应为：贰零贰零年零壹月壹拾捌日。

(3) 荣昌公司更改付款人名称未予以签章（或盖章）是错误的。根据票据法律制度的规定，票据上的付款人可以更改，更改时应当由原记载人在更改处签章（或盖章）。

※ 练习题 ※

一、单项选择题

在线测试

1. 下列各项中，不符合票据和结算凭证填写要求的是（　　）。

A. 中文大写金额数字到“角”为止，在“角”之后没有写“整”字

B. 票据的出票日期使用阿拉伯数字填写

C. 阿拉伯小写金额数字前填写人民币符号

D.“2 月 12 日”出票的票据，票据的出票日期填写为“零贰月壹拾贰日”

2. 关于办理支付结算的基本要求，下列表达不正确的是（　　）。

A. 必须使用按中国人民银行统一规定印刷的票据凭证和统一规定的结算凭证

B. 票据和结算凭证上的签章，必须是签名加盖章

C. 票据和结算凭证中的金额以中文大写和阿拉伯数码同时记载，两者必须一致

D. 票据和结算凭证的金额、出票或签发日期、收款人名称不得更改

3. 票据的出票日期如果是 2 月 20 日，按规范填写要求，大写日期应为（　　）。

A. 二月二十日　　B. 贰月贰拾日　　C. 零贰月贰拾日　　D. 零贰月零贰拾日

4. 填写票据金额时，如￥20 050. 37，其中文大写应写成（　　）。

A. 贰万零伍拾元叁角柒分整　　B. 人民币贰万零零伍拾元零叁角柒分

C. 人民币贰万零伍拾元叁角柒分　　D. 人民币贰万零伍拾元零叁角柒分

5. 票据的出票日期“3 月 15 日”应写成（　　）。

A. 3 月 15 日　　B. 叁月壹拾伍日　　C. 零叁月拾伍日　　D. 三月十五日

6. 票据出票的大写日期未按要求规范填写的，银行可予受理，但由此造成损失的，由（　　）承担。

A. 银行　　B. 出票人　　C. 收票人　　D. 付款人

7.《支付结算办法》规定，负责制定统一的支付结算制度，组织、协调、管理和监督全国的支付结算工作，调解与处理银行之间的支付结算纠纷的部门是（　　）。

A. 中国人民银行总行

B. 中国人民银行总行及各省、自治区和直辖市分行

C. 中国人民银行总行及各级分支机构

D. 中国人民银行总行及各商业银行总行

8. 下列各项中，不符合票据和结算凭证填写要求的是（　　）。

A. 中文大写金额数字书写中使用繁体字，也应受理

B. 大写金额数字有“分”的，“分”后面不写“整”（或“正”）字

C. 中文大写金额数字前应标明“人民币”字样
D. 中文大写金额数字到“角”为止的，在“角”之后一定要写“整”（或“正”）字
9. 下列各项中，不符合票据和结算凭证对阿拉伯数字填写要求的是（　　）。
A. 阿拉伯小写金额数字前面，均应填写人民币符号“¥”
B. 阿拉伯小写金额数字要认真填写，不得连写分辨不清
C. 阿拉伯数字中间连续有几个“0”时，中文大写金额中间也要写几个“零”字
D. 阿拉伯数字中间有“0”时，中文大写金额要写“零”字
10. 单位在票据和结算凭证上的签章，为该（　　）。
A. 单位的盖章
B. 单位法定代表人的签名或盖章
C. 单位的盖章加其法定代表人的签名或盖章
D. 单位的盖章加其法定代表人或其授权的代理人的签名或盖章

二、多项选择题

1. 办理支付结算的基本要求有（　　）。
A. 使用按照中国人民银行统一规定的票据和结算凭证
B. 按统一的规定开立和使用银行账户
C. 票据和结算凭证上的签章和其他记载事项应当真实，不得伪造、变造
D. 填写票据和结算凭证应当规范，做到要素齐全、数字正确、字迹清晰
2. 支付结算是指单位、个人在社会经济活动中使用现金、票据、银行卡和结算凭证进行（　　）的行为。
A. 货币给付　　B. 资金清算
C. 商品采购　　D. 商品销售合同签订
3. 支付结算作为一种法律行为，法律特征有（　　）。
A. 支付结算必须通过中国人民银行批准的金融机构进行
B. 支付结算是一种要式行为
C. 支付结算的发生取决于委托人的意志
D. 实行统一管理和分级管理
4. 单位、个人和银行在进行支付结算活动时必须遵循的基本原则有（　　）。
A. 恪守信用、履约付款原则　　B. 谁的钱进谁的账、由谁支配原则
C. 银行不垫款原则　　D. 受益原则
5. 下列关于票据的出票日期说法正确的有（　　）。
A. 票据的出票日期必须使用中文大写
B. 月为壹、贰和壹拾的，应在其前加“零”
C. 日为壹拾、贰拾和叁拾的，应在其前加“零”
D. 日为拾壹至拾玖的，应在其前加“壹”

三、判断题

1. 票据和结算凭证的金额、出票或者签发日期、收款人名称不得更改，更改的票据无效；更改的结算凭证，银行不予受理。（　　）

2. 单位在票据和结算凭证上的签章，为该单位的公章或财务专用章，加上其法定代表人或者其授权的代理人的签名或盖章。（ ）

3. 票据日期使用小写填写的，银行可予受理，但由此造成损失的，由出票人自行承担。（ ）

4. 在填写票据和结算凭证时，如果金额数字使用繁体字，银行也应受理。（ ）

5. 凡阿拉伯数字前写有币种符号的，数字后面不再写货币单位。（ ）

6. 中文大写金额数字到“角”为止的，在“角”之后可以不写“整”（或“正”）字。（ ）

7. 银行对伪造、变造的票据未发现异常而支付金额的，对出票人或付款人要承担委托付款的责任。（ ）

8. 银行对存款人的资金，必须由存款人自主支配，银行不代扣款项。（ ）

第三节 银行结算账户

为规范结算账户的开立和使用，加强账户管理，维护经济、金融秩序稳定，国家制定了一系列法规制度。其中，中国人民银行于 2003 年 4 月 10 日公布了《人民币银行结算账户管理办法》，2005 年 1 月 19 日中国人民银行又发布了《人民币银行结算账户管理办法实施细则》，对人民币银行结算账户的开立、使用和管理作出了规定；《中华人民共和国外汇管理条例》《结汇、售汇及付汇管理规定》《关于完善资本项目外汇管理有关问题的通知》《个人外汇管理办法》等对外汇账户进行了规范。

一、银行结算账户的概念

银行结算账户是指存款人在经办银行开立的办理资金收付结算的人民币活期存款账户。它是存款人办理存、贷款和资金收付活动的基础。这里的“存款人”是指在中国境内开立银行结算账户的机关、团体、部队、企业、事业单位、其他组织、个体工商户和自然人；“银行”是指在中国境内经中国人民银行批准经营支付结算业务的政策性银行、商业银行（含外资独资银行、中外合资银行、外国银行分行）、城市商业银行、城市信用合作社、农村信用合作社。通过银行结算账户可以将资金从一方当事人向另一方当事人转移。

二、银行结算账户的分类

银行结算账户的分类

（一）个人银行结算账户

1. 个人银行结算账户的概念和使用范围

个人银行结算账户是指自然人因投资、消费、结算等开立的可办理支付结算业务的存款账户。

个人银行结算账户用于办理个人转账收付和现金存取，储蓄账户仅限于办理现金存款业务，不得办理转账结算。

下列款项可以转入个人结算账户：工资、奖金收入；稿费、演出费等劳务收入；债券、期货、信托等投资的本金和收益；个人债券和产权转让收益；个人贷款转存；证券交易结算资金和期货交易保证金；继承、赠予款项；保险理赔、保费退款等款项；纳税退还；农、副、矿产品销售收入；其他合法收入等。

2. 个人银行结算账户的开户要求

存款人申请开立个人银行结算账户，应向银行出具下列证明文件：中国内地居民，应出具居民身份证或临时身份证；中国人民解放军军人，应出具军人身份证件；中国人民武装警察，应出具武警身份证件；中国香港、澳门居民，应出具港澳居民往来内地通行证；中国台湾居民，应出具台湾居民往来大陆通行证或其他有效旅行证件；外国公民，应出具护照；法律、法规和国家有关文件规定的其他有效证件。

银行为个人开立银行结算账户时，根据需要还可要求申请人出具户口簿、驾驶执照、护照等有效证件。

（二）基本存款账户

1. 基本存款账户的概念及使用范围

基本存款账户是指存款人因办理日常转账结算和现金收付需要而开立的银行结算账户，是存款人的主办账户。存款人日常经营活动的资金收付及工资、奖金和现金的支取，应通过该账户办理。

下列存款人，可以申请开立基本存款账户：

（1）企业法人。

（2）非法人企业。

（3）机关、事业单位。

（4）团级（含）以上军队、武警部队及分散值勤的支（分）队。

（5）社会团体。

（6）民办非企业组织（如不以营利为目的的民办学校、福利院、医院等）。

（7）异地常设机构。

（8）外国驻华机构。

（9）个体工商户。

（10）居民委员会、村民委员会、社区委员会。

（11）单位设立的独立核算的附属机构。

（12）其他组织。

从上述可见，凡是具有民事权利能力和民事行为能力，并依法独立享有民事权利和承担民事义务的法人和其他组织，均可以开立基本存款账户。同时，有些单位虽然不是法人组织，但具有独立核算资格，有自主办理资金结算的需要，包括非法人企业（如具有营业执照的企业集团下属的分公司）、外国驻华机构、个体工商户、单位设立的独立核算的附属机构（单位附属独立核算的食堂、招待所、幼儿园）等，也可以开立基本存款账户。

2. 基本存款账户的开户要求

存款人申请开立基本存款账户，应向银行出具下列证明文件：

（1）企业法人，应出具企业法人营业执照正本。

（2）非法人企业，应出具企业营业执照正本。

（3）机关和实行预算管理的事业单位，应出具政府人事部门或编制委员会的批文或登记证书和财政部门同意其开户的证明；非预算管理的事业单位，应出具政府人事部门或编制委员会的批文或登记证书。

（4）军队、武警团级（含）以上单位以及分散值勤的支（分）队，应出具军队军级以上单位财务部门、武警总队财务部门的开户证明。

（5）社会团体，应出具社会团体登记证书，宗教组织还应出具宗教事务管理部门的批文或证明。

（6）民办非企业组织，应出具民办非企业登记证书。

（7）外地常设机构，应出具其驻在地政府主管部门的批文。

（8）外国驻华机构，应出具国家有关主管部门的批文或证明；外资企业驻华代表处、办事处，应出具国家登记机关颁发的登记证。

（9）个体工商户，应出具个体工商户营业执照正本。

（10）居民委员会、村民委员会、社区委员会，应出具其主管部门的批文或证明。

（11）独立核算的附属机构，应出具其主管部门的基本存款账户开户登记证和批文。

（12）其他组织，应出具政府主管部门的批文或证明。

如果上述存款人为从事生产、经营活动纳税人的，还应出具税务部门颁发的税务登记证。

3. 开立基本存款账户的程序

存款人应填制开户申请书，提供规定的证件。送交盖有存款人印章的印鉴卡片，经银行审核同意并凭中国人民银行当地分支机构核发的开户许可证，即可开立账户。

需要说明的是，印鉴卡片上填写的户名必须与单位名称一致，同时要加盖开户单位的公章、单位负责人或财务机构负责人和出纳人员三枚图章。如果支付凭证上加盖的印章与预留的印鉴不符，银行可拒绝办理付款业务，以保障开户单位资金的安全。

（三）一般存款账户

1. 一般存款账户的概念及使用范围

一般存款账户是存款人因借款或其他结算需要，在基本存款账户开户银行以外的银行营业机构开立的银行结算账户。该账户主要用于办理存款人借款转存、借款归还和其他结算的资金收付。一般存款账户可以办理现金缴存，但不得办理现金支取。存款人可自主选择不同经营理念的银行开立一般存款账户，既能充分享受多家银行的特色服务，又能适应不同的经济往来对象，更为方便地使用不同银行提供的支付结算工具和手段。

2. 一般存款账户的开户要求

（1）开立一般存款账户的存款人资格。开立基本存款账户的存款人都可以开立一般存款账户。根据规定，只要存款人具有借款或其他结算需要，都可以申请开立一般存款账户，且没有数量限制。

（2）开立一般存款账户所需的证明文件。存款人申请开立一般存款账户，应向银行出具下列证明文件：开立基本存款账户规定的证明文件；基本存款账户开户登记证；存款人因向银行借款需要，应出具借款合同；存款人因其他结算需要，应出具有关证明。

案例分析 2-4

某房地产开发公司在X银行开立有基本存款账户。2020年3月2日，该公司因贷款需要又在Y银行开立了一个一般存款账户。3月2日，该公司财务人员签发了一张现金支票，并向Y银行提示付款，要求提取现金30万元。Y银行工作人员对该支票进行审查后，拒绝为该公司办理现金取款手续。Y银行工作人员的做法是否正确？

分析与提示：

根据我国现行银行结算账户管理规定，一般存款账户可以办理现金缴存，但不得办理现金支取。因此，该房地产开发公司财务人员要求通过其在Y银行开立的一般存款账户提取现金的做法是违反规定的，Y银行工作人员严格执行有关银行结算账户管理规定，不予办理现金支取手续的做法是正确的。

（四）专用存款账户

1. 专用存款账户的概念及使用范围

专用存款账户是存款人按照法律、行政法规和规章，对有特定用途资金进行专项管理和使用而开立的银行结算账户。

专用存款账户是用于办理各项专项资金的存入和使用而开立的银行结算账户。专用存款账户用于办理各项专用资金的收付。根据规定，对下列资金的管理与使用，存款人可以申请开立专用存款账户：

（1）基本建设资金。

（2）更新改造资金。

（3）财政预算外资金。

（4）粮、棉、油收购资金。

（5）证券交易结算资金。

（6）期货交易保证金。

（7）信托基金。

（8）金融机构存放同业资金。

（9）政策性房地产开发资金。

（10）单位银行卡备用金。

（11）住房基金。

（12）社会保障基金。

（13）收入汇缴资金和业务支出资金。

（14）党、团、工会设在单位的组织机构经费。

（15）其他需要专项管理和使用的资金。

2. 使用专用存款账户的相关要求

（1）单位银行卡账户的资金必须由其基本存款账户转账存入。该账户不得办理现金收付业务。

（2）财政预算外资金、证券交易结算资金、期货交易保证金和信托基金专用存款账户，不得支取现金。

（3）基本建设资金、更新改造资金、政策性房地产开发资金、金融机构存放同业资金账户需要支取现金的，应在开户时报中国人民银行当地分支行批准。中国人民银行当地分支行应根据国家现金管理的规定审查批准。

（4）粮、棉、油收购资金，社会保障基金，住房基金和党、团、工会经费等专用存款账户支取现金应按照国家现金管理的规定办理。

（5）收入汇缴账户除向其基本存款账户或预算外资金财政专用存款户划缴款项外，只收不付，不得支取现金。业务支出账户除从其基本存款账户拨入款项外，只付不收，其现金支取必须按照国家现金管理的规定办理。

3. 专用存款账户的开户要求

存款人申请开立专用存款账户，应向银行出具其开立基本存款账户规定的证明文件、基本存款账户开户登记证和下列证明文件：

（1）基本建设资金、更新改造资金、政策性房地产开发资金、住房基金、社会保障基金，应出具主管部门批文。

（2）财政预算外资金，应出具财政部门的证明。

（3）粮、棉、油收购资金，应出具主管部门批文。

（4）单位银行卡备用金，应按照中国人民银行批准的银行卡章程的规定出具有关证明和资料。

（5）证券交易结算资金，应出具证券公司或证券管理部门的证明。

（6）期货交易保证金，应出具期货公司或期货管理部门的证明。

（7）金融机构存放同业资金，应出具其证明。

（8）收入汇缴资金和业务支出资金，应出具基本存款账户存款人有关的证明。

（9）党、团、工会设在单位的组织机构经费，应出具该单位或有关部门的批文或证明。

（10）其他按规定需要专项管理和使用的资金，应出具有关法规、规章或政府部门的有关文件。

（五）临时存款账户

1. 临时存款账户的概念

临时存款账户是指存款人因临时需要并在规定期限内使用而开立的银行结算账户。临时存款账户用于办理临时机构以及存款人临时经营活动发生的资金收付。

2. 开立临时存款账户的条件

存款人有下列情况的，可以申请开立临时存款账户：

（1）设立临时机构，如工程指挥部、筹备领导小组、摄制组等。

（2）异地临时经营活动，如建筑施工及安装单位等。

（3）注册验资。

（4）境外（含我国港澳台地区）机构在境内从事经营活动。

3. 使用临时存款账户的相关要求

临时存款账户有效期最长不得超过 2 年。临时存款账户应根据有关开户证明文件确定的期限或存款人的需要确定其有效期限。存款人在账户的使用中需要延长期限的，应在有效期限内向开户银行提出申请，并由开户银行报中国人民银行当地分支行核准后办理展期。

临时存款账户支取现金，应按照国家现金管理的规定办理。注册验资的临时存款账户在验资期间只收不付，注册验资资金的汇缴人应与出资人的名称一致。

4. 临时存款账户的开户要求

存款人申请开立临时存款账户，应向银行出具下列证明文件：

（1）临时机构，应出具其驻在地主管部门同意设立临时机构的批文。

（2）异地建筑施工及安装单位，应出具其营业执照正本或其隶属单位的营业执照正本，以及施工及安装地建设主管部门核发的许可证或建筑施工及安装合同。

（3）异地从事临时经营活动的单位，应出具其营业执照正本以及临时经营地工商行政管理部门的批文。

（4）注册验资资金，应出具工商行政管理部门核发的企业名称预先核准通知书或有关部门的批文。

上述第（2）（3）项，存款人还应出具基本存款账户开户登记证。

（六）异地银行结算账户

1. 异地银行结算账户的概念

异地银行结算账户是指存款人根据规定的法定条件，根据需要在异地开立的银行结算账户。

2. 异地银行结算账户的开户要求

存款人有下列情形之一的，均可根据需要在异地开立相应的银行结算账户：

（1）营业执照注册地与经营地不在同一行政区域（跨省、市、县）需要开立基本存款账户的。

（2）办理异地借款和其他结算需要开立一般存款账户的。

（3）存款人因附属的非独立核算单位或派出机构发生收入汇缴或业务支出需要开立专用存款账户的。

（4）异地临时经营活动需要开立临时存款账户的。

（5）自然人根据需要在异地开立个人银行结算账户的。

3. 开立异地银行结算账户所需的证明文件

存款人需要在异地开立单位银行结算账户，根据开立存款账户的种类不同，除出具开立基本存款账户、一般存款账户、专用存款账户和临时存款账户规定的有关证明文件外，还应出具下列相应的证明文件：

（1）经营地与注册地不在同一行政区域的存款人，在异地开立基本存款账户的，应出具注册地中国人民银行分支行的未开立基本存款账户的证明。

（2）异地借款的存款人在异地开立一般存款账户的，应出具在异地取得贷款的借款合同。

（3）因经营需要在异地办理收入汇缴和业务支出的存款人，在异地开立专用存款账户的，应出具隶属单位的证明。

其中，属于第（2）（3）种情况的，还应出具其基本存款账户开户登记证。

存款人需要在异地开立个人银行结算账户的，应出具开立个人银行结算账户所需要的证明文件。

三、银行结算账户管理的基本原则

根据《人民币银行结算账户管理办法》的有关规定，银行结算账户应当遵守以下基本原则：

（1）一个基本账户原则。这是指单位银行结算账户的存款人只能在银行开立一个基本存款账户，不能多头开立。

（2）自主选择银行开立银行结算账户原则。这是指存款人可以自主选择银行开立账户，除国家法律、行政法规和国务院另有规定外，任何单位和个人不得强令存款人到指定银行开立银行结算账户。

（3）银行结算账户信息保密原则。这是指银行必须依法为存款人的银行结算账户信息保密。根据《人民币银行结算账户管理办法》的规定，对单位和个人银行结算账户的存款和有关资料，除国家法律、行政法规另有规定外，银行有权拒绝任何单位或个人查询。

（4）守法合规原则。这是指银行结算账户的开立和使用应当遵守法律、行政法规，不得利用银行结算账户进行偷逃税款、逃避债务、套取现金及其他违法犯罪活动。

四、银行结算账户的开立、变更与撤销

（一）银行结算账户的开立

1. 银行结算账户的开立地

存款人应在注册地或住所地开立银行结算账户，符合异地开户条件的，也可以在异地开立银行结算账户。开立银行结算账户应遵循存款人自主原则。除国家法律、行政法规和国务院另有规定外，任何单位和个人不得强令存款人到指定银行开立银行结算账户。

2. 存款人填写开户申请书

存款人申请开立银行结算账户时，应填制开户申请书，并将开立账户所需要的证明材料和盖有存款人印章的印鉴卡片送交开户银行。单位开立银行结算账户的名称应与其提供的申请开户的证明文件的名称全称一致。有字号的个体工商户开立银行结算账户的名称，应与其营业执照的字号相一致；无字号的个体工商户开立银行结算账户的名称，由“个体户”字样和营业执照记载的经营者姓名组成。自然人开立银行结算账户的名称，应与其提供的有效身份证件中的名称全称一致。

3. 开户银行、人民银行的审核、备案、核准

银行应对存款人的开户申请书填写的事项和证明文件的真实性、完整性、合规性进行

认真审查。开户申请书填写的事项齐全，符合开立基本存款账户、临时存款账户和预算单位专用存款账户条件的，银行应将存款人的开户申请书、相关的证明文件和银行审核意见等开户资料报送中国人民银行当地分支行，经其核准后办理开户手续；符合开立一般存款账户、其他专用存款账户和个人银行结算账户条件的，银行办理开户手续，并于开户之日起 5 个工作日内向中国人民银行当地分支行备案。银行为存款人开立一般存款账户、其他专用存款账户，应自开户之日起 3 个工作日内书面通知基本存款账户开户银行。

中国人民银行应于 2 个工作日内对银行报送的基本存款账户、临时存款账户和预算单位专用存款账户的开户资料的合规性予以审核，符合开户条件的，予以核准；不符合开户条件的，应在开户申请书上签署意见，连同有关证明文件一并退回报送银行。

4. 开户银行与存款人签订银行结算账户管理协议

开立银行结算账户时，银行应与存款人签订银行结算账户管理协议，明确双方的权利与义务。银行应建立存款人预留签章卡片，并将签章式样和有关证明文件的原件或复印件留存归档。

存款人开立单位银行结算账户，自正式开立之日起 3 个工作日后，方可使用该账户办理付款业务。

（二）银行结算账户的变更

1. 银行结算账户变更的概念

银行结算账户变更是指存款人名称、单位法定代表人或主要负责人、住址以及其他开户资料发生的变更。

2. 银行结算账户变更的手续

银行结算账户发生变更的，应当办理相关的变更手续。根据《人民币银行结算账户管理办法》的有关规定，银行结算账户的存款人名称发生变更，但不改变开户银行及账户的，应于 5 个工作日内向开户银行提出银行结算账户的变更申请，并出具有关部门的证明文件。单位的法定代表人或主要负责人、住址以及其他开户资料发生变更时，应于 5 个工作日内书面通知开户银行并提供有关证明。银行接到存款人的变更通知后，应及时办理变更手续，并于 2 个工作日内向中国人民银行报告。

（三）银行结算账户的撤销

1. 银行结算账户撤销的原因

银行结算账户撤销是指存款人因开户资格或其他原因终止银行结算账户使用的行为。根据《人民币银行结算账户管理办法》的规定，发生下列事由之一的，存款人应向开户银行提出撤销银行结算账户的申请：

（1）被撤并、解散、宣告破产或关闭的。

（2）注销、被吊销营业执照的。

（3）因迁址需要变更开户银行的。

（4）其他原因需要撤销银行结算账户的。

2. 银行结算账户撤销的手续

存款人主体资格终止的，应于 5 个工作日内向开户银行提出撤销银行结算账户的申请。存款人申请撤销基本存款账户的，存款人基本存款账户的开户银行应自撤销银行结算账户之日起2个工作日内将撤销该基本存款账户的情况说明书面通知该存款人其他银行结算账户的开户银行；存款人其他银行结算账户的开户银行应自收到通知之日起2个工作日内通知存款人撤销有关银行结算账户；存款人应自收到通知之日起3个工作日内办理其他银行结算账户的撤销。

银行得知存款人主体资格终止情况，存款人超过规定期限未主动办理撤销银行结算账户手续的，银行有权停止其银行结算账户的对外支付。

3. 办理银行结算账户撤销手续应当注意的事项

（1）未获得工商行政管理部门核准登记的单位，在验资期满后，应向银行申请撤销注册验资临时存款账户，其账户资金应退还给原汇款人账户。注册验资资金以现金方式存入，出资人提取现金的，应出具缴存现金时的现金缴款原件及有效身份证件。

（2）存款人尚未清偿其开户银行债务的，不得申请撤销该账户。

（3）存款人撤销银行结算账户，必须与开户银行核对银行结算账户存款余额，交回各种重要空白票据及结算凭证和开户登记证，银行核对无误后方可办理销户手续。存款人未按规定交回各种重要空白票据及结算凭证的，应出具有关证明，造成损失的，由其自行承担。

（4）银行撤销单位结算账户时应在其基本存款账户开户登记证上注明销户日期并签章，同时于撤销银行结算账户之日起2个工作日内，向中国人民银行报告。

（5）银行对一年未发生收付活动且未欠开户银行债务的单位银行结算账户，应通知单位自发出通知之日起30日内办理销户手续，逾期视同自愿销户，未划转款项列入“久悬未取”专户管理。

五、违反银行账户结算管理制度的罚则

（一）存款人开立、撤销银行结算账户，不得有的行为

（1）违反规定开立银行结算账户。

（2）伪造、变造证明文件欺骗银行开立银行结算账户。

（3）违反规定不及时撤销银行结算账户。

对于非经营性的存款人，有上述行为之一的，给予警告并处以1 000元的罚款；对于经营性的存款人，给予警告并处以1万元以上3万元以下的罚款；构成犯罪的，移交司法机关依法追究刑事责任。

（二）存款人使用银行结算账户，不得有的行为

（1）违反规定将单位款项转入个人银行结算账户。

（2）违反规定支取现金。

（3）利用开立银行结算账户逃废银行债务。

（4）出租、出借银行结算账户。

（5）从基本存款账户之外的银行结算账户转账存入、将销货收入存入或现金存入单位信用卡账户。

（6）存款人的法定代表人或主要负责人、存款人地址以及其他开户资料的变更事项未在规定期限内通知银行。

非经营性的存款人有上述所列（1）至（5）项行为的，给予警告并处以 1 000 元的罚款；对于经营性的存款人有上述所列（1）至（5）项行为的，给予警告并处以 5 000 元以上 3 万元以下的罚款；存款人有上述所列第（6）项行为的，给予警告并处以 1 000 元的罚款。

（三）存款人伪造、变造、私自印制开户登记证

存款人违反规定，伪造、变造、私自印制开户登记证的，属非经营性的处以 1 000 元罚款；属经营性的处以 1 万元以上 3 万元以下的罚款；构成犯罪的，移交司法机关依法追究刑事责任。

（四）银行在银行结算账户的开立过程中，不得有的行为

（1）违反规定为存款人多头开立银行结算账户。

（2）明知或应知是单位资金，而允许以自然人名称开立账户存储。

银行有上述行为之一的，给予警告，并处以 5 万元以上 30 万元以下的罚款；对该银行直接负责的高级管理人员、其他直接负责的主管人员、直接责任人员按规定给予纪律处分；情节严重的，中国人民银行有权停止对其开立基本存款账户的核准，责令该银行停业整顿或者吊销经营金融业务许可证；构成犯罪的，移交司法机关依法追究刑事责任。

（五）银行在银行结算账户的使用中，不得有的行为

（1）提供虚假开户申请资料欺骗中国人民银行许可开立基本存款账户、临时存款账户、预算单位专用存款账户。

（2）开立或撤销单位银行结算账户，未按规定在其基本存款账户开户登记证上予以登记、签章或通知相关开户银行。

（3）违反规定办理个人银行结算账户转账结算。

（4）为储蓄账户办理转账结算。

（5）违反规定为存款人支付现金或办理现金存入。

（6）超过期限或未向中国人民银行报送账户开立、变更、撤销等资料。

银行有上述行为之一的，给予警告，并处 5 000 元以上 3 万元以下的罚款；对该银行直接负责的高级管理人员、其他直接负责的主管人员、直接责任人员按规定给予纪律处分；情节严重的，中国人民银行有权停止对其开立基本存款账户的核准；构成犯罪的，移交司法机关依法追究刑事责任。

※ 练习题 ※

在线测试

一、单项选择题

1. 根据《人民币银行结算账户管理办法》的规定，企业支取现金用于工资、奖金发放，只能通过规定的银行账户办理，该银行账户是（　　）。

A. 一般存款账户　　B. 基本存款账户
C. 临时存款账户　　D. 专用存款账户

2. 存款人开立存款账户，不需要实行核准制的是（　　）。
A. 基本存款账户　　B. 临时存款账户
C. 预算单位开立专用存款账户　　D. 因注册验资需要开立临时存款账户

3. 除特殊规定者外，存款人开立单位银行结算账户，自开立之日起（　　）个工作日后，方可使用该账户办理付款业务。
A. 3　　B. 5　　C. 10　　D. 15

4. 存款人因办理日常转账结算和现金收付需要，应开立（　　）。
A. 一般存款账户　　B. 基本存款账户
C. 专用存款账户　　D. 临时存款账户

5. 存款人因借款或其他结算需要申请开立一般存款账户，其数量（　　）。
A. 只能为1个　　B. 不能超过2个　　C. 不能超过3个　　D. 没有限制

6. 下列对基本存款账户与临时存款账户在管理上的区别的表述，正确的是（　　）。
A. 基本存款账户能支取现金而临时存款账户不能支取现金
B. 基本存款账户不能向银行借款而临时存款账户可以向银行借款
C. 基本存款账户没有数量限制而临时存款账户有数量限制
D. 基本存款账户没有时间限制而临时存款账户实行有效期管理

7. 临时存款账户有效期最长不得超过（　　）年。
A. 1　　B. 2　　C. 3　　D. 4

8. 注册验资的临时存款账户，在验资期间（　　）。
A. 只付不收　　B. 只收不付　　C. 可以收付　　D. 不收不付

9. 为了加强对证券交易结算资金的管理，存款人应依法申请在银行开立（　　）。
A. 一般存款账户　　B. 基本存款账户
C. 专用存款账户　　D. 临时存款账户

10. 一般存款账户不能办理的业务是（　　）。
A. 借款转存　　B. 借款归还　　C. 现金缴存　　D. 现金支取

二、多项选择题

1. 下列存款人中，可以申请开立基本存款账户的有（　　）。
A. 非法人企业　　B. 单位设立的独立核算的附属机构
C. 异地常设机构　　D. 民办非企业组织

2. 单位开立基本存款账户，需要在印鉴上加盖的印章有（　　）。
A. 单位的公章　　B. 单位负责人或财务负责人的印章
C. 出纳人员的印章　　D. 主办会计的印章

3. 根据《人民币银行结算账户管理办法》的规定，下列各项中，属于一般存款账户使用范围的有（　　）。
A. 办理借款转存　　B. 办理借款归还
C. 办理现金支取　　D. 办理现金缴存

4. 下列各项中，符合专用存款账户使用范围的有（　　）。
A. 证券结算交易资金　　B. 期货交易保证金
C. 粮、棉、油收购资金　　D. 信托资金
5. 存款人可以申请开立临时存款账户，用于办理（　　）。
A. 注册验资　　B. 缴纳住房基金
C. 异地临时经营活动　　D. 清算证券交易结算资金
6. 基本存款账户的使用范围包括办理存款人的（　　）。
A. 日常经营活动的资金收付　　B. 工资、奖金等职工薪酬的支付
C. 提取的备用金　　D. 缴纳各项税款
7. 单位银行结算账户按用途不同，可分为（　　）。
A. 基本存款账户　　B. 一般存款账户
C. 临时存款账户　　D. 专用存款账户
8. 银行结算账户按存款人的不同分为（　　）。
A. 单位银行结算账户　　B. 公司存款账户
C. 个人银行结算账户　　D. 个体工商户存款账户
9. 存款人开立基本存款账户，应向银行提交的证明文件有（　　）。
A. 企业法人，应出具企业法人营业执照正本
B. 企业非法人，应出具企业营业执照正本
C. 社会团体，应出具社会团体登记证书
D. 民办非企业组织，应出具民办非企业登记证书
10. 存款人开立一般存款账户，应向银行提交的证明文件有（　　）。
A. 开立基本存款账户规定的证明文件
B. 基本存款账户开户登记证
C. 税务登记证
D. 存款人向银行借款的，应出具借款合同
11. 银行结算账户管理的基本原则包括（　　）。
A. 一个基本存款账户原则　　B. 自主选择银行开立银行结算账户原则
C. 银行结算账户信息保密原则　　D. 守法合规原则
12. 下列关于存款人申请开立银行结算账户的说法正确的有（　　）。
A. 单位开立银行结算账户的名称应与其提供的申请开户的证明文件的名称全称一致
B. 有字号的个体工商户开立银行结算账户的名称，应与其营业执照的字号相一致
C. 无字号的个体工商户开立银行结算账户的名称，由“个体户”字样和营业执照记载的经营者姓名组成
D. 自然人开立银行结算账户的名称，应与其提供的有效身份证件中的名称全称一致
13. 下列情形中，需要办理银行结算账户变更的有（　　）。
A. 存款人名称变更　　B. 单位法定代表人或主要负责人变更
C. 单位住址变更　　D. 单位经营范围变更
14. 下列情形中，需要办理银行结算账户撤销的有（　　）。
A. 单位被撤并、解散、宣告破产或关闭的

B. 单位被注销、被吊销营业执照的
C. 因迁址需要变更开户银行的
D. 单位法定代表人或主要负责人变更

三、判断题

1. 单位附属独立核算的食堂也可以开立基本存款账户。(　　)

2. 存款人更改名称，但不改变开户银行及账号的，应于7个工作日内向开户银行提出银行结算账户的变更申请，并出具有关部门的证明文件。(　　)

3. 基本存款账户是存款人的主办账户。(　　)

4. 存款人开立一般存款账户没有数量限制。(　　)

5. 一般存款账户既可办理现金缴存，也可办理现金支取。(　　)

6. 基本存款账户在单位结算账户中处于统驭地位。(　　)

7. 开立一般存款账户，不仅实行备案制，也要经过中国人民银行核准。(　　)

8. 单位卡在使用过程中，需要向其账户续存资金的，一律从其基本存款账户转账存入。(　　)

9. 存款人开立单位银行结算账户，自正式开立之日起3个工作日后，方可使用该账户办理付款业务。(　　)

10. 存款人尚未清偿其开户银行债务的，不得申请撤销该账户。(　　)

第四节　票据结算方式

一、票据结算概述

(一) 票据的概念与种类

1. 票据的概念

票据是由出票人依法签发的、约定自己或者委托付款人在见票时或指定的日期向收款人或持票人无条件支付一定金额并可转让的有价证券。

2. 票据的种类

(1) 按照范围分类，票据有广义和狭义之分。广义的票据包括各种有价证券和凭证，如股票、国库券、企业债券、发票、提单等；狭义的票据仅指《票据法》上规定的票据。根据我国《票据法》的规定，票据包括汇票（银行汇票、商业汇票）、本票（银行本票）和支票三种。票据的种类如图 2-1 所示。

(2) 按照付款时间分类，票据可以分为即期票据和远期票据。即期票据是指付款人见票后必须立即付款给持票人的票据，如支票及见票即付的汇票、本票。远期票据是付款人见票后在一定期限内或特定日期付款的票据。

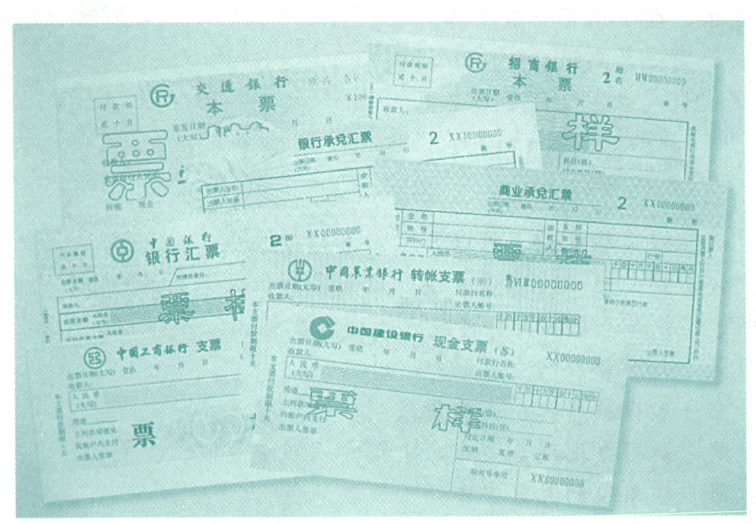

图 2-1 票据的种类

(3) 按受款人记载方式分类，票据可以分为记名票据和不记名票据。记名票据是指在票据上注明受款人姓名，可由受款人以背书方式转让，付款人只能向受款人或其指定的人付款的票据。不记名票据是指票面上不记载受款人姓名，可不经背书而直接以交付票据为转让，付款人可以对任何持票人付款的票据。

（二）票据的特征

1. 票据是债券凭证和金钱凭证

持票人可以就票据上记载的金额向特定票据债务人行使其请求权，其性质是债权，所以票据是债权证券。就债权的标的而言，持票人享有的权利就是请求债务人给付一定的金钱，所以，票据是一种金钱证券。

2. 票据是设权证券

所谓设权证券，是指权利的发生必须首先作成证券。票据上所表示的权利，是由出票这种行为而创设，没有票据，就没有票据上的权利。因此，票据是一种设权证券。

3. 票据是文义证券

与票据有关的一切权利和义务，都必须依照票据上记载的文义而定，文义之外的任何理由、事项都不得作为根据。为了保护善意持票人和维护交易安全，票据上记载的文义即使有错，通常也不得依据票据之外的其他证据变更或者补充。

（三）票据的功能

1. 支付功能

即票据可以充当支付工具，代替现金使用。对于当事人来说，用票据支付可以消除现金携带的不便，避免点钞的麻烦，节省计算现金的时间。

2. 汇兑功能

即票据可以代替货币在不同的地方之间运送，方便异地之间的支付。拿着一张票据到异地支付，相对而言既安全又方便。

3. 信用功能

即票据当事人可以凭借自己的信誉，将未来才能获得的金钱作为现在的金钱来使用。

4. 结算功能

即债务抵消功能。简单的结算是互有债务的双方当事人各签发一张本票，待两张本票都到到期日即可以抵销债务。若有差额，由一方以现金支付。

5. 融资功能

即融通资金或调度资金。票据的融资功能是通过票据的贴现、转贴现和再贴现实现的。

（四）票据当事人

票据当事人和票据权利

票据当事人是指在票据法律关系中享有票据权利、承担票据义务的主体，也就是票据行为的参与者。票据当事人分为基本当事人和非基本当事人。

1. 基本当事人

基本当事人是指在票据作成和交付时就已存在的当事人，是构成票据法律关系的必要主体，包括出票人、付款人和收款人三种。汇票和支票的基本当事人有出票人、收款人和付款人；本票的基本当事人有出票人和收款人。

（1）出票人，是指依法定方式签发票据并将票据交付给收款人的人。银行汇票的出票人为银行；商业汇票的出票人为银行以外的企业和其他组织；银行本票的出票人为出票银行；支票的出票人为在银行开立支票存款账户的企业、其他组织和个人。

（2）收款人，亦称抬头人，是指票据正面记载的到期后有权收取票款的人。收款人有时又是持票人。

（3）付款人，是指由出票人委托付款或自行承担付款责任的人。商业承兑汇票的付款人是合同中应给付款项的一方当事人，也是该汇票的承兑人；银行承兑汇票的付款人是承兑银行；支票的付款人是出票人的开户银行；本票的付款人是出票人。

2. 非基本当事人

非基本当事人是指在票据作成并交付后，通过一定的票据行为加入票据关系而享有一定权利、承担一定义务的当事人，包括承兑人、背书人、被背书人、保证人等。

（1）承兑人，是指接受汇票出票人的付款委托，同意承担支付票款义务的人，是汇票的主债务人。

（2）背书人，是指在转让票据时，在票据背面或粘单上签字或盖章，并将该票据交付给受让人的票据收款人或持有人。被背书人是指被记名受让票据或接受票据转让的人。背书后，被背书人成为票据新的持有人，享有票据的所有权利。

（3）保证人，是指为票据债务提供担保的人，由票据债务人以外的第三人担当。

（五）票据行为

票据行为

票据行为是指票据当事人以发生票据债务为目的、以在票据上签名或者盖章为权利义务成立要件的法律行为，包括出票、背书、承兑和保证。

1. 出票

出票是指出票人签发票据并将其交付给收款人的票据行为。出票包括两个行为：一是出票人依照《票据法》的规定作成票据，即在原始票据上记载法定事项并签章；二是交付票据，即将作成的票据交付给他人占有。

2. 背书

背书是指收款人或者持票人为将票据权利转让给他人或者将一定的票据权利授予他人行使而在票据背面或者粘单上记载有关事项并签章的行为。已背书转让的票据，背书应该连续。背书连续是指在票据转让中，转让票据的背书人与受让票据的被背书人在票据上的签章依次前后衔接，即第一次背书的背书人为票据的收款人，第二次背书的背书人为第一次背书人的被背书人，以此类推。

3. 承兑

承兑是指汇票付款人承诺在汇票到期日支付汇票金额并签章的行为。承兑仅适用于商业汇票。承兑不得附有条件；承兑附有条件的，视为拒绝承兑。付款人承兑汇票后，应承担到期付款的责任。

4. 保证

保证是指票据债务人以外的人，为担保特定债务人履行票据债务而在票据上记载有关事项并签章的行为。保证人对合法取得票据的持票人所享有的票据权利承担保证责任。被保证的票据，保证人应当与被保证人对持票人承担连带责任。保证人为两人以上的，保证人之间承担连带责任。票据到期后得不到付款的，持票人有权向保证人请求付款，保证人应当足额付款，保证人清偿票据债务后，可以行使持票人对被保证人及其前手的追索权。

（六）票据签章

（1）票据签章的含义。票据签章是指票据有关当事人在票据上签名、盖章或者签名加盖章的行为。我国《票据法》规定："票据上的签章，为签名、盖章或者签名加盖章。"这就是说，签章既包括签名，也包含盖章，这是我国《票据法》上一个特有的概念。具体来说，行为人在票据上签章，可以采用签名、盖章或者签名加盖章其中之一。

（2）票据签章人。票据上的签章因票据行为的性质不同，签章人也不相同。票据签发时，由出票人签章；票据转让时，由背书人签章；票据承兑时，由承兑人签章；票据保证时，由保证人签章；票据代理时，由代理人签章；持票人行使票据权利时，由持票人签章等。《票据法》规定："法人和其他使用票据的单位在票据上的签章，为该法人或者该单位的盖章加其法定代表人或者其授权的代理人的签章。"根据该规定，法人和其他单位的签章必须同时采用两种方式，即该法人或该单位的盖章和该法人或该单位的法定代表人或者其授权的代理人的签章。这是法律规定的特定要求，否则，票据行为就不产生效力。

（3）票据签章的效力。票据签章是票据行为生效的重要条件，也是票据行为表现形式中绝对应记载的事项。如无该项内容，票据行为即为无效。

一般来说，出票人在票据上的签章不符合法律规定的，票据无效；背书人在票据上的签章不符合法律规定的，其签章无效，但不影响其前手符合规定签章的效力；承兑人、保证人在票据上的签章不符合法律规定的，其签章无效，但不影响其他符合规定签章的效力。

案例分析 2-5

2020 年 10 月 9 日，A 公司（开户银行 D）向 B 公司购买了一批原材料，货款为

30 000元。A公司采用支票付款。B公司向自己的开户银行C提交支票时，开户银行C的工作人员受理了该支票，并做了认真审查，发现支票上A公司的签章为“发票专用章”和A公司财务主管“张××”的个人名章，遂建议B公司要求A公司重新签发支票，否则其向A公司开户银行D提示付款时，开户银行D将会拒绝付款，并做退票处理。开户银行C工作人员的做法是否正确？

分析与提示：

开户银行C工作人员的做法正确。按照规定，单位在票据上的签章，应为该单位的盖章加其法定代表人或其授权的代理人的签名或者盖章。支票出票人为单位的，其单位盖章应为与该单位在银行预留签章一致的财务专用章或公章。本例中，出票人A公司所签发支票的单位盖章是该公司的发票专用章，而不是该单位的财务专用章或者公章，因此该签章不具有《票据法》规定的效力。B公司应按照开户银行C工作人员的建议，要求A公司重新签发支票。

（七）票据记载事项

票据记载事项是指依法在票据上记载票据相关内容的行为。票据记载事项一般分为绝对记载事项、相对记载事项、任意记载事项和不产生票据法律效力的记载事项，其具体含义和性质如表2-1所示。

表2-1　票据记载事项比较

记载类别	含义	性质	备注
绝对记载事项	指《票据法》明文规定必须记载的事项	如不记载，则票据无效	例如，表明票据种类的事项，如必须记明“汇票”“本票”“支票”
相对记载事项	指除必须记载事项外，某些应该记载而未记载，适用法律的有关规定而不使票据失效的事项	可以记载，也可以不记载。记载的，按照记载的具体事项履行权利和义务；未记载的，适用法律的统一认定	例如，背书由背书人签章并记载背书日期，背书未记载日期的，视为在票据到期日前背书
任意记载事项	指不强制当事人必须记载而允许当事人自行选择记载的事项	记载时产生票据效力，不记载时不影响票据效力	例如，出票人在汇票上记载“不得转让”字样的，汇票不得转让
不产生票据法律效力的记载事项	指除以上三方面的记载事项外，票据上还可以记载的其他一些事项	不具有票据效力	如《票据法》第二十四条规定，汇票上可以记载本法规定事项以外的其他出票事项，但是该记载事项不具有汇票上的效力

（八）票据权利与责任

1. 票据权利

票据权利是指票据持票人向票据债务人请求支付票据金额的权利，包括付款请求权和追索权。

（1）付款请求权。付款请求权，是指持票人向汇票的承兑人、本票的出票人、支票的付款人出示票据要求付款的权利，是第一顺序权利，又称主要票据权利。行使付款请求权的持票人可以是票据记载的收款人或最后被背书人；担负付款请求权付款义务的主要是主债务人。

（2）追索权。票据追索权是指票据当事人行使付款请求权遭到拒绝或其他法定原因存在时，向其前手请求偿还票据金额及其他法定费用的权利，是第二顺序权利，又称偿还请求权利。行使追索权的当事人除票据记载的收款人和最后的被背书人外，还可能是代为清偿债务的保证人、背书人。

2. 票据责任

票据责任是指票据债务人向持票人支付票据金额的义务。

（九）票据丧失的补救

票据权利与票据是紧密相连的。所谓票据丧失（或丧失票据），是指票据因灭失、遗失、被盗等原因而使票据权利人脱离其对票据的占有。票据一旦丧失，票据权利的实现就会受到影响，票据的债权人如不采取措施补救就不能阻止债务人向拾获者履行义务，从而造成正当票据权利人经济上的损失。为此，我国《票据法》规定了票据丧失后的补救措施。该补救措施主要有三种形式，即挂失止付、公示催告、普通诉讼。

1. 挂失止付

挂失止付是指失票人将丧失票据的情况通知付款人或代理付款人，并由接受通知的付款人或代理付款人审查后暂停支付的一种方式。我国《票据法》规定："票据丧失，失票人可以及时通知票据的付款人挂失止付，但是，未记载付款人或者无法确定付款人及其代理付款人的票据除外。"根据这一规定，挂失止付的票据应当是不属于未记载付款人的票据或者无法确定付款人及其代理付款人的票据。只有确定付款人或代理付款人的票据丧失时，才可进行挂失止付，具体包括已承兑的商业汇票、支票、填明"现金"字样的银行汇票和银行本票四种。

挂失止付并不是票据丧失后票据权利补救的必经程序，它仅仅是失票人在丧失票据后可以采取的一种暂时的预防措施，以防止票据被冒领或骗取，最终还是要通过申请公示催告或提起普通诉讼。但是，票据丧失后，极易被冒领、骗取，而且法院在受理公示催告或起诉时有一个过程，故失票人应在票据丧失后通知付款人挂失止付为宜。

2. 公示催告

公示催告是指在票据丧失后，由失票人向人民法院提出申请，请求人民法院以公告方式通知不确定的利害关系人限期申报权利，逾期未申报者，则权利失效，而由人民法院通过除权判决宣告所丧失的票据无效的一种制度或程序。《中华人民共和国民事诉讼法》规定，按照规定可以背书转让的票据持有人，因票据被盗、遗失或者灭失，可以向票据支付地的基层人民法院申请公示催告。我国《票据法》规定，失票人应当在通知挂失止付后3日内，也可以在票据丧失后，依法向人民法院申请公示催告。申请公示催告的主体必须是可以背书转让的票据的最后持票人，失票人不知道票据的下落，利害关系人也不明确。

3. 普通诉讼

普通诉讼是指丧失票据的失票人为原告，以承兑人或出票人为被告，向人民法院提起民事诉讼，请求法院判决其向失票人支付票据金额的诉讼活动。如果与票据上的权利有利害关系的人是明确的，则无须公示催告，可按一般的票据纠纷向法院提起诉讼。

案例分析 2-6

A公司会计科被盗，会计人员在清点财物时，发现除现金、财务印章外，还有6张票据被盗，包括付款方签发的尚未送交银行的现金支票2张、转账支票1张，以及未填明“现金”字样的银行本票3张。上述票据均在法定提示付款期限内。

请回答下列问题：

(1) A公司票据被盗后，哪些票据可以挂失止付？

(2) A公司对票据挂失止付后，还可以采取哪些补救措施？

(3) 如果A公司办理票据挂失止付前，可以挂失止付的票据票款被冒领，其所造成的资金损失由谁负责？简要说明理由。

分析与提示：

(1) 可以挂失止付的票据有：付款方签发的尚未送交银行的现金支票2张、转账支票1张。

(2) A公司对票据挂失止付后，可以采取的补救措施有：

1) 公示催告。

2) 普通诉讼（或向人民法院提起民事诉讼，要求法院判令付款人向其支付票据金额）。

(3) 由A公司（和有关责任人员）负责。理由：根据《支付结算办法》的规定，单位和个人对使用的支票、商业承兑汇票和银行签发的银行汇票、银行本票、银行承兑汇票，因管理不善造成丢失、被盗，发生款项冒领，造成资金损失的，应由责任单位和个人负责。

二、支票

支票

（一）支票的概念

支票是出票人签发的，委托办理存款业务的银行或其他金融机构，在见票时无条件支付确定的金额给收款人或者持票人的票据。

单位和个人的各种款项结算，均可以使用支票。2007年7月8日，中国人民银行宣布，支票可以实现全国范围内互通使用。

支票的基本当事人有出票人、付款人和收款人。出票人即存款人，是在批准办理支票业务的银行机构开立可以使用支票的存款账户的单位和个人；付款人是出票人的开户银行；持票人是票面上填明的收款人，也可以是经背书转让的被背书人。

支票可以背书转让，但用于支取现金的支票不能背书转让。

（二）支票的种类

支票按支付票款的方式不同，分为现金支票、转账支票和普通支票。

(1) 现金支票。支票上印有“现金”字样的为现金支票。现金支票只能用于支取现金，不能用于转账。现金支票如图2-2所示。

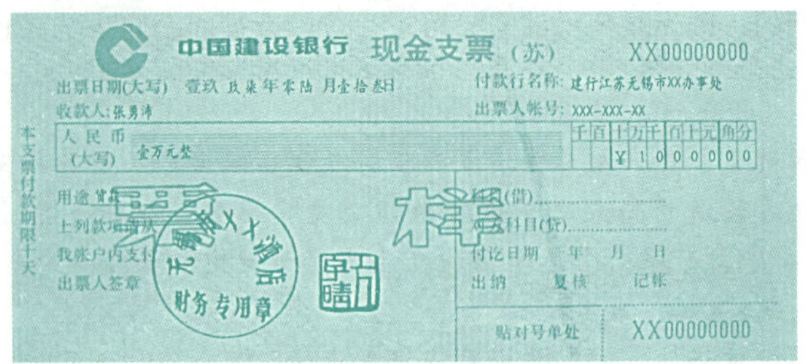

图 2-2 现金支票

（2）转账支票。支票上印有“转账”字样的为转账支票。转账支票只能用于转账，不能支取现金。转账支票如图 2-3 所示。

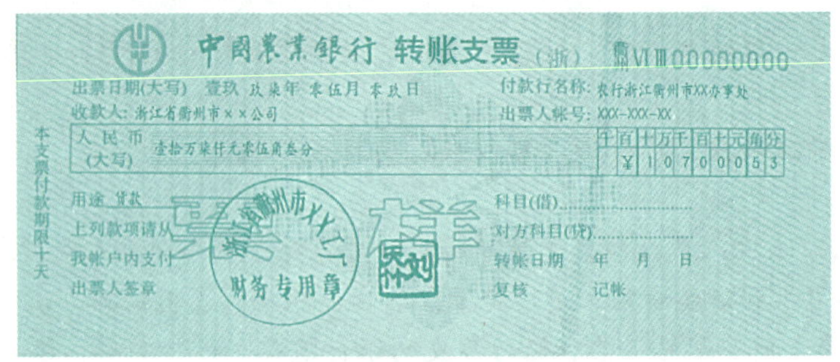

图 2-3 转账支票

（3）普通支票。支票上未印有“现金”或“转账”字样的为普通支票。普通支票可以用于支取现金，也可以用于转账。但在普通支票左上角划两条平行线的，为划线支票，只能用于转账，不能支取现金。

（三）支票的出票

1. 支票的记载事项

支票的记载事项可分为绝对记载事项、相对记载事项和非法定记载事项，如表 2-2 所示。

表 2-2 支票的记载事项

记载类型	记载事项	备注
绝对记载事项	（1）表明“支票”的字样。（2）无条件支付的委托。（3）确定的金额。（4）付款人名称。（5）出票日期。（6）出票人签章	支票金额、收款人名称可以由出票人授权补记
相对记载事项	（1）付款地。支票上未记载付款地的，付款人的营业场所为付款地。（2）出票地。支票上未记载出票地的，出票人的营业场所、住所或者经常居住地为出票地	—
非法定记载事项	支票上可以记载非法定记载事项，但这些事项并不发生支票上的效力	—

案例分析 2-7

小王给母亲现金支票一张，用途栏写明“生日快乐”。其母请求支票的付款行兑现时，银行柜台营业员拒付，理由是用途栏书写不规范。请问：银行能否拒付？

分析与提示：

根据《票据法》的规定，支票上可以记载应记载事项以外的其他出票事项，但该记载事项不具有支票上的效力。本案例中，用途栏记载事项属于非法定的其他记载事项，其记载对票据效力无影响，所以银行不能拒付。

2. 出票的效力

出票人作成支票并交付后，对出票人产生相应的法律效力。出票人必须按照签发的支票金额承担保证向持票人付款的责任。这一责任包括两项：一是出票人必须在付款人处存有足够的资金，以保证支票票款的支付；二是当付款人对支票拒绝付款时或者支票超过提示付款期限的，出票人应向持票人承担付款责任。

（四）支票的付款

支票的付款是指付款人根据持票人的请求向其支付支票金额的行为。支票属于见票即付的票据，没有到期日的规定，因而支票不得记载付款日期；记载付款日期的，该记载无效。

1. 提示付款期限

支票的持票人应在自出票日起 10 日内提示付款，但中国人民银行另有规定的除外。超过提示付款期限提示付款的，持票人开户银行不予受理，付款人不予付款。

2. 付款

出票人在付款人处的存款足以支付支票金额时，付款人应当在见票当日足额付款。持票人在提示期间内向付款人提示票据，付款人在对支票进行审查后，如未发现有不符规定之处，即应向持票人付款。

3. 付款责任的解除

付款人依法支付支票金额的，对出票人不再承担受委托付款的责任，对持票人不再承担付款的责任。但是，付款人以恶意或者有重大过失付款的除外。

（五）支票的办理要求

1. 签发支票的要求

（1）签发支票应使用碳素墨水或墨汁填写，中国人民银行另有规定的除外。

（2）签发现金支票和用于支取现金的普通支票，必须符合国家现金管理的规定。

（3）支票的出票人签发的金额不得超过付款时在付款人处实有的存款金额。禁止签发空头支票。

（4）支票的出票人预留银行的签章是银行审核支票付款的依据。银行也可以与出票人约定使用支付密码，作为银行审核支付支票金额的条件。

（5）出票人不得签发与其预留银行签章不符的支票；使用支付密码的，出票人不得签发支付密码错误的支票。

(6) 出票人签发空头支票、签章与预留银行签章不符的支票，或者在使用支付密码的地区，支付密码错误的支票，银行应予退票，并按票面金额处以 5%但不低于 1 000 元的罚款；持票人有权要求出票人赔偿支票金额 2%的赔偿金。对于屡次签发的出票人，银行应当停止其签发支票。

2. 兑付支票的要求

(1) 持票人可以委托开户银行收款或直接向付款人提示付款。用于支取现金的支票仅限于收款人向付款人提示付款。

(2) 持票人委托开户银行收款时，应作委托收款背书，在支票背面背书人签章栏签章，记载“委托收款”字样、背书日期，在背书人栏记载开户银行名称，并将支票和填制的进账单送交开户银行。

(3) 持票人持用于转账的支票向付款人提示付款时，应在支票背面背书人签章栏签章，并将支票和填制的进账单送交出票人开户银行。

(4) 收款人持用于支取现金的支票向付款人提示付款时，应在支票背面“收款人签章”处签章，持票人为个人的，还需交验本人身份证件，并在支票背面注明证件名称、号码及发证机关。

三、商业汇票

(一) 商业汇票的概念和种类

汇票分为银行汇票和商业汇票。前者是银行签发的汇票，后者是银行之外的企事业单位、机关、团体等签发的汇票。这里重点介绍商业汇票。

商业汇票是指出票人签发的、委托付款人在见票时或者在指定日期无条件支付确定的金额给收款人或持票人的票据。按承兑人不同，商业汇票可以分为商业承兑汇票和银行承兑汇票两种。商业承兑汇票由银行以外的付款人承兑，银行承兑汇票由银行承兑。商业汇票的付款人为承兑人。商业汇票的付款期限，最长不得超过 6 个月。商业汇票的提示付款期限为自汇票到期日起 10 日。

商业汇票如图 2－4 所示。

商业承兑汇票 2 XX00000000

出票日期（大写） 壹玖玖柒年 零陆月 零捌日 第 号

付款人	全称	北京市××公司	收款人	全称	天津市××公司
	帐号	XXX-XXX-XX		帐号	XXX-XXX-XX
	开户行	中行北京市XX办事处		开户行	农行天津市XX办事处 行号 3XXXX
出票金额	人民币（大写）	伍拾万元整		千百十万千百十元角分	¥50000000
汇票到期日		壹玖玖柒年零捌月零捌日			XXXX

本汇票已经承兑到期日付款

北京市××公司 财务专用章

承兑人签章

承兑日期1997年 6月 10日

本汇票请予以承兑于到期日付款

天津市××公司 财务专用章

出票人签章

此联持票人开户行随委托收款凭证寄付款人开户行

图 2－4 商业汇票

（二）商业汇票的出票

商业汇票的出票，又称汇票的签发，是指出票人签发商业汇票并将其交付给收款人的票据行为。

1. 出票人的确定

商业承兑汇票的出票人，为在银行开立存款账户的法人以及其他组织，其与付款人具有真实的委托付款关系，具有支付汇票金额的可靠资金来源。

银行承兑汇票的出票人必须具备下列三个条件：

（1）在承兑银行开立存款账户的法人以及其他组织。

（2）与承兑银行具有真实的委托付款关系。

（3）资信状况良好，具有支付汇票金额的可靠资金来源。

2. 商业汇票的记载事项

商业汇票的记载事项可分为绝对记载事项、相对记载事项和非法定记载事项，如表 2-3 所示。

表 2-3 商业汇票的记载事项

记载类型	记载事项
绝对记载事项	（1）表明商业承兑汇票或银行承兑汇票的字样。（2）无条件支付的委托。（3）确定的金额。（4）付款人名称。（5）收款人名称。（6）出票日期。（7）出票人签章
相对记载事项	（1）汇票上未记载付款日期的，见票即付。（2）汇票上未记载付款地的，以付款人的营业场所、住所或者经常居住地为付款地。（3）汇票上未记载出票地的，以出票人的营业场所、住所或者经常居住地为出票地
非法定记载事项	汇票上可以记载非法定记载事项，但这些事项并不发生汇票上的效力

3. 商业汇票出票的效力

出票人完成商业汇票出票行为之后，即产生票据上的效力。这一效力表现为创设票据权利和引起票据债务的发生，这种权利义务关系因汇票当事人的地位不同而不同。

（1）对收款人的效力。收款人取得出票人发出的汇票后，即取得票据权利，一方面就票据金额享有付款请求权，另一方面在该请求权不能满足时，即享有追索权。同时，收款人享有依法转让票据的权利。

（2）对付款人的效力。出票行为是单方行为，付款人并不因此而有付款义务。只是基于出票人的付款委托使其具有承兑人的地位，在其对汇票进行承兑后，即成为汇票上的主债务人。

（3）对出票人的效力。出票人签发汇票后，即承担保证该汇票承兑和付款的责任。出票人在汇票得不到承兑或者付款时，应当向持票人清偿法律规定的金额和费用。从法律上讲，这是一种担保责任，即担保汇票的承兑和付款。

（三）商业汇票的承兑

商业汇票的承兑

承兑是指商业汇票付款人承诺在汇票到期日支付汇票金额的票据行为。承兑是汇票特有的制度，其他票据都没有承兑。承兑是一种附属票据行为，它以出票行为的成立为前提，承兑行为必须在有效的汇票上进行才能生效；

承兑是一种要式法律行为，必须依据《票据法》的规定作成并交付。承兑是持票人行使票据权利的一个重要程序，持票人只有在付款人作出承兑后，其付款请求权才能得以确定。商业承兑汇票可以由付款人签发并承兑，也可以由收款人签发交由付款人承兑。

1. 承兑的程序

承兑的程序主要包括两个方面：一是提示承兑；二是承兑成立。

（1）提示承兑。

提示承兑是指持票人向付款人出示汇票，并要求付款人承诺付款的行为。它是汇票中特有的票据行为。因汇票付款日期的形式不同，提示承兑的期限也不一样。

1）定日付款或者出票后定期付款的商业汇票，持票人应当在汇票到期日前向付款人提示承兑。这两类汇票的提示承兑期限实际是指从出票人出票日起至汇票到期日止。在此期间，持票人应当向付款人提示承兑，否则，即丧失对其前手的追索权。

2）见票后定期付款的汇票，持票人应当自出票日起 1 个月内向付款人提示承兑。该种汇票是以见票日为起算日期来确定的，汇票不经提示承兑，就无法确定见票日，也就无法确定付款日期，从而持票人便无法行使票据权利。

3）见票即付的汇票无须提示承兑。这种汇票主要包括两种：一是汇票上明确记载有“见票即付”的汇票；二是汇票上没有记载付款日期，根据法律规定直接视为见票即付的汇票。

（2）承兑成立。

1）承兑时间。付款人对向其提示承兑的汇票，应当自收到提示承兑的汇票之日起 3 日内承兑或者拒绝承兑。付款人在 3 日内不作承兑与否表示的，则应视为拒绝承兑。

2）接受承兑。付款人收到持票人提示承兑的汇票时，应当向持票人签发收到汇票的回单。回单上应当记明汇票提示承兑日期并签章。

3）承兑的格式。付款人承兑汇票的，应当在汇票正面记载承兑字样和承兑日期并签章；见票后定期付款的汇票，应当在承兑时记载付款日期。汇票上未记载承兑日期的，以前述第 1）条所规定期限的最后一日为承兑日期。

4）退回已承兑的汇票。付款人依承兑格式填写完毕应记载事项后，并不意味着承兑生效，只有在其已承兑的汇票退回持票人时才产生承兑的效力。

2. 承兑的效力

承兑生效后，即对付款人产生相应的法律效力。付款人承兑汇票后，应当承担到期付款的责任。商业承兑汇票可以在出票时向付款人提示承兑后使用，也可以在出票后先使用再向付款人提示承兑。这一期间的责任，具体表现在：

（1）承兑人于汇票到期日必须向持票人无条件地支付汇票上的金额，否则其必须承担延迟付款的责任。

（2）承兑人必须对汇票上的一切权利人承担责任，该权利人包括付款请求权人和追索权人。

（3）承兑人不得以其与出票人之间的资金关系来对抗持票人，拒绝支付汇票金额。

（4）承兑人的票据责任不因持票人未在法定期限提示付款而解除。

3. 承兑不得附有条件

付款人承兑商业汇票，不得附有条件；承兑附有条件的，视为拒绝承兑。这就是说，付款人作出的承兑是无条件的。持票人可以请求作成拒绝证明，向其前手行使追索权。银行承兑汇票的承兑银行，应当按照票面金额向出票人收取万分之五的手续费。

（四）商业汇票的付款

商业汇票的付款是指付款人依据票据文义支付票据金额，以消灭票据关系的行为。

1. 提示付款

提示付款是指持票人向付款人或承兑人出示票据，请求付款的行为。持票人只有在法定期限内提示付款的，才产生法律效力。

《票据法》规定，持票人应当按照下列法定期限提示付款：

（1）见票即付的汇票，持票人应当自出票日起1个月内向付款人提示付款。

（2）定日付款、出票后定期付款或者见票后定期付款的汇票，自汇票到期日起10日内向承兑人提示付款。

持票人未按照前款规定期限提示付款的，在作出说明后，承兑人或者付款人仍应当继续对持票人承担付款责任。通过委托收款银行或者通过票据交换系统向付款人提示付款的，视同持票人提示付款。

2. 支付票款

持票人依照上述规定向承兑人或付款人进行提示付款的，付款人必须无条件地在当日按票据金额足额支付给持票人。持票人获得付款的，应当在汇票上签收，并将汇票交给付款人。持票人委托银行收款的，受委托的银行将代收的汇票金额转账收入持票人账户，视同签收。

3. 付款的效力

付款人依法足额付款后，全体汇票债务人的责任解除。

（五）商业汇票的背书

商业汇票的背书

商业汇票的背书是指持票人可以将汇票权利转让给他人或者以将一定的汇票权利授予他人行使为目的，按照法定的事项和方式在商业汇票背面或者粘单上记载有关事项并签章的票据行为。出票人在汇票上记载“不得转让”字样的，汇票不得背书转让。

1. 背书的形式

背书是一种要式行为，因此必须符合法定的形式，即其必须作成背书并交付，才能有效成立。

（1）背书签章和背书日期的记载。背书由背书人签章并记载背书日期。未签章的，背书行为无效。背书未记载日期的，视为在汇票到期日前背书。

（2）被背书人名称的记载。汇票背书转让或者以背书的方式将一定的汇票权利授予他人行使时，必须记载被背书人名称。如果背书人未记载被背书人名称即将票据交付他人，持票人在票据被背书人栏内填上自己的名称与被背书人记载具有同等法律效力。

（3）禁止背书的记载。背书人在汇票上记载“不得转让”字样，其后手再背书转让的，原背书人对后手的被背书人不承担保证责任。

（4）背书时粘单的使用。票据凭证不能满足背书人记载事项的需要，可以加附粘单，黏附于票据凭证上。为了保证粘单的有效性和真实性，粘单上的第一记载人，应当在汇票和粘单的粘接处签章，否则该粘单记载的内容即为无效。

（5）背书不得附有条件。背书时附有条件的，所附条件不具有汇票上的效力。不得部分背书，即将汇票金额的一部分转让的背书或者将汇票金额分别转让给两人以上的背书无效。

2. 背书连续

背书连续是指在票据转让中，转让汇票的背书人与受让汇票的被背书人在汇票上的签章依次前后衔接。如果背书不连续，付款人可以拒绝向持票人付款，否则付款人需自行承担责任。

背书连续主要是指背书在形式上连续，如果背书在实质上不连续，如有伪造签章等，付款人仍应向持票人付款。

3. 法定禁止背书

法定禁止背书是指根据《票据法》的规定而禁止背书转让的情形。《票据法》规定，汇票被拒绝承兑、被拒绝付款或者超过提示付款期限的，不得背书转让；背书转让的，背书人应当承担汇票责任。

（六）商业汇票的保证

1. 保证的当事人

保证的当事人为保证人和被保证人。商业汇票的债务可以由保证人承担保证责任，但保证人不应是已成为票据债务人的人。

2. 保证的格式

保证人在办理保证时，必须在汇票或者粘单上记载下列事项：

（1）表明“保证”的字样。

（2）保证人名称和住所。

（3）被保证人的名称。

（4）保证日期。

（5）保证人签章。

票据保证必须作成于汇票或粘单之上。保证是一种书面行为，如果另行签订保证合同或者保证条款，不属于票据保证，而应当适用《中华人民共和国担保法》的有关规定。

票据保证记载的事项，有绝对记载事项和相对记载事项。其中，绝对记载事项包括保证文字和保证人签章两项；相对记载事项包括被保证人的名称、保证日期和保证人住所。

为出票人、承兑人保证的，则应记载于汇票的正面；如果是为背书人保证，则应记载于汇票的背面或粘单上。

保证不得附有条件；附有条件的，不影响对汇票的保证责任。

3. 保证的效力

保证一旦成立，即在保证人与被保证人之间产生法律效力，保证人必须对保证行为承担相应的责任。

（1）保证人责任。保证人对合法取得汇票的持票人所享有的汇票权利承担保证责任。

但是，被保证人的债务因汇票记载事项欠缺而无效的除外。

（2）共同保证人的责任。共同保证是指保证人为两人以上的保证。保证人为两人以上的，保证人之间承担连带责任。

（3）保证人的追索权。保证人清偿汇票债务后，可以行使持票人对被保证人及前手的追索权。

四、银行汇票

（一）银行汇票的概念和适用范围

银行汇票是由出票银行签发的，在见票时按照实际结算金额无条件支付给收款人或者持票人的票据。单位和个人在异地、同城或同一票据交换区域的各种款项结算，均可使用银行汇票。

银行汇票一式四联：第一联为卡片，在承兑行支付票款时用作付出传票；第二联为银行汇票，与第三联解讫通知一并由汇款人自带，在兑付行兑付汇票后此联做联行往来账付出传票；第三联为解讫通知，在兑付行兑付后随报单寄签发行，由签发行做余款收入传票；第四联为多余款通知，并在签发行结清后交付汇款人。

（二）银行汇票的记载事项

银行汇票的记载事项有：（1）表明“银行汇票”的字样。（2）无条件支付的承诺。（3）确定的金额。（4）付款人名称。（5）收款人名称。（6）出票日期。（7）出票人签章。

汇票上未记载上述事项之一的，汇票无效。

（三）银行汇票的基本规定

（1）银行汇票可以用于转账，标明现金字样的“银行汇票”也可以提取现金。

（2）银行汇票的付款人为银行汇票的出票银行，银行汇票的付款地为代理付款人或出票人所在地。

（3）银行汇票的出票人在票据上的签章，应为经中国人民银行批准使用的该银行汇票专用章加其法定代表人或其授权经办人的签名或者盖章。

（4）银行汇票的提示付款期限自出票日起一个月内。持票人超过付款期限提示付款的，代理付款人（银行）不予受理。

（5）银行汇票可以背书转让，但填明“现金”字样的银行汇票不得背书转让。银行汇票的背书转让以不超过出票金额的实际结算金额为准。未填写实际结算金额或实际结算金额超过出票金额的银行汇票不得背书转让。

（6）填明“现金”字样和代理付款人的银行汇票丧失，可以由失票人通知付款人或者代理付款人挂失止付。

（7）银行汇票丧失，失票人可以凭人民法院出具的其享有票据权利的证明，向出票银行请求付款或退款。

（四）银行汇票申办和兑付的基本程序和规定

1. 申办银行汇票的基本程序和规定

（1）申请人使用银行汇票，应向出票银行填写“银行汇票申请书”，填明收款人名称、汇票金额、申请人名称、申请日期等事项并签章，其签章为预留银行印鉴。申请人或收款人为单位的，不得在“银行汇票申请书”上填明“现金”字样。

（2）出票银行受理银行汇票申请书，收妥款项后签发银行汇票，并用压数机压印出票金额，将银行汇票和解讫通知一并交给申请人。

（3）申请人应将银行汇票和解讫通知一并交付给汇票上记载的收款人。

（4）申请人因银行汇票超过付款提示期限或其他原因要求退款时，应将银行汇票和解讫通知同时提交出票银行，并提供本人身份证件或单位证明。

2. 兑付银行汇票的基本程序和规定

（1）收款人受理银行汇票依法审查无误后，应在出票金额以内，根据实际需要的款项办理结算，并将实际结算金额和多余金额填入银行汇票和解讫通知的有关栏内。未填明实际结算金额和多余金额或实际结算金额超过出票金额的，银行不予受理。银行汇票的实际结算金额不得更改，更改实际结算金额的银行汇票无效。

（2）持票人向银行提示付款时，必须同时提交银行汇票和解讫通知，缺少任何一联，银行不予受理。

（3）持票人超过提示付款期限向代理付款银行提示付款不获付款的，必须在票据权利时效内向出票银行作出说明，并提供本人身份证件或单位证明，持银行汇票和解讫通知向出票银行请求付款。

五、银行本票

（一）银行本票的概念

银行本票是出票人签发的、承诺自己在见票时无条件支付确定的金额给收款人或者持票人的票据。

（二）银行本票的适用范围

单位和个人在同一票据交换区域需要支付的各种款项，均可以使用银行本票。银行本票可以用于转账，注明“现金”字样的银行本票可以用于支取现金。

（三）银行本票的记载事项

银行本票必须记载下列事项：表明“银行本票”的字样；无条件支付的承诺；确定的金额；收款人名称；出票日期；出票人签章。欠缺上列六项内容之一的，银行本票无效。申请人或收款人为单位的，不得申请签发现金银行本票。

本票的任意记载事项与汇票的事项相同，目的均在于提高本票的信用和保证其流通的顺利进行。

（四）银行本票的提示付款期限

银行本票的提示付款期限自出票日起最长不得超过2个月。持票人超过付款期限提示付款的，代理付款人不予受理。本票的持票人未按照规定期限提示见票的，丧失对出票人以外的前手的追索权。

六、本票、汇票和支票的相同点和不同点

（一）相同点

1. 具有同一性质

（1）都是设权有价证券。即票据持票人凭票据上所记载的权利和内容，来证明其票据权利以取得财产。

（2）都是要式证券。票据的格式由法律严格规定，不遵守格式对票据的效力有一定的影响。

（3）都是文义证券。票据权利的内容以及票据有关的一切事项都以票据上记载的文字为准，不受票据上文字以外事项的影响。

（4）都是可以流通转让的证券。作为流通证券的票据，可以经过背书转让等自由转让与流通。

（5）都是无因证券。即票据上权利的存在只依票据本身上的文字确定，权利人享有票据权利只以持有票据为必要，至于权利人取得票据的原因、票据权利发生的原因均不可问。

2. 具有相同的票据功能

（1）汇兑功能。凭借票据的这一功能，解决两地之间现金支付在空间上的障碍。

（2）信用功能。票据的使用可以解决现金支付在时间上的障碍。票据本身不是商品，它是建立在信用基础上的书面支付凭证。

（3）支付功能。票据的使用可以解决现金支付在手续上的麻烦。票据通过背书可多次转让，在市场上成为一种流通、支付工具，减少现金的使用。

（二）不同点

（1）本票是自付证券，约定本人付款；汇票是委托证券，委托他人付款；支票是委托证券，但受托人只限于银行或其他法定金融机构。

（2）付款期限不同。本票的提示付款期限为出票日起2个月，支票的提示付款期限为出票日起10天，银行汇票的提示付款期限为出票日起1个月，商业汇票的提示付款期限为到期日起10日，见票即付的商业汇票的提示付款期限为出票日起1个月。

※ 练习题 ※

在线测试

一、单项选择题

1. 根据《票据法》的规定，汇票上可以记载非法定事项。下列各项中，属于非法定记载事项的是（　　）。

A. 出票人签章　　B. 出票地

C. 付款地　　D. 签发票据的用途

2. 某公司签发一张商业汇票。根据《票据法》的规定，该公司的下列签章行为中，正确的是（　　）。

A. 公司盖章

B. 公司法定代表人李某盖章

C. 公司法定代表人李某签名加盖章

D. 公司盖章加公司法定代表人李某盖章

3. 根据《票据法》的规定，下列关于汇票的表述中，不正确的是（　　）。

A. 到期日是汇票的绝对记载事项

B. 汇票无须承兑

C. 汇票的基本当事人只有收款人和付款人

D. 汇票可以背书转让

4. 根据票据法律制度的规定，下列各项中，不属于支票绝对记载事项的是（　　）。

A. 无条件支付的委托　　B. 付款人名称

C. 出票地　　D. 出票日期

5. 下列各项中，属于票据基本当事人的是（　　）。

A. 出票人　　B. 承兑人　　C. 保证人　　D. 背书人

6. 见票即付的商业汇票，自出票日起（　　）内向付款人提示付款。

A. 10 天　　B. 1 个月　　C. 2 个月　　D. 6 个月

7. 下列票据中，不属于《票据法》调整范围的是（　　）。

A. 汇票　　B. 本票　　C. 支票　　D. 发票

8. 支票的有效期限为（　　）天。

A. 5　　B. 10　　C. 15　　D. 20

9. 根据票据法律制度的规定，支票的下列记载事项中，可由出票人授权补记的是（　　）。

A. 付款人名称　　B. 出票日期　　C. 收款人名称　　D. 出票人签章

10. 只能支取现金，不能转账的支票是（　　）。

A. 现金支票　　B. 转账支票　　C. 普通支票　　D. 划线支票

11. 不论是单位还是个人，都不能签发（　　）。

A. 现金支票　　B. 转账支票　　C. 普通支票　　D. 空头支票

12. 商业汇票的付款期限，最长不得超过（　　）。

A. 3 个月　　B. 4 个月　　C. 6 个月　　D. 8 个月

13. 出票人签发空头支票，银行应予退票，并按票面金额处以（　　）的罚款。

A. 2%但不低于 1 000 元　　B. 5%但不低于 1 000 元

C. 5%但不低于 2 000 元　　D. 5%但不低于 10 000 元

14. 商业汇票保证人在办理保证手续时，可以不予记载的事项是（　　）。

A. 保证人的名称　　B. 保证人的住所　　C. 保证日期　　D. 保证地点

15. 商业汇票的提示付款期限为自汇票到期日起（　　）。

A. 10 天　　B. 1 个月　　C. 2 个月　　D. 6 个月

二、多项选择题

1. 下列各种票据中，属于《票据法》调整范围的有（　　）。

A. 汇票　　B. 本票　　C. 发票　　D. 支票

2. 根据《票据法》的规定，下列各项中，属于票据行为的有（　　）。

A. 出票　　B. 背书　　C. 承兑　　D. 保证

3. 根据《票据法》的规定，下列各项中，可以导致汇票无效的情形有（　　）。

A. 汇票上未记载付款日期

B. 汇票上未记载出票日期

C. 汇票上未记载收款人名称

D. 汇票金额的中文大写和阿拉伯数码记载不一致

4. 根据《票据法》的规定，下列属于支票绝对记载事项的有（　　）。

A. 付款人名称　　B. 确定的金额　　C. 付款地　　D. 出票日期

5. 票据具有的功能包括（　　）。

A. 支付功能　　B. 汇兑功能　　C. 信用功能　　D. 融资功能

6. 下列属于商业汇票必须记载的事项的有（　　）。

A. 出票日期　　B. 出票人签章　　C. 无条件支付委托　　D. 收款人名称

7. 关于支票的办理和使用要求，下列表述正确的有（　　）。

A. 出票人不得签发与其预留银行签章不符的支票

B. 出票人签发空头支票，银行应予以退票，并按票面金额处以 5%但不高于 1 000 元的罚款

C. 持票人可以委托开户银行收款或直接向付款人提示付款

D. 签发支票应使用碳素墨水或墨汁填写，中国人民银行另有规定的除外

8. 票据的基本当事人包括（　　）。

A. 出票人　　B. 收款人　　C. 付款人　　D. 承兑人

9. 下列项目中，属于银行汇票的绝对记载事项的有（　　）。

A. 无条件的承诺　　B. 确定的金额　　C. 付款人名称　　D. 出票日期

10. 下列关于票据的表述中，正确的有（　　）。

A. 票据是债券凭证　　B. 票据是金钱凭证

C. 票据是设权证券　　D. 票据是文义证券

11. 下列关于支票的表述中，正确的有（　）。

A. 转账支票只能用于转账，不得支取现金

B. 在特定条件下，可以签发空头支票

C. 普通支票既可用于支取现金，也可用于转账

D. 支票的提示付款期为自出票日起 7 日

12. 下列关于支票的说法正确的有（　）。

A. 现金支票只能支取现金　　B. 转账支票只能转账

C. 普通支票可以支取现金，也可以转账　　D. 划线支票只能转账，不能支取现金

13. 下列关于商业汇票的表述，正确的有（　）。

A. 异地、同城均可使用

B. 商业汇票可以背书转让

C. 商业汇票可以用于支取现金

D. 定日付款的商业汇票的提示付款期限为自出票日起 1 个月

14. 支票的记载事项必须包括（　）。

A. 表明"支票"的字样　　B. 无条件支付的委托

C. 确定的金额　　D. 转让背书

15. 下列各项中，属于票据非基本当事人的有（　）。

A. 出票人　　B. 承兑人　　C. 付款人　　D. 保证人

16. 下列关于票据签章当事人的表述中，正确的有（　）。

A. 票据签发时，由出票人签章　　B. 票据转让时，由被背书人签章

C. 票据承兑时，由承兑人签章　　D. 票据保证时，由保证人签章

17. 根据《票据法》的规定，下列各项中，属于票据丧失后可以采取的补救措施的有（　）。

A. 挂失止付　　B. 公示催告　　C. 普通诉讼　　D. 仲裁

18. 票据权利是指票据持票人向票据债务人请求支付票据金额的权利，包括（　）。

A. 诉讼权　　B. 融资权　　C. 付款请求权　　D. 追索权

19. 下列票据中，可以背书转让的有（　）。

A. 商业汇票　　B. 银行本票　　C. 银行汇票　　D. 支票

20. 下列票据中，可以支取现金的有（　）。

A. 商业汇票　　B. 银行本票　　C. 银行汇票　　D. 支票

三、判断题

1. 背书人是指被记名受让票据或接受票据转让的人。（　）

2. 以背书转让的汇票，背书应当连续。（　）

3. 银行汇票可以背书转让，但填明"现金"字样的银行汇票不得背书转让。（　）

4. 划线支票只能支取现金，不得用于转账。（　）

5. 支票提示付款期限为自出票日起10日，但中国人民银行另有规定的除外。(　　)

6. 承兑是商业汇票特有的制度，其他票据都没有承兑。(　　)

7. 票据所记载的金额必须由出票人自行支付。(　　)

8. 票据是一种不可转让证券。(　　)

9. 支票是指由出票人签发的、委托办理支票存款业务的银行在见票时有条件支付确定金额给收款人或持票人的票据。(　　)

10. 甲公司收到乙公司一张支票，该支票记载了“不得转让”字样。该记载事项不影响甲公司将该支票背书转让。(　　)

11.《票据法》规定，对出票金额、出票日期、收款人名称进行更改的票据，为无效票据。(　　)

12. 挂失止付并不是票据丧失后票据权利补救的必经程序，它仅仅是失票人在丧失票据后可以采取的一种暂时的预防措施。(　　)

13. 票据责任是指票据债务人向持票人支付票据金额的义务。(　　)

14. 支票只能在本省、自治区、直辖市范围内使用。(　　)

15. 银行汇票可以用于转账，标明现金字样的“银行汇票”也可以提取现金。(　　)

四、案例分析题

1. A公司向B公司购买一批货物，于2020年8月20日签发一张转账支票给B公司用于支付货款，但A公司在支票上未记载收款人名称，约定由B公司自行填写。B公司取得支票后，在支票收款人处填写上B公司名称，并于2020年8月26日将该支票背书转让给C公司。C公司于2020年9月1日向付款银行提示付款。已知A公司在付款银行的存款足以支付支票金额。

根据上述情况，回答以下问题：

(1) A公司签发的未记载收款人名称的支票是否有效？简要说明理由。

(2) A公司签发的支票能否向付款银行支取现金？简要说明理由。

(3) 付款银行能否拒绝向C公司付款？简要说明理由。

2. 甲公司为了向乙公司购买一批货物，于2020年3月11日签发一张同城转账支票给乙公司用于支付货款。乙公司于同年3月13日将该支票背书转让给丙公司。之后，甲、乙公司之间的买卖合同解除。

根据上述情况，回答以下问题：

(1) 持票人丙公司能否要求付款银行支付现金？为什么？

(2) 付款银行能否以甲、乙公司之间的买卖合同解除为理由拒绝向丙公司付款？为什么？

(3) 丙公司于3月23日向付款银行提示付款，银行能否拒绝付款？为什么？

3. 某日，一位青年手持一张空白转账支票来到某市电子商厦购货，售货人员发货以后，以此转账支票前往银行转账，但是，因为票据文字书写错误遭到银行退票。商厦售货人员遂按支票上的印鉴找到开具支票的某商务公司，但是，商务公司否认曾来商厦购买大宗物件，声称这张中国银行 1-1233140 号转账支票已经声明作废，拒绝支付货款。经查，这张空白转账支票是该商务公司为报关而开具，一个月前遗失，商务公司曾经登报声明作废。但是，支票已经被人捡拾冒用。电子商厦因向商务公司追讨货款不成，随即起诉商务公司。

根据上述情况，回答以下问题：

(1) 根据我国《票据法》的规定，商务公司对于丢失的支票可以采取哪些补救措施？

(2) 本案中的商务公司是否应当承担票据责任？为什么？

4. 汇明公司在甲银行开立基本存款账户。2020 年 7 月，汇明公司发生的结算业务如下：

(1) 7 月 3 日，汇明公司与乙银行签订短期借款合同后，持相关开户资料向乙银行申请开立了一般存款账户。

(2) 7 月 8 日，汇明公司派出纳王某到乙银行购买现金支票并办理提取现金业务。

(3) 7 月 10 日，汇明公司出纳王某填写一张金额为 420 000 元的转账支票（以下简称 A 支票）交采购员李某支付洪鑫公司货款。由于粗心，王某误将收款人“洪鑫公司”写为“洪金公司”；李某发现后，要求王某更正；王某随即将支票上的“金”改为“鑫”，并在更正处盖章。李某将该支票交给了洪鑫公司。

(4) 7 月 14 日，洪鑫公司将 A 支票退回，要求汇明公司重新签发一张转账支票。出纳王某重新填写了一张转账支票（以下简称 B 支票）交给洪鑫公司。当日，洪鑫公司持 B 支票到甲银行办理支票转账，甲银行审核 B 支票时发现汇明公司银行存款账户余额不足以支付支票金额，遂将 B 支票退还给洪鑫公司，并提请中国人民银行对汇明公司予以处罚。洪鑫公司持退回的 B 支票要求汇明公司付款并予以赔偿，汇明公司承诺在 7 月 17 日前支付洪鑫公司货款。

(5) 7 月 15 日，为筹集资金，汇明公司将一张银行承兑汇票向甲银行申请办理贴现。该汇票出票日期为 2020 年 4 月 25 日，到期日为 2020 年 7 月 25 日，金额为 100 000 元。汇明公司将实际获得的贴现票据款存入其在甲银行的基本存款账户。

(6) 7 月 17 日，洪鑫公司持 B 支票到甲银行办理支票转账，取得了货款。

已知：甲银行年贴现利率为 2.16%，经计算并确定的贴现天数为 10 天，一年按 360 天计算。

根据上述情况，回答以下问题：

(1) 汇明公司在乙银行开立一般存款账户是否符合法律规定？说明理由。

(2) 汇明公司到乙银行购买现金支票并办理提取现金业务是否符合法律规定？说明理由。

(3) 汇明公司出纳王某更改 A 支票收款人“洪金公司”为“洪鑫公司”的做法是否符合法律规定？说明理由。

(4) 汇明公司银行存款账户余额不足，仍然签发 B 支票给洪鑫公司导致洪鑫公司不能如期取得 B 支票款项，属于什么行为？中国人民银行可以对其予以何种处罚？洪鑫公司是否有权要求汇明公司予以赔偿？说明理由。

(5) 计算汇明公司办理银行承兑汇票贴现时，向银行支付的贴现利息和实际获得的贴现金额，并列出计算过程。

第五节　银行卡

一、银行卡的概念和种类

（一）银行卡的概念

银行卡是指经批准由商业银行（含邮政金融机构）向社会发行的具有消费信用、转账结算、存取现金等全部或部分功能的信用支付工具。

银行卡因其具有的携带便利、使用简单、集多功能为一体的特点，在社会经济活动中的应用日益广泛。

（二）银行卡的种类

1. 按照发行主体是否在境内分为境内卡和境外卡

境内卡是指由境内商业银行发行的，既可以在境内使用，也可以在境外使用的银行卡。境内卡按照发行对象的不同，分为个人卡和单位卡。境外卡是指由境外设立的外资金融机构或外资非金融机构发行的，可以在境内使用的银行卡。

2. 按照是否给予持卡人授信额度分为信用卡和借记卡

信用卡是指发卡银行向持卡人签发的、给予持卡人一定信用额度，持卡人可以在信用额度内先消费、后还款的银行卡。信用卡按照是否向发卡银行交存备用金分为贷记卡和准贷记卡。贷记卡是指发卡银行给予持卡人一定信用额度，持卡人可以在信用额度内先消费、后还款的信用卡，它具有透支消费、期限内还款可免息、卡内存款不计付利息等特点。准贷记卡是指持卡人必须先按照发卡银行要求交存一定金额的备用金，当备用金余额不足支付时，可以在规定的信用额度内透支的信用卡。

信用卡如图 2－5 所示。

借记卡是指发卡银行向持卡人签发的、没有信用额度，持卡人先存款、后使用的银行卡。

3. 按照账户币种的不同分为人民币卡、外币卡和双币种卡

人民币卡是指存款、信用额度均为人民币，并且应当以人民币偿还的银行卡；外币卡是指存款、信用额度均为外币，并且应当以外币偿还的银行卡；双币种卡是指存款、信用额度同时具有人民币和外币两个账户的银行卡。

4. 按信息载体不同分为磁条卡和芯片卡

磁条卡是以液体磁性材料或磁条为信息载体，将液体磁性材料涂覆在卡片上（如存折）或将磁条压贴在卡片上。芯片卡容量大，其工作原理类似于微型计算机，能够同时具备多种功能。

图 2-5 信用卡

二、银行卡账户与交易

（一）银行卡交易的基本规定

（1）单位人民币卡可办理商品交易和劳务供应款项的结算，但不得透支。单位卡不得支取现金。

（2）发卡银行对贷记卡的取现应当每笔进行授权，每卡每日累计取现不得超过限定额度（2 万元）。

（3）发卡银行应当依照法律规定遵守信用卡业务风险控制指标。同一持卡人单笔透支发生额个人卡不得超过 2 万元（含等值外币）。

（4）准贷记卡的透支期限最长为 60 天。贷记卡的首月最低还款额不得低于其当月透支余额的 10%。

（5）发卡银行通过下列途径追偿透支款项和诈骗款项：扣减持卡人保证金、依法处理抵押物和质押物；向保证人追索透支款项；通过司法机关的诉讼程序进行追偿。

（二）银行卡的资金来源

单位卡在使用过程中，需要向其账户续存资金的，一律从其基本存款账户转账存入，不得缴存现金，不得将销货收入的款项存入其账户。

个人卡在使用过程中，需要向其账户续存资金的，只限于持卡人的现金、工资性款项，以及属于个人的劳务报酬收入转账存入，严禁将单位的款项存入个人卡账户。

（三）银行卡的计息和收费

1. 计息

（1）发卡银行对准贷记卡及借记卡（不含储值卡）账户内的存款，按照中国人民银行规定的同期同档次存款利率及计息办法计付利息。

(2) 发卡银行对贷记卡账户的存款、储值卡（含 IC 卡的电子钱包）内的币值不计付利息。

(3) 贷记卡持卡人非现金交易享受如下优惠条件：

第一，免息还款期待遇。银行记账日至发卡行规定的到期还款日之间为免息还款期，最长为 60 天。

第二，最低还款额待遇。持卡人在到期还款日前偿还所使用全部银行款项有困难的，可按发卡行规定的最低还款额还款。

贷记卡选择最低还款或超过批准的信用额度用卡，不得享受免息还款期待遇。贷记卡支取现金、准贷记卡透支，不享受免息还款期和最低还款额待遇。贷记卡透支按月计收复利，准贷记卡按月计收单利。透支利率为日利率 0.05%。

2. 收费

收费是指商业银行办理银行卡收单业务向商户收取结算手续费。

（四）银行卡的申领、注销和挂失

1. 银行卡的申领

凡在中国境内金融机构开立基本存款账户的单位，可凭中国人民银行核发的开户许可证申领单位卡。单位卡可申领若干张，持卡人资格由申领单位法定代表人或其委托的代理人书面指定和注销。凡具有完全民事行为能力的公民，可凭本人有效身份证件及发卡银行规定的相关证明文件申领个人卡。个人卡的主卡持卡人，可为其配偶及年满 18 周岁的亲属申领附属卡，申领的附属卡最多不得超过两张，也有权要求注销其附属卡。

2. 银行卡的注销

持卡人在还清全部交易款项、透支本息和有关费用后，有下列情形之一的，可申请办理销户：

(1) 信用卡有效期满 45 天后，持卡人不更换新卡的。

(2) 信用卡挂失满 45 天后，没有附属卡又不更换新卡的。

(3) 信用卡被列入止付名单，发卡银行已收回其信用卡 45 天的。

(4) 持卡人死亡，发卡银行已收回其信用卡 45 天的。

(5) 持卡人要求销户或担保人撤销担保，并已交回全部信用卡 45 天的。

(6) 信用卡账户两年（含）以上未发生交易的。

(7) 持卡人违反其他规定，发卡银行认为应该取消资格的。

销户时，单位卡账户余额转入其基本存款账户，不得提取现金；个人卡账户可以转账结清，也可以提取现金。发卡银行办理销户，应当收回银行卡。

3. 银行卡的挂失

持卡人丧失银行卡，应立即持本人身份证件或其他有效证明，并按规定提供有关情况，向发卡银行或代办银行申请挂失。

※ 练习题 ※

在线测试

一、单项选择题

1. 银行卡分为信用卡和借记卡是按（　　）分类的。

A. 使用对象　　B. 授信额度
C. 币种　　D. 信息载体

2. 同一持卡人单笔透支发生额个人卡不得超过（　　）（含等值外币）。

A. 1 万元　　B. 2 万元　　C. 3 万元　　D. 4 万元

3. 银行记账日至发卡行规定的到期还款日之间为免息还款期，最长为（　　）。

A. 30 天　　B. 60 天　　C. 90 天　　D. 180 天

4. 发卡银行给予持卡人一定信用额度，持卡人可以在信用额度内先消费、后还款的信用卡称为（　　）。

A. 借记卡　　B. 贷记卡　　C. 准贷记卡　　D. 人民币卡

5. 贷记卡的首月最低还款额不得低于其当月透支余额的（　　）。

A. 10%　　B. 15%　　C. 20%　　D. 25%

二、多项选择题

1. 下列关于信用卡的说法，正确的有（　　）。

A. 单位信用卡资金可以来源于销货款存入
B. 个人信用卡的资金可以来源于工资收入、劳务报酬所得等
C. 准贷记卡的透支期限最长不超过 60 天
D. 发卡银行对于贷记卡中的存款不计付利息

2. 银行卡按照是否给予持卡人授信额度分为（　　）。

A. 信用卡　　B. 借记卡　　C. 准贷记卡　　D. 双币种卡

3. 银行卡按信息载体不同分为（　　）。

A. 信用卡　　B. 借记卡　　C. 磁条卡　　D. 芯片卡

4. 下列关于银行卡申请的说法正确的有（　　）。

A. 凡在中国境内金融机构开立基本存款账户的单位，可凭中国人民银行核发的开户许可证申领单位卡
B. 单位卡可申领若干张
C. 凡具有完全民事行为能力的公民，可凭本人有效身份证件及发卡银行规定的相关证明文件申领个人卡准贷记卡
D. 个人卡的附属卡最多不得超过两张

5. 有下列情形之一的，可申请办理销户的有（　　）。

A. 信用卡有效期满 45 天后，持卡人不更换新卡的
B. 信用卡挂失满 45 天后，没有附属卡又不更换新卡的

C. 持卡人死亡，发卡银行已收回其信用卡 45 天的

D. 信用卡账户两年（含）以上未发生交易的

6. 发卡银行通过下列途径追偿透支款项和诈骗款项的有（　　）。

A. 扣减持卡人保证金

B. 向保证人追索透支款项

C. 通过司法机关的诉讼程序进行追偿

D. 扣减保证金、依法处理持卡人抵押物和质押物

三、判断题

1. 单位卡在使用过程中，需要向其账户续存资金的，一律从其基本存款账户转账存入。（　　）

2. 信用卡是指发卡银行向持卡人签发的、给予持卡人一定信用额度，持卡人可以在信用额度内先消费、后还款的银行卡。（　　）

3. 贷记卡是指持卡人必须先按照发卡银行要求交存一定金额备用金的信用卡。（　　）

4. 单位卡既可以转账，也可以支取现金。（　　）

5. 严禁将单位的款项存入个人卡账户。（　　）

第六节　其他结算方式

一、汇兑

（一）汇兑的概念和分类

汇兑是汇款人委托银行将其款项支付给异地收款人的一种结算方式。单位和个人的各种款项的结算，均可使用汇兑结算方式。

根据支付方式的不同，汇兑可分为信汇和电汇两种，由汇款人自行选择。信汇是以邮寄方式将汇款凭证转给外地收款人指定的汇入行，而电汇则是以电报方式将汇款凭证转给外地收款人指定的汇入行。

（二）办理汇兑的程序

1. 签发汇兑凭证

签发汇兑凭证必须记载下列事项：表明“信汇”或“电汇”的字样；无条件支付的委托；确定的金额；收款人名称；汇款人名称；汇入地点、汇入行名称；汇出地点、汇出行名称；委托日期；汇款人签章。

2. 银行受理

汇出银行受理汇款人签发的汇兑凭证，经审查无误后，应及时向汇入银行办理汇款，

并向汇款人签发汇款回单。汇款回单只能作为汇出银行受理汇款的依据，不能作为该笔汇款已转入收款人账户的证明。

3. 汇入处理

汇入银行对开立存款账户的收款人，应将汇给其的款项直接转入收款人的账户，并向其发出收账通知。收账通知是银行将款项确已收入收款人账户的凭据。

支取现金的，信、电汇凭证上必须有按规定填明的“现金”字样。未填明“现金”字样需要支取现金的，由汇入银行按照国家现金管理的规定审查支付。转账支付的，应由原收款人填制支款凭证，并由本人向银行交验其身份证件办理支付款项。

（三）汇兑的撤销和退汇

1. 申请撤销

汇款人对汇出银行尚未汇出的款项可以申请撤销。申请撤销时，应出具正式函件或本人身份证件及原信、电汇回单。汇出银行查明确未汇出款项的，收回原信、电汇回单，方可办理撤销。

2. 申请退汇

汇款人对汇出银行已经汇出的款项可以申请退汇。对在汇入银行开立银行存款账户的收款人，由收款人与汇款人自行联系退汇；对未在汇入银行开立存款账户的收款人，汇款人应出具正式函件或本人身份证件以及原信、电汇回单，由汇出银行通知汇入银行，经汇入银行核实汇款确未支付并将款项汇回汇出银行，方可办理退汇。

转汇银行不得受理汇款人或汇出银行对汇款的撤销或退汇。汇入银行对于收款人拒绝接受的汇款，应立即办理退汇。汇入银行对于向收款人发出取款通知，经过 2 个月无法交付的汇款，应主动办理退汇。

二、委托收款

（一）委托收款的概念

委托收款是指收款人委托银行向付款人收取款项的结算方式。单位和个人凭已承兑的商业汇票、债券、存单等付款人债务证明办理款项的结算，均可以使用委托收款结算方式。

委托收款在同城、异地均可以使用，其结算款项的划回方式分为邮寄和电报两种，由收款人选用。

（二）委托收款的记载事项

委托收款的记载事项包括：(1) 表明“委托收款”的字样。(2) 确定的金额。(3) 付款人名称。(4) 收款人名称。(5) 委托收款凭据名称及附寄单证张数。(6) 委托日期。(7) 收款人签章。

委托收款人以银行以外的单位为付款人的，委托收款凭证必须记载付款人开户银行名称。

（三）委托收款的结算规定

1. 委托收款办理方法

收款人办理委托收款向银行提交委托收款和有关的债务证明；银行接到寄来的委托收款凭证及债务证明，审查无误办理付款。

（1）以银行为付款人的，银行应在当日将款项主动支付给收款人。

（2）以单位为付款人的，银行通知付款人后，付款人应于接到通知当日书面通知银行付款。

银行在办理划款时，付款人存款账户不能足额支付的，应通过被委托银行向收款人发出未付款项通知书。

2. 委托收款的注意事项

（1）付款人审查有关债务证明后，对收款人委托收取的款项需要拒绝付款的，有权提出拒绝付款。

（2）收款人收取公用事业费，必须具有收付双方事先签订的经济合同，由付款人向开户银行授权，并经开户银行同意，报经中国人民银行当地分支行批准，可以使用同城特约委托收款。

三、托收承付

托收承付

（一）托收承付的概念

托收承付是指根据购销合同由收款人发货后委托银行向异地付款人收取款项，由付款人向银行承付的结算方式。

使用托收承付结算方式的收款单位和付款单位，必须是国有企业、供销合作社以及经营管理较好并经开户银行审查同意的城乡集体所有制工业企业。

办理托收承付结算的款项，必须是商品交易以及因商品交易而产生的劳务供应的款项。代销、寄销、赊销商品的款项不得办理托收承付结算。

托收承付结算每笔的金额起点为1万元，新华书店系统每笔的金额起点为1 000元。

（二）托收承付的结算规定

托收承付凭证记载事项有：（1）表明“托收承付”的字样。（2）确定的金额。（3）付款人的名称和账号。（4）收款人的名称和账号。（5）付款人的开户银行名称。（6）收款人的开户银行名称。（7）托收附寄单证张数或册数。（8）合同名称、号码。（9）委托日期。（10）收款人签章。

办理托收承付结算的款项，必须是商品交易以及因商品交易而产生的劳务供应的款项。代销、寄销、赊销商品的款项不得办理托收承付结算。

收付双方使用托收承付结算方式必须签有符合《合同法》的购销合同，并在合同上订明使用托收承付结算款项的划回方法，分为邮寄和电报，由收款人选用。

（三）托收承付的办理方法

1. 托收

收款人按照签订的购销合同发货后，应将托收凭证并附发运凭证或其他符合托收承付结算的有关证明和交易单证送交银行。

收款人开户银行接到托收凭证及其附件后，应当按照托收的范围、条件和托收凭证记载的要求对其进行审查，必要时还应查验收款人、付款人签订的购销合同。

2. 承付

购货单位承付货款有验单承付和验货承付两种方式。

验单承付期为 3 天，从购货单位开户银行发出通知的次日算起（承付期内遇法定节假日顺延）。验货付款的承付期为 10 天，从运输部门向付款人发出提货通知的次日算起，付款人在承付期内，未向银行表示拒绝付款，银行即视作承付，在承付期满的次日上午将款项划给收款人。

付款人若在验单或验货时发现货物的品种、规格、数量、质量、价格等与合同规定不符的，可在承付期提出全部或部分拒付的意见。拒付款项应填写“拒绝承付理由书”送交其开户银行审查并办理拒付手续。

国内信用证

四、国内信用证

（一）国内信用证的概念

国内信用证（简称信用证）是适用于国内贸易的一种支付结算方式，是开证银行依照申请人（购货方）的申请向受益人（销货方）开出的有一定金额、在一定期限内凭信用证规定的单据支付款项的书面承诺。

我国信用证为不可撤销、不可转让的跟单信用证。不可撤销信用证，是指信用证开具后在有效期内，非经信用证各有关当事人（即开户银行、开证申请人和受益人）的同意，开证银行不得修改或者撤销的信用证。不可转让的信用证，是指受益人不能将信用证的权利转让给他人的信用证。

（二）国内信用证的结算方式

国内信用证结算方式只适用于国内企业之间商品交易产生的货款结算，并且只能用于转账结算，不得支取现金。

（三）国内信用证的办理基本程序

1. 开证

（1）开证申请。开证申请人使用信用证时，应委托其开户银行办理开证业务。开证申请人申请办理开证业务时，应当填具开证申请书、信用证申请人承诺书并提交有关购销合同。

（2）受理开证。开证行决定受理开证业务时，应向申请人收取不低于开证金额 20%的保证金，并可根据申请人资信情况要求其提供抵押、质押或由其他金融机构出具保函。

2. 通知

通知行收到信用证应认真审核。审核无误后，应填制信用证通知书，连同信用证交付受益人。

3. 议付

议付是指信用证指定的议付行在单证相符条件下，扣除议付利息后向受益人给付对价的行为。议付行必须是开证行指定的受益人开户行。议付仅限于延期付款信用证。

议付行议付后，应将单据寄开证行索偿资金。议付行议付信用证后，对受益人具有追索权。到期不获付款的，议付行可从受益人账户收取议付金额。

4. 付款

开证行对议付行寄交的凭证、单据等审核无误后，对即期付款信用证，从申请人账户收取款项支付给受益人；对延期付款信用证，应向议付行或受益人发出到期付款确认书，并于到期日从申请人账户收取款项支付给议付行或受益人。

申请人交存的保证金和其存款账户余额不足以支付的，开证行仍应在规定的付款时间内进行付款。对不足支付的部分作逾期贷款处理。

※ 练习题 ※

一、单项选择题

在线测试

1. 采用汇兑结算方式，经过（　　）无法交付的汇款，汇入银行应主动办理退汇。

A. 1 个月　　B. 2 个月

C. 3 个月　　D. 4 个月

2. 托收承付结算每笔的金额起点为（　　）。

A. 1 万元　　B. 2 万元　　C. 3 万元　　D. 4 万元

3. 托收承付结算的验单承付期为（　　）。

A. 1 天　　B. 3 天　　C. 7 天　　D. 10 天

4. 托收承付结算的验货承付期为（　　）。

A. 1 天　　B. 3 天　　C. 7 天　　D. 10 天

5. 开证行决定受理信用证开证业务时，应向申请人收取不低于开证金额（　　）的保证金。

A. 10%　　B. 15%　　C. 20%　　D. 25%

二、多项选择题

1. 签发汇兑凭证必须记载的事项有（　　）。

A. 无条件支付的委托　　B. 确定的金额

C. 汇入行名称　　D. 汇出行名称

2. 汇款人对汇出银行尚未汇出的款项可以申请撤销。申请撤销时应提交的材料有（　　）。

A. 本人身份证件　B. 原信　C. 电汇回单　D. 正式函件

3. 下列不得办理托收承付结算款项的有（　　）。

A. 商品交易款项　B. 代销款项　C. 寄销款项　D. 赊销款项

4. 付款人若在验单或验货时发现下列情形的，可在承付期提出全部或部分拒付的意见（　　）。

A. 货物的品种与合同规定不符　B. 货物的数量与合同规定不符

C. 货物的质量与合同规定不符　D. 货物的价格与合同规定不符

5. 国内信用证的办理基本程序一般包括（　　）。

A. 开证　B. 通知　C. 议付　D. 付款

三、判断题

1. 单位和个人的各种款项的结算，均可使用汇兑结算方式。（　　）

2. 汇款回单能作为该笔汇款已转入收款人账户的证明。（　　）

3. 委托收款、托收承付在同城、异地均可以使用。（　　）

4. 办理托收承付结算的款项，必须是商品交易以及因商品交易而产生的劳务供应的款项。（　　）

5. 国内信用证结算方式只适用于国内企业之间商品交易产生的货款结算，并且只能用于转账结算，不得支取现金。（　　）

※ 课程思政专栏 ※

普及票据法律知识　降低票据结算风险

课程思政融入点

1. 积极践行依法治国思想，为法治中国贡献力量。

2. 认真学习我国支付结算法律知识，掌握过硬的业务本领，识别支付结算过程中的风险点。

3. 树立遵纪守法、客观公正、严于律己、服务社会的会计职业操守。

4. 运用法制手段伸张正义，维护自身合法权益。

第三章 财政法律制度

教学目标

1. 知识目标

(1) 掌握预算法律制度、政府采购法律制度和国库集中收付法律制度的主要内容。

(2) 理顺预算法律制度、政府采购法律制度和国库集中收付法律制度三者之间的关系，对我国财政法律制度体系有一个全面的认识。

2. 能力目标

(1) 了解《中华人民共和国预算法》(以下简称《预算法》) 和《中华人民共和国预算法实施条例》(以下简称《预算法实施条例》) 的颁布背景。

(2) 掌握《预算法》的主要内容，明确国家预算在我国经济建设中的作用。

(3) 掌握政府采购法律制度的构成，明确政府采购的概念及原则。

(4) 掌握政府采购执行模式、当事人及采购方式。

(5) 理解国库集中收付制度的作用。

(6) 掌握国库单一账户体系的构成。

(7) 掌握财政收入收缴方式和程序。

(8) 掌握财政支出支付方式和程序。

案例导入

设备购置采购项目举报案

采购人A委托代理机构B就该单位“××设备购置采购项目”(以下简称“本项目”) 采用网上竞价方式采购，采购预算为56万元。2019年8月10日代理机构B发布网上竞价公告。2019年8月17日竞价截止，共六家供应商参与竞价。2019年8月24日，代理机构B发布成交结果，C公司为成交供应商，成交金额为55.8万元。

2020年6月20日，财政部门收到关于该项目的举报信。来信反映，在本项目网上竞价活动中，C公司以高价成交，竞价结果有失公平。财政部门依法受理本案，审查中发现，本项目另一家参与竞价的供应商D公司提交的竞价文件中，法人代表授权书、技术指标应答书和报价单上加盖的是C公司的公章。对此，C公司称，对D公司的竞价文件加盖自己公章事不知情。D公司称，确实存在竞价文件中加盖的公章与公司名称不符的情况，原因是公司职员在与C公司对账过程中拿错公章，将C公司的公章直接加盖在自己的竞价文件中，经核查直接上传了竞价文件。

财政部门审查终结后依法作出监督检查处理决定，并对C公司和D公司分别作出行政处罚决定。后C公司不服对其作出的处罚决定，向法院提起行政诉讼。一审法院审理后认为，于C公司在财政部门作出处罚决定前已将合同支付金额予以退还，所以部分撤销了处罚决定中没收违法所得的行政处罚，同时驳回C公司的其他诉讼请求。

财政部门作出监督检查处理决定：根据《中华人民共和国政府采购法》第七十七条第二款的规定，决定本项目成交无效。对C公司和D公司就其违法行为分别作出行政处罚决定：根据《中华人民共和国政府采购法》第七十七条第一款的规定，对C公司处以采购金额千分之五的罚款，列入不良行为记录名单，在一年内禁止参加政府采购活动，没收违法所得（即采购合同已支付金额）；对D公司处以采购金额千分之五的罚款，列入不良行为记录名单，在一年内禁止参加政府采购活动。

第一节　预算法律制度

一、预算法律制度的构成

预算法律制度是指国家经过法定程序制定的，用以调整国家预算关系的法律、行政法规和相关规章制度。我国预算法律制度由《预算法》和《预算法实施条例》以及国家预算管理的其他法规制度构成。

（一）《预算法》

为了强化预算的分配和监督职能，健全国家对预算的管理，加强国家宏观调控，保障经济和社会的健康发展，1994年3月22日，第八届全国人民代表大会第二次会议通过了《预算法》，自1995年1月1日起施行。2014年8月31日，第十二届全国人民代表大会常务委员会第十次会议对《预算法》进行第一次修正。2018年12月29日，第十三届全国人民代表大会常务委员会第七次会议对《预算法》进行第二次修正。修订后的《预算法》共11章。其主要内容包括总则、预算管理职权、预算收支范围、预算编制、预算审查和批准、预算执行、预算调整、决算、监督、法律责任和附则，共101条。该法是我国第一部财政基本法律，是我国国家预算管理工作的根本性法律以及制定其他预算法规的基本依据。《预算法》的颁布和施行，适应了社会主义市场经济体制的总体要求，按照财权与事权相统一的原则，基本理顺了各级政府之间的财政分配关系；有效地调动了各有关方面当家理财的积极性，建立了财政收入稳定增长机制，推动了国家财政收入的快速增长；直接促进了财政收入占 GDP 比重以及中央财政收入占全国财政收入比重的提高，大大增强了政府的宏观调控能力，并为科教兴国战略、西部开发战略等重大决策措施的落实提供了坚实的财力保证。我们有理由说，《预算法》不仅为分税制财政管理体制改革提供了法律保障，而且对我国的长治久安产生了深远的影响。

（二）《预算法实施条例》

为了保证《预算法》的贯彻实施，使之更具有操作性，为预算及其监督提供更为具体明确的行为准则，1995 年 11 月 22 日中华人民共和国国务院令第 186 号发布《中华人民共和国预算法实施条例》，2020 年 8 月 3 日中华人民共和国国务院令第 729 号修订。修订后的条例共 8 章 97 条，包括总则、预算收支范围、预算编制、预算执行、决算、监督、法律责任、附则。

二、国家预算概述

国家预算概述

（一）国家预算的概念

国家预算是指经法定程序批准的，国家在一定期间内预定的财政收支计划，是国家进行财政分配的依据和宏观调控的重要手段。

我国国家预算是具有法律效力的基本财政计划，是国家为了实现政治经济任务，有计划地集中和分配财政收入的重要工具，是国家经济政策的反映。我国的预算收入采取税收等形式筹集，预算支出主要用于经济建设、国防、文化、教育、科学、卫生、社会福利等各项事业。

（二）国家预算的作用

国家预算作为财政分配和宏观调控的主要手段，具有分配、调控和监督职能。国家预算的作用是国家预算职能在经济生活中的具体体现，它主要包括三个方面。

1. 财力保证作用

国家预算既是保障国家机器运转的物质条件，又是政府实施各项社会经济政策的有效保证。

2. 调节制约作用

国家预算作为国家的基本财政计划，是国家财政实行宏观控制的主要依据和手段。国家预算的收支规模可调节社会总供给和总需求的平衡，预算支出的结构可调节国民经济结构，因而国家预算的编制和执行情况对国民经济和社会发展都有直接的制约作用。

3. 反映监督作用

国家预算是国民经济的综合反映，预算收入反映国民经济发展规模和经济效益水平，预算支出反映各项建设事业发展的基本情况。因此，通过国家预算的编制和执行便于掌握国民经济的运行状况、发展趋势以及出现的问题，从而采取对策措施，促进国民经济稳定协调地发展。

（三）国家预算的级次划分

我国国家预算级次结构是根据国家政权结构、行政区域划分和财政管理体制要求而确定的。我国的国家预算实行一级政府一级预算，分为五级预算。具体包括：

（1）中央预算。

（2）省级（包括省、自治区、直辖市）预算。

（3）地市级（设区的市、自治州）预算。

（4）县级（县、自治县、不设区的市、市辖区）预算。

（5）乡级（乡、民族乡、镇）预算。

其中，对于不具备设立预算条件的乡、民族乡、镇，经省、自治区、直辖市政府确定，可以暂不设立预算。

（四）国家预算的构成

1. 按照预算的级次分类

国家预算按照预算的级次分类，可以分为中央预算和地方预算。

（1）中央预算是中央政府的年度财政收支计划，国家预算的重要组成部分。它规定中央财政各项收入的来源和数量、中央财政支出的各项用途和数量，反映中央的方针政策。中央预算由中央各部门（含直属单位，下同）的预算组成，包括地方向中央上解的收入数额和中央对地方返还或者给予补助的数额。

其中，中央各部门是指与财政部直接发生预算缴款、拨款关系的国家机关、军队、政党组织和社会团体。直属单位是指与财政部直接发生预算缴款、拨款关系的企业和事业单位。

（2）地方预算由各省、自治区、直辖市总预算组成。地方各级政府预算由本级各部门（含直属单位）的预算组成，包括下级向上级上解的收入数额和上级政府对下级政府返还或者给予补助的数额。

2. 按照收支管理范围分类

国家预算按照收支管理范围分类，可以分为总预算和部门单位预算。

（1）总预算是指政府的财政汇总预算。按照国家行政区域划分和政权结构可划分为各级次的总预算，包括中央、省、市、县和乡共五级总预算。各级总预算由本级政府预算和所属下级政府的总预算汇编而成，由财政部门负责编制。下一级只有本级预算的，下一级总预算即指下一级的本级预算。没有下一级预算的，总预算即指本级预算。

（2）部门单位预算是指部门、单位的收支预算。各部门预算由本部门所属各单位预算组成。单位预算是指列入部门预算的国家机关、社会团体和其他单位的收支预算。部门单位预算是总预算的基础，其收支项目比较详细和具体，它由各预算部门和单位编制。

预算管理的职权

三、预算管理的职权

明确划分国家各级权力机关、各级政府、各级财政部门以及各部门、各单位在预算活动中的职权，是保证依法管理预算的前提条件，也是将各级预算编制、预算审批、预算执行、预算调整和预算决算的各环节纳入法制化、规范化轨道的必要措施。根据统一领导、分级管理、权责结合的原则，《预算法》明确地规定了各级人民代表大会及其常务委员会、各级政府、各级财政部门和各部门、各单位的预算职权。

（一）各级人民代表大会及其常务委员会的职权

根据《预算法》的规定，各级人民代表大会的预算职权如下：

1. 全国人民代表大会及其常务委员会的职权

（1）全国人民代表大会的职权。

审查中央和地方预算草案及中央和地方预算执行情况的报告；批准中央预算和中央预算执行情况的报告；改变或者撤销全国人民代表大会常务委员会关于预算、决算的不适当的决议。

（2）全国人民代表大会常务委员会的职权。

全国人民代表大会常务委员会监督中央和地方预算的执行；审查和批准中央预算的调整方案；审查和批准中央决算；撤销国务院制定的同宪法、法律相抵触的关于预算、决算的行政法规、决定和命令；撤销省、自治区、直辖市人民代表大会及其常务委员会制定的同宪法、法律和行政法规相抵触的关于预算、决算的地方性法规和决议。

2. 县级以上地方各级人民代表大会及其常务委员会的职权

（1）县级以上地方各级人民代表大会的职权。

县级以上地方各级人民代表大会审查本级总预算草案及本级总预算执行情况的报告；批准本级预算和本级预算执行情况的报告；改变或者撤销本级人民代表大会常务委员会关于预算、决算的不适当的决议；撤销本级政府关于预算、决算的不适当的决定和命令。

（2）县级以上地方各级人民代表大会常务委员会的职权。

县级以上地方各级人民代表大会常务委员会监督本级总预算的执行；审查和批准本级预算的调整方案；审查和批准本级政府决算（以下简称本级决算）；撤销本级政府和下一级人民代表大会及其常务委员会关于预算、决算的不适当的决定、命令和决议。

3. 乡、民族乡、镇的人民代表大会的职权

（1）审查和批准本级预算和本级预算执行情况的报告。

（2）监督本级预算的执行。

（3）审查和批准本级预算的调整方案。

（4）审查和批准本级决算。

（5）撤销本级政府关于预算、决算的不适当的决定和命令。

（二）各级财政部门的职权

1. 国务院财政部门的职权

（1）具体编制中央预算、决算草案。

（2）具体组织中央和地方预算的执行。

（3）提出中央预算预备费的动用方案。

（4）具体编制中央预算调整方案。

（5）定期向国务院报告中央和地方预算的执行情况。

2. 地方各级政府财政部门的职权

（1）具体编制本级预算、决算草案。

（2）具体组织本级总预算的执行。

（3）提出本级预算预备费的动用方案。

（4）具体编制本级预算调整方案。

（5）定期向本级政府和上一级政府财政部门报告本级总预算的执行情况。

（三）各部门、各单位的职权

1. 各部门的职权

（1）编制本部门预算、决算草案。

（2）组织和监督本部门预算的执行。

（3）定期向本级政府财政部门报告预算的执行情况。

2. 各单位的职权

（1）编制本单位预算、决算草案。

（2）按照国家规定上缴预算收入。

（3）安排预算支出。

（4）接受国家有关部门的监督。

预算收入与预算支出

四、预算收入与预算支出

国家预算由预算收入和预算支出组成。

（一）预算收入

预算收入指在预算年度内通过一定的形式和程序，有计划地筹措到的归国家支配的资金，它是实现国家职能的财力保证。

1. 预算收入按其来源划分

目前，我国预算收入来源主要包括各项税收收入、国有资产收益、专项收入和其他收入。

（1）税收收入是指国家依据其政治权力向纳税人强制征收的收入，它是最古老也是最主要的一种财政收入形式。税收历来是国家财政收入的主要来源，税收是历史上最早出现的财政范畴，也是目前世界各个国家财政收入的主要来源。在我国，目前来自税收的收入占全部财政收入的90％以上。在我国的税收收入结构中，流转税和所得税居于主体地位。具体有以下来源：增值税、消费税、企业所得税、个人所得税、城市维护建设税、车船税、房产税、土地使用税、资源税、燃油税、印花税等。

（2）国有资产（资源）收益是指各部门和各单位占有、使用和依法处分境内外国有资产产生的收益，按照国家有关规定应当上缴预算的部分。

（3）专项收入是指根据特定需要由国务院批准或者经国务院授权由财政部批准，设置、征集和纳入预算管理，有专项用途的收入。

（4）其他收入是指不属于上述的各项收入，包括各种罚没收入、公产收入及杂项收入。罚没收入是政府部门依法处理的罚款和没收品收入，以及依法追回的赃款和赃物变卖收入。公产收入是指国有山林等公产的产品收入、政府部门主管的公房和其他公产的租赁收入及变价出售收入等。杂项收入包括国际组织援助捐赠收入、对外借款归还收入等。

2. 预算收入按分享程度划分

据此，预算收入划分为中央预算收入、地方预算收入、中央和地方预算共享收入。

（1）中央预算收入是指按照分税制财政管理体制，纳入中央预算、地方不参与分享的收入，包括中央本级收入和地方按照规定向中央上解的收入。

（2）地方预算收入是指按照分税制财政管理体制，纳入地方预算、中央不参与分享的收入，包括地方本级收入和中央按照规定返还或者补助地方的收入。

（3）中央和地方预算共享收入是指按照分税制财政管理体制，中央预算和地方预算对同一税种的收入按照一定划分标准或者比例分享的收入。

中央预算与地方预算有关收入和支出项目的划分、地方向中央上解收入、中央对地方返还或者给予补助的具体办法，由国务院规定，报全国人民代表大会常务委员会备案。

（二）预算支出

预算支出是国家对集中的预算收入有计划地分配和使用而安排的支出。

1. 预算支出按内容划分

（1）经济建设支出，包括用于经济建设的基本建设投资支出、支持企业的挖潜改造支出、专项建设基金支出、支持农业生产支出以及其他经济建设支出。

（2）教育、科学、文化、卫生、体育等事业发展支出，是指用于教育、科学、文化、卫生、体育、工业、交通、商业、农业、林业、环境保护、水利、气象等方面事业的支出，具体包括公益性基本建设支出、设备购置支出、人员费用支出、业务费用支出以及其他事业发展支出。

（3）国家管理费用支出，是指用于国家机关的支出，具体包括基本建设支出、设备购置支出、人员费用支出、业务费用支出以及其他支出。

（4）国防支出，是指国家预算用于国防建设和保卫国家安全的支出，包括国防费、国防科研事业费、民兵建设以及专项工程支出等。

（5）各项补贴支出，包括物价补助支出等。

（6）其他支出。

2. 预算支出按支出级次划分

（1）中央预算支出，是指按照分税制财政管理体制，由中央财政承担并列入中央预算的支出，包括中央本级支出和中央返还或者补助地方的支出。

（2）地方预算支出，是指按照分税制财政管理体制，由地方财政承担并列入地方预算的支出，包括地方本级支出和地方按照规定上解中央的支出。

五、预算组织程序

预算组织程序

预算组织程序包括预算的编制、审批、执行和调整四个环节。

（一）预算的编制

国务院应当及时下达关于编制下一年度预算草案的指示。编制预算草案的具体事项由财政部门负责部署。预算草案是指各级政府、各部门、各单位编制的未经法定程序审查和批准的预算收支计划。

1. 预算年度

预算年度亦称财政年度，指国家预算收支起止的有效期限，通常为一年。预算年度可以采用历年制，也可以采用跨年制。我国采用历年制，自 1 月 1 日起至 12 月 31 日。

2. 预算草案的编制依据

（1）预算草案的编制要求。

中央预算和地方各级政府预算，应当参考上一年预算执行情况和本年度收支预测进行编制。基本要求是：

1）各级政府、各部门、各单位应当按照国务院规定的时间编制预算草案。

2）中央预算和地方各级政府预算按照复式预算编制。

3）中央政府公共预算不列赤字。

4）地方各级预算按照量入为出、收支平衡的原则编制，不得编制赤字预算。

（2）各级政府编制年度预算草案的依据。

根据《预算法》的规定，各级政府编制年度预算草案的依据为：

1）法律、法规。

2）国民经济和社会发展计划、财政中长期计划以及有关的财政经济政策。

3）本级政府的预算管理职权和财政管理体制确定的预算收支范围。

4）上一年度预算执行情况和本年度预算收支变化因素。

5）上级政府对编制本年度预算草案的指示和要求。

（3）各单位编制年度预算草案的依据。

根据《预算法》的规定，各部门、各单位编制年度预算草案的依据为：

1）法律、法规。

2）本级政府的指示和要求以及本级政府财政部门的部署。

3）本部门、本单位的职责、任务和事业发展计划。

4）本部门、本单位的定员定额标准。

5）本部门、本单位上一年度预算执行情况和本年度预算收支变化因素。

3. 预算草案的编制内容

（1）中央预算草案的编制内容，包括：

1）本级预算收入和支出。

2）上一年度结余用于本年度安排的支出。

3）返还或者补助地方的支出。

4）地方上解的收入。

中央财政本年度举借的国内外债务和还本付息数额应当在本级预算中单独列示。

（2）地方各级政府预算草案的编制内容，包括：

1）本级预算收入和支出。

2）上一年度结余用于本年度安排的支出。

3）上级返还或者补助的收入。

4）返还或者补助下级的支出。

5）上解上级的支出。

6）下级上解的收入。

（二）预算的审批

由于各级预算的审批具有时效性、级别性、程序性和严肃性，《预算法》对预算的审查和批准作出了明确的规定：

（1）中央预算由全国人民代表大会审查和批准。地方各级政府预算由本级人民代表大会审查和批准。

（2）预算备案。各级政府预算批准后必须依法向相应的国家机关备案，以加强预算监督。

（3）预算批复。各级政府预算经本级人民代表大会批准后，本级政府财政部门应当及时向本级各部门批复预算。各部门应当及时向所属各单位批复预算。各省、自治区、直辖市政府应当在国务院规定的时间将本级总预算草案报国务院审核汇总。

（三）预算的执行

预算的执行是指经法定程序批准的预算进入具体实施阶段，各级政府、各部门、各预算单位在组织实施本级权力机关批准的本级预算中筹措预算收入、拨付预算支出等的活动。各级预算由本级政府组织执行，具体工作由各级政府财政部门负责。

（1）预算收入征收部门必须依照法律、行政法规的规定，及时、足额征收应征的预算收入。不得违反法律、行政法规规定，擅自减征、免征或者缓征应征的预算收入，不得截留、占用或者挪用预算收入。

（2）有预算收入上缴任务的部门和单位，必须依照法律、行政法规和国务院财政部门的规定，将应当上缴的预算资金及时、足额地上缴国家金库（以下简称国库），不得截留、占用、挪用或者拖欠。

（3）各级政府财政部门必须依照法律、行政法规和国务院财政部门的规定，及时、足额地拨付预算支出资金，加强对预算支出的管理和监督。

（4）各级政府、各部门、各单位的支出必须按照预算执行。

（5）各级国库必须按照国家有关规定，及时准确地办理预算收入的收纳、划分、留解和预算支出的拨付。各级国库库款的支配权属于本级政府财政部门。除法律、行政法规另有规定外，未经本级政府财政部门同意，任何部门、单位和个人都无权动用国库库款或者以其他方式支配已入国库的库款。各级政府应当加强对本级国库的管理和监督。

（6）各部门、各单位应当加强对预算收入和支出的管理，不得截留或者动用应当上缴的预算收入，也不得将不应当在预算内支出的款项转为预算内支出。

（四）预算的调整

1. 预算调整的概念

预算调整是指经全国人民代表大会批准的中央预算和经地方各级人民代表大会批准的

本级预算，在执行中因特殊情况需要增加支出或者减少收入，使原批准的收支平衡的预算的总支出超过总收入，或者使原批准的预算中举借债务的数额增加的部分变更。

2. 预算调整方案的审批

各级政府对于必须进行的预算调整，应当编制预算调整方案。中央预算的调整方案必须提请全国人民代表大会常务委员会审查和批准。县级以上地方各级政府预算的调整方案必须提请本级人民代表大会常务委员会审查和批准；乡、民族乡、镇政府预算的调整方案必须提请本级人民代表大会审查和批准。未经批准，不得调整预算。未经批准调整预算，各级政府不得作出任何使原批准的收支平衡的预算的总支出超过总收入或者使原批准的预算中举借债务的数额增加的决定。

3. 预算调整方案的备案

根据《预算法》的规定，地方各级政府预算的调整方案经批准后，由本级政府报上一级政府备案。

4. 不属于预算调整的范围

在预算执行中，因上级政府返还或者给予补助而引起的预算收支变化，不属于预算调整。地方各级政府预算的调整方案经批准后，由本级政府报上一级政府备案。

六、决算

决算是指对年度预算收支执行结果的会计报告，是预算执行的总结，是国家管理预算活动的最后一道程序，它包括决算报告和文字说明两部分。

（一）决算草案的编制

决算草案由各级政府、各部门、各单位，在每一预算年度终了后按照国务院规定的时间编制。编制决算草案的具体事项，由国务院财政部门部署。各部门对所属各单位的决算草案，应当审核并汇总编制本部门的决算草案，在规定的期限内报本级政府财政部门审核。

（二）决算草案的审批

国务院财政部门编制中央决算草案，报国务院审定后，由国务院提请全国人民代表大会常务委员会审查和批准。

县级以上地方各级政府财政部门编制本级决算草案，报本级政府审查后，由本级政府提请本级人民代表大会常务委员会审查和批准。

乡、民族乡、镇政府编制本级决算草案，提请本级人民代表大会审查和批准。

（三）决算的批复

各级政府决算经批准后，财政部门应当向本级各部门批复决算。县级以上各级政府决算草案经本级人民代表大会常务委员会批准后，本级政府财政部门应当自批准之日起 20 日内向本级各部门批复决算。各部门应当自本级政府财政部门批复本部门决算之日起 15 日内向所属各单位批复决算。

县级以上地方各级政府应当自本级人民代表大会常务委员会批准本级政府决算之日起30内，将本级政府决算及下一级政府上报备案的决算汇总，报上一级政府备案。

七、预决算的监督

决算和预决算的监督

为了保证预算、决算的贯彻实施，各级国家权力机关、各级政府及财政审计部门应依法履行法律赋予的预算决算监督职责，保证预算工作顺利进行。

《预算法》规定，全国人民代表大会及其常务委员会对中央和地方预算、决算进行监督，县级以上各级人民代表大会及其常务委员会对本级和下级预算、决算进行监督，乡级人民代表大会对本级预算、决算进行监督。各级审计机关应当依照《中华人民共和国审计法》以及有关法律、行政法规的规定，对本级预算执行情况，对本级各部门和下级政府预算的执行情况和决算，进行审计监督。

案例分析 3－1

2020 年 6 月 18 日，在第十三届全国人民代表大会常务委员会第十九次会议上，财政部部长刘昆作了 2019 年中央决算报告和中央决算草案的报告。其内容摘录如下：

全国人民代表大会常务委员会：

我受国务院委托，向全国人大常委会提出 2019 年中央决算报告和中央决算草案，请审查。

一、2019 年中央财政收支决算情况

2019 年，面对国内外风险挑战明显上升的复杂局面，在以习近平同志为核心的党中央坚强领导下，各地区各部门以习近平新时代中国特色社会主义思想为指导，全面贯彻党的十九大和十九届二中、三中、四中全会精神，增强“四个意识”、坚定“四个自信”、做到“两个维护”，落实党中央、国务院决策部署，严格执行十三届全国人大二次会议审查批准的预算，坚持稳中求进工作总基调，深入贯彻新发展理念，坚持以供给侧结构性改革为主线，推动高质量发展，扎实做好“六稳”工作，统筹推进稳增长、促改革、调结构、惠民生、防风险、保稳定，保持经济社会持续健康发展，完成全年主要目标任务，为全面建成小康社会打下决定性基础。在此基础上，财政改革发展各项工作积极推进，中央决算情况总体较好。根据预算法有关规定，重点报告以下情况：

（一）2019 年中央一般公共预算收支决算情况。

中央一般公共预算收入 89 309.47 亿元，为预算的 99.5%。加上从中央预算稳定调节基金以及中央政府性基金预算、中央国有资本经营预算调入 3 194 亿元，收入总量为 92 503.47 亿元。中央一般公共预算支出 109 475.01 亿元，完成预算的 98.4%。加上补充中央预算稳定调节基金 1 328.46 亿元，支出总量为 110 803.47 亿元。收支总量相抵，中央财政赤字 18 300 亿元，与预算持平。

…………

二、加力提效实施积极的财政政策，促进经济社会持续健康发展

2019 年，我们坚决贯彻党中央、国务院决策部署，按照全国人大有关决议要求和批

准的预算，加力提效实施积极的财政政策，加大重点领域支持力度，加快推进财税体制改革，提高资金配置效率和使用效益，推动经济平稳运行和民生持续改善。

（一）实施更大规模减税降费。减税降费直接惠企惠民、公平有效，是应对经济下行压力的重大举措。各级财税部门把落实更大规模减税降费作为2019年实施积极财政政策的头等大事切实抓紧抓好。1月1日起实施小微企业普惠性减税、个人所得税专项附加扣除；4月1日起实施深化增值税改革措施，制造业等行业增值税税率从16%降至13%，交通运输业、建筑业等行业从10%降至9%；5月1日起降低社会保险费率。继续清理规范行政事业性收费和政府性基金。

…………

三、健全制度机制，进一步加强财政预算管理

2019年决算情况总体较好，同时也存在一些需要解决的问题。我们高度重视这些问题，认真落实预算法有关规定，结合全国人大有关方面和审计署提出的意见建议，采取有力措施加以解决。同时，坚持整改具体问题与完善管理体系相结合、完善规章制度与健全落实机制相结合、强化监督指导与实施有效激励相结合，举一反三，标本兼治，不断提高财政预算管理科学化水平。

…………

委员长、各位副委员长、秘书长、各位委员，我们将更加紧密地团结在以习近平同志为核心的党中央周围，以习近平新时代中国特色社会主义思想为指导，增强“四个意识”、坚定“四个自信”、做到“两个维护”，自觉接受全国人大常委会的监督，认真落实本次会议审议意见，积极主动作为，在应对危机中掌握工作主动权、打好发展主动仗，更好发挥财政职能作用，为实现“两个一百年”奋斗目标、实现中华民族伟大复兴的中国梦贡献力量。

资料来源：中国人大网．国务院关于2019年中央决算的报告——2020年6月18日在第十三届全国人民代表大会常务委员会第十九次会议上．(2020-06-20)[2021-3-17]. http://www.npc.gov.cn/npc/c30834/202006/c6b4e1f6afa348dc8ea9e020dd1ebb80.shtml.

请分析该部分涉及《预算法》的有关知识。

分析与提示：

预决算的监督是全国人民代表大会及其常委会的职责；国务院财政部门编制中央预算和决算，报国务院审定；预算包括预算收入和预算支出两部分；预算组织程序包括预算的编制、审批、执行和调整四个方面，体现了国家预算的财力保证、调节制约和反映监督的作用。

※ 练习题 ※

在线测试

一、单项选择题

1. 预算法律制度是指国家经过法定程序制定的，用以调整（　　）的法律、行政法规和相关规章制度。

A. 国家关系　　B. 预算关系
C. 国家预算关系　　D. 国家与单位预算关系

2.（　）是我国第一部财政基本法律，是我国国家预算管理工作的根本性法律以及制定其他预算法规的基本依据。

A.《预算法》　　B.《预算法实施条例》
C.《政府采购法》　　D.《国库集中收付制度》

3. 国家预算是指经法定程序批准的，国家在一定期间内预定的（　），它是国家进行财政分配的依据和宏观调控的重要手段。

A. 财政分配计划　　B. 货币资金计划　　C. 税收收支计划　　D. 财政收支计划

4. 我国的国家预算实行一级政府一级预算，共分为（　）预算。

A. 三级　　B. 四级　　C. 五级　　D. 六级

5. 总预算的编制基础是（　）。

A. 中央预算　　B. 地方预算　　C. 各级总预算　　D. 部门单位预算

6. 有权审查中央和地方预算草案及中央和地方预算执行情况的报告的是（　）。

A. 全国人民代表大会　　B. 省级人民代表大会
C. 县级人民代表大会　　D. 乡级人民代表大会

7. 在财政法体系中处于核心地位的是（　）。

A. 税收法律制度　　B. 金融法律制度
C. 预算法律制度　　D. 政府采购法律制度

8. 下列关于我国国家预算的说法中，错误的是（　）。

A. 我国的国家预算是社会主义国家为实现其职能服务
B. 我国的国家预算并非政府预算
C. 我国的国家预算是国家年度财政收支计划
D. 我国的国家预算是国家的基本计划

9. 作为我国的财政分配和宏观调控的主要手段，具有分配、调控和监督职能的是（　）。

A. 国家预算　　B. 地方预算　　C. 财政收入　　D. 税收征纳

10. 我国的国家预算实行一级政府一级预算，共分为（　）。

A. 中央、省（自治区、直辖市）、市（自治州）三级预算
B. 中央、省（自治区、直辖市）、市（自治州）、县四级预算
C. 中央、省（自治区、直辖市）、市（自治州）、县、乡五级预算
D. 中央、省（自治区、直辖市）、市（自治州）、县、乡、村六级预算

11. 有权审查本级总预算草案及中央及本级预算执行情况的报告的是（　）。

A. 全国人民代表大会　　B. 省级以上人民代表大会
C. 县级以上人民代表大会　　D. 乡级以上人民代表大会

12. 我国《预算法》规定的预算支出中主要部分是（　）。

A. 经济建设支出　　B. 国防支出
C. 国家管理费用支出　　D. 国家物资储备支出

二、多项选择题

1. 我国预算法律制度由（　　）以及国家预算管理的其他法规制度构成。

A.《预算法》 B.《预算法实施条例》

C.《政府采购法》 D.《国库集中收付制度》

2. 国家预算的作用是国家预算职能在经济生活中的具体体现，它主要包括（　　）。

A. 财力保证作用 B. 调节制约作用 C. 反映监督作用 D. 强制分配作用

3. 我国的国家预算根据国家政权结构和行政区划的不同，可分为（　　）。

A. 中央预算 B. 地方预算 C. 总预算 D. 部门单位预算

4. 目前，我国预算收入来源主要包括（　　）。

A. 各项税收收入 B. 应当上缴的国有资产收益

C. 专项收入 D. 其他收入

5. 预算收入按分享程度划分为（　　）。

A. 中央预算收入 B. 地方预算收入

C. 中央和地方预算共享收入 D. 补贴收入

6. 预算支出按支出级次划分为（　　）。

A. 中央预算支出 B. 地方预算支出

C. 中央和地方预算共担支出 D. 补贴支出

7. 预算组织程序包括预算的（　　）等环节。

A. 编制 B. 审批 C. 执行 D. 调整

8. 根据《预算法》的规定，下列各项中，属于各级政府编制年度预算草案的依据的有（　　）。

A. 法律、法规

B. 国民经济和社会发展计划

C. 财政中长期计划

D. 本级政府的预算管理职权和财政管理体制确定的预算收支范围

9. 下列各项中，属于预算调整范围的有（　　）。

A. 自然灾害损失 B. 金融危机降低股票交易印花税税率

C. 上级政府返还变动 D. 上级政府补助变动

10. 有权对预决算进行监督的有（　　）。

A. 各级国家权力机关 B. 各级政府

C. 各级政府财政部门 D. 各级政府审计部门

11. 关于我国的预算法律制度，下列说法正确的有（　　）。

A. 预算法律制度由《预算法》和《预算法实施条例》构成

B. 预算法律制度在财政法的体系中处于核心地位

C. 现行的预算法为 1994 年 3 月 22 日第八届全国人民代表大会第二次会议通过的

D. 我国的《预算法实施条例》自 1995 年 11 月 22 日起施行

12. 根据我国《预算法》的规定，属于全国人民代表大会预算职权的有（　　）。
A. 审查中央和地方预算草案及中央和地方预算执行情况的报告
B. 审查和批准中央预算的调整方案
C. 批准中央预算和中央预算执行情况的报告
D. 改变和撤销全国人民代表大会常务委员会关于预算、决算的不适当的决议
13. 下列各项中，属于《预算法》规定的各部门预算职权的有（　　）。
A. 编制本部门预算、决算草案
B. 组织和监督本部门预算的执行
C. 定期向本级政府财政部门报告预算的执行情况
D. 定期向本级政府和上一级政府财政部门报告本部门总预算的执行情况
14. 我国《预算法》规定的预算支出中的国家管理费中支出形式包括（　　）。
A. 基本建设支出　　B. 设备购置支出　　C. 人员费用支出　　D. 业务费用支出
15. 关于预算调整原因的叙述中，正确的有（　　）。
A. 原批准的预算在执行中因特殊情况需要增加支出
B. 原批准的收支平衡的预算的总支出超过总收入
C. 原批准的预算在执行中因特殊情况需要减少收入
D. 原批准的预算中举借债务的数额变更的部分

三、判断题

1. 各级预算都要实行收支平衡。（　　）

2. 中央预算和地方各级政府预算，应当参考上一年预算执行情况和本年度收支预测进行编制。（　　）

3. 中央预算由全国人民代表大会审查和批准。地方各级政府预算由上级和本级人民代表大会审查和批准。（　　）

4. 决算是指对年度预算收支执行结果的会计报告，是预算执行的总结，是国家管理预算活动的最后一道程序。（　　）

5. 中央预算不包括地方向中央上缴的收入数额和中央对地方返还或者给予补助的数额。（　　）

6. 国务院财政部门编制中央决算草案，报国务院审定后，由国务院提请全国政协常委会审查和批准。（　　）

7. 中央预算和地方各级预算均由全国人民代表大会审查和批准。（　　）

8. 各部门应当自本级财政部门批复本部门预算之日起15日内，批复所属各单位预算。（　　）

9. 决算实质上是对年度预算执行的总结，是国家管理预算活动的最后一道程序。（　　）

10. 各级审计机关对本级各部门和下级政府预算的执行情况和决算，进行审计监督。（　　）

第二节　政府采购法律制度

一、政府采购法律制度的构成

我国的政府采购法律制度由《中华人民共和国政府采购法》(以下简称《政府采购法》)、国务院各部门特别是财政部颁布的一系列部门规章，以及地方性法规和政府规章组成。

(一)政府采购法

政府采购法是指调整各级国家机关、事业单位和团体组织，使用财政性资金依法采购货物、工程和服务活动的法律规范的总称。

我国的政府采购工作始于 1996 年。1998 年，试点范围迅速扩大。为了规范政府采购行为，提高政府采购资金的使用效益，维护国家利益和社会公共利益，保护政府采购当事人的合法权益，促进廉政建设，中华人民共和国第九届全国人民代表大会常务委员会第二十八次会议于 2002 年 6 月 29 日通过《政府采购法》，自 2003 年 1 月 1 日起施行。2014 年 8 月 31 日第十二届全国人民代表大会常务委员会第十次会议修正。《政府采购法》共 9 章 88 条，除总则和附则外，分别对政府采购当事人、政府采购方式、政府采购程序、政府采购合同、质疑与投诉、监督检查、法律责任这几个问题，作了较为全面的规定。除法律另有规定外，《政府采购法》适用于在中华人民共和国境内进行的政府采购。

(二)政府采购部门规章

为了细化《政府采购法》中的原则性规定，财政部颁布了《政府采购货物和服务招标投标管理办法》(财政部令第 18 号)、《政府采购信息公告管理办法》(财政部令第 19 号)、《政府采购代理机构管理暂行办法》(财政部财库〔2018〕2 号文)，它们属于政府采购部门规章。

(三)政府采购地方性法规和政府规章

各地政府也根据各地的具体情况颁布了规范本行政区域内政府采购活动的地方性法规和政府规章。这些法规和规章都以政府采购法为依据，同时结合了本地区的实际情况，具有较强的针对性和操作性。

政府采购的概念与原则

二、政府采购的概念与原则

(一)政府采购的概念

政府采购是指各级国家机关、事业单位和团体组织，使用财政性资金采购依法制定的集中采购目录以内的或者采购限额标准以上的货物、工程和服务的行为。

1. 政府采购的主体范围

政府采购法所规范的采购主体，亦即采购人，是指使用财政性资金采购依法制定的集中采购目录以内的或者采购限额标准以上的货物、工程和服务的国家机关、事业单位和团体组织。政府采购法没有将国有企业纳入政府采购的主体范围。

2. 政府采购的资金范围

政府采购资金是指采购机关获取货物、工程和服务时支付的资金，包括财政性资金（预算资金和预算外资金）和与财政性资金相配套的单位自筹资金。预算资金是指财政预算安排的资金，包括预算执行中追加的资金。预算外资金是指按规定缴入财政专户和经财政部门批准留用的未纳入财政预算收入管理的财政性资金。单位自筹资金是指采购机关按照政府采购拼盘项目要求，按规定用单位自有资金安排的资金。

3. 政府集中采购目录和政府采购限额标准

政府集中采购目录和政府采购限额标准由各省级以上人民政府确定并公布。属于中央预算的政府采购项目，其集中采购目录和政府采购限额标准由国务院确定并公布；属于地方预算的政府采购项目，其集中采购目录和政府采购限额标准由省、自治区、直辖市人民政府或者其授权的机构确定并公布。

例如，某省政府办公厅要求，除政府集中采购目录以外，项目预算在 20 万元以上的货物类和服务类、50 万元以上的工程类均属政府采购管理范畴，实行分散采购。省级政府采购货物类（交通工具除外）和服务类项目单项或批量采购金额一次性达到 50 万元以上的、工程类项目采购金额达到 200 万元以上的必须公开招标。因特殊情况需要采用公开招标以外采购方式的，应获得设区的市（州）以上人民政府采购监督管理部门批准。

4. 政府采购的对象范围

政府采购的对象包括货物、工程和服务行为。货物是指各种形态和种类的物品，包括原材料、燃料、设备、产品等。工程是指建设工程，包括建筑物和构筑物的新建、改建、扩建、装修、拆除、修缮等。服务是指除货物和工程以外的其他政府采购对象。

（二）政府采购的原则

《政府采购法》第三条规定了政府采购应当遵循的四项基本原则，这是《政府采购法》的重要内容，其精神贯穿全法。在这些原则中，公平竞争是核心，公开透明是体现，公正和诚实信用是保障。

1. 公开透明原则

公开透明是政府采购必须遵循的基本原则之一，政府采购被誉为“阳光下的交易”即源于此。政府采购的资金来源于纳税人的各种税金，只有坚持公开透明才能为供应商参加政府采购提供公平竞争的环境，为公众对政府采购资金的使用情况进行有效的监督创造条件。公开透明要求政府采购的信息和行为不仅要全面公开，而且要完全透明。

2. 公平竞争原则

公平竞争原则是市场经济运行的重要法则，是政府采购的基本规则。公平竞争要求在竞争的前提下公平地开展政府采购活动。首先，要将竞争机制引入采购活动中，实行优胜劣汰，让采购人通过优中选优的方式，获得价廉物美的货物、工程或者服务，提高财政性资金的使用效益。其次，竞争必须公平，不能设置妨碍充分竞争的不正当条件。公平竞争是指政府采购的竞争是有序的竞争，要公平地对待每一个供应商，不能有歧视某些潜在的符合条件的供应商参与政府采购活动的现象，而且采购信息要在政府采购监督管理部门制定的媒体上公平地披露。

3. 公正原则

公正原则是为采购人与供应商之间在政府采购活动中处于平等地位而确立的。公正原则要求政府采购要按照事先预定的条件和程序进行，对所有供应商一视同仁，不得有歧视条件和行为，任何单位或个人无权干涉采购活动的正常开展。尤其在评标活动中，要严格按照统一的评标标准评定中标或成交供应商，不得存在任何主观倾向。

4. 诚实信用原则

诚实信用原则是发展市场经济的内在要求，在市场经济发展初期向成熟时期过渡阶段，尤其要大力推崇这一原则。诚实信用原则要求政府采购当事人在政府采购活动中，本着诚实、守信的态度履行各自的权利和义务，讲究信誉，兑现承诺，不得散布虚假信息，不得有欺诈、串通、隐瞒等行为，不得伪造、变造、隐匿需要依法保存的文件，不得规避法律法规，不得损害第三人的利益。

政府采购的功能与执行模式

三、政府采购的功能与执行模式

（一）政府采购的功能

1. 节约财政支出，提高采购资金的使用效益

政府采购通过公开、公平、公正、透明和科学的制度设计，充分引入竞争机制并建立对供应商的激励约束机制，这些都使得政府采购主体能够以较低廉的价格购买到高质量的货物、工程和服务，从而起到节约财政支出、提高采购资金的使用效益的作用。

2. 强化宏观调控

政府采购的范围和规模的不断扩大，有助于形成政府采购买方市场。政府可以通过调整采购规模、采购时间、采购项目、采购规则等方式来实现特定的宏观调控目标。比如，政府可以通过调整采购总量来调控社会总需求进而促进社会总供给和总需求的平衡。

3. 活跃市场经济

政府采购通过公开、公平、公正的原则，在竞标过程中执行严密、透明的优胜劣汰机制，充分调动了供应商参与政府采购的积极性，并能够促使供应商不断提高产品质量、降低生产成本或改善售后服务，以使自己能够赢得更多的政府订单。供应商竞争能力的提高带动产业升级，繁荣国内经济，也有利于供应商走出国门，参与国际竞争。

4. 推进反腐倡廉

政府采购作为一项制度安排可以从两方面推进政府的反腐倡廉工作。首先，政府采购中的采购人、采购代理机构和供应商三者之间在各自内在利益驱动下所形成的内在相互监督机制，可以促进反腐倡廉。其次，实行政府采购制度的同时也建立了一套外在的监督机制，如法律监督，各级纪检、监察、审计等部门的监督，这些监督都最大限度地增加了政府采购的透明度，尽可能避免腐败现象的发生。

5. 保护民族产业

在众多的非关税贸易壁垒中，政府采购是世界各国为保护民族产业所普遍采取的有效手段。根据我国《政府采购法》的规定，除极少数法定情形外，政府采购应当采购本国货物、工程和服务。这一规定体现了国货优先的原则，即政府采购具有保护民族产业的作用。

案例分析 3-2

为满足人民群众日益增长的文化需求，山西省文化厅根据省委、省政府工作安排和要求，每年 12 月拟定下年度政府购买公共演出服务的全额购买和定向补贴计划，省财政厅根据计划核定预算控制数并编入年度预算草案，经省政府常务会议研究同意，省人民代表大会审查批准后编入省本级预算。省级政府购买公共演出服务预算列入政府采购项目，按规定程序执行，资金支付实行国库统一支付。省财政厅委托省政府采购中心面向社会发布省级购买公共演出服务公告，进行演出主体、演出剧目、演出剧场招标，并分别组织专家对演出剧团、演出剧场资质等进行论证，最终确定中标演出单位及演出剧场。根据《中华人民共和国政府采购法》等法律法规及项目招标文件的规定，由省文化厅与演出单位签署书面合同并报财政厅备案，购买合同对购买主体和承接主体双方责任、演出剧种、演出场次、购买金额、承接剧场责任及其他约定事项等做了详细的规定。

上述项目取得的成效有：

(1) 为政府购买公共服务积累了经验。政府购买公共演出服务与通常购买物化的公共产品和一般公共服务相比，有一定的难度和特殊性，购买公共演出服务的科学定位和完备的操作办法，既体现了正确导向，又符合规范的采购规程，为政府购买其他服务积累了经验。

(2) 促进政府职能和财政支出方式转变。政府购买演出服务体现了依法行政、管办分离、公开公正、平等竞争的原则。过去政府组织公益演出，要么是行政命令，无偿调动院团；要么是先组织演出，事后再层层打报告解决相关经费；要么是管理粗放，演出费用大，资金使用效果不能严格考核。通过政府购买公共演出服务的方式，从根本上解决了上述问题，提高了财政资金使用效益。

(3) 实现了群众多看戏、看好戏的目的。购买政策出台后，省级院团演出覆盖全省 11 个市、60 多个县，特别是贫困县区和革命老区，实现了与基层群众面对面、零距离接触，改善了基层文化民生，把党和政府的温暖送到了基层群众家门口。

(4) 为处在困境中的省直院团提供了演出市场。按照分级负责的原则，省级购买公共演出服务主要采购省直院团的演出。在经济下行压力较大、演出市场低迷的情况下，省直院团普遍存在演不起、下不去、缺平台、少活力的情况。政府购买演出政策的出台，为院团打造了平台、疏通了渠道、增加了活力，剧团创作和演出积极性高涨，各个院团争先恐后下乡演出，凭借下乡演出既使院团获得了经济效益，又使演员增加了自信心和自豪感。

(5) 对全省示范带动作用明显。在省级示范效应下，山西省已有 10 个市出台了规范的购买政策，每年落实专项购买资金 4 000 余万元，各地政府购买公共演出服务进一步规范化。比如，忻州市、晋城市分别落实专项购买资金600万元和300万元，定期开展“周末大戏台”“周末大剧场”演出；运城市推出以“政府关心、演员热心、企业爱心、群众开心”为主题的“四心剧场”活动，定期开展低票价惠民演出。县级政府也注重加强对文化惠民演出的投入和对基层惠民演出的监管。

资料来源：中国政府采购网．山西省公共演出服务项目．(2017－10－18)［2021－3－17］．http://www.ccgp.gov.cn/gpsr/jyjl/201710/t20171018_9004091.htm.（有删改）

以上体现政府采购的哪些功能？

分析与提示：

政府采购通过公开、公平、公正、透明和科学的制度设计，充分引入竞争机制并建立对供应商的激励约束机制，这些都使得政府采购主体能够以较低廉的价格购买到高质量的服务，从而起到节约财政支出，提高采购资金的使用效益，同时也起到反腐倡廉的作用。

（二）政府采购的执行模式

根据《政府采购法》的规定，我国政府采购实行集中采购和分散采购相结合的执行模式。采购人采购纳入集中采购目录的政府采购项目，应当采用集中采购的方式。

1. 集中采购

集中采购是指由政府设立的职能机构统一为其他政府机构提供采购服务的一种采购组织实施形式。按照《政府采购法》的规定，集中采购必须委托采购机构代理采购。设区的市、自治州以上的人民政府根据本级政府采购项目组织集中采购的，需要设立集中采购机构。

实行集中采购有利于取得规模效益，降低采购成本，保证采购质量，贯彻落实政府采购的政策导向，便于实施统一的管理和监督等优点。但是，集中采购周期长，程序复杂，难以满足用户多样化的需求，特别是无法满足紧急情况的采购需要。

2. 分散采购

分散采购是指各预算单位自行开展采购活动的一种采购组织实施形式。《政府采购法》规定，采购未纳入集中采购目录的政府采购项目，可以自行采购，也可以委托采购代理机构在委托的范围内代理采购。

相对于集中采购而言，分散采购有利于满足采购及时性和多样性的需求，手续简单。不足之处是失去了规模效益，加大了采购成本，也不便于实施统一的管理和监督。

政府采购当事人

四、政府采购当事人

政府采购当事人是指在政府采购活动中享有权利和承担义务的各类主体，包括采购人、供应商和采购代理机构。

（一）采购人

采购人是购买和使用所购买的货物、工程或服务的主体。作为政府采购的采购人，一般具有两个重要特征：一是采购人是依法进行政府采购的国家机关、事业单位和团体组织；二是采购人的政府采购行为从筹划、决策到实施，都必须在《政府采购法》等法律法规的规范内进行。

（二）供应商

供应商是指向采购人提供货物、工程或者服务的法人、其他组织或者自然人。供应商参加政府采购活动，应当具备法律规定的各项条件。两个以上的自然人、法人或者其他组织可以组成一个联合体，以一个供应商的身份共同参加政府采购。联合体各方应当共同与采购人签订采购合同，就采购合同约定的事项对采购人承担连带责任。

（三）采购代理机构

采购代理机构是指具备一定条件，经政府有关部门批准而依法拥有政府采购代理资格的社会中介机构。《政府采购法》中所称的集中采购机构就是采购代理机构。

采购代理机构分为一般采购代理机构和集中采购代理机构两种。一般采购代理机构是由国务院有关部门或省级人民政府财政部门认定的具有政府采购代理机构资格的采购代理机构，主要负责分散采购的代理业务。政府采购代理机构资格分为甲级资格和乙级资格。取得乙级资格的政府采购代理机构只能代理单项政府采购预算金额 1 000 万元以下的政府采购项目。甲级政府采购代理机构资格由财政部负责审批，乙级政府采购代理机构资格由申请人住所所在地的省级人民政府财政部门负责审批。集中采购代理机构是进行政府集中采购的法定代理机构，由设区的市、自治州以上的人民政府根据本级政府采购项目组织集中采购的需要设立。

五、政府采购方式

政府采购方式

政府采购可以采用公开招标、邀请招标、竞争性谈判、单一来源、询价以及国务院政府采购监督管理部门认定的其他采购方式。其中，公开招标应作为政府采购的主要采购方式。

（一）公开招标

公开招标是指招标采购单位依法以招标公告的方式邀请不特定的供应商参加投标的方式。货物、服务采购项目达到公开招标数额标准的，必须采用公开招标方式。采购人不得将应当以公开招标方式采购的货物或者服务化整为零或者以其他任何方式规避公开招标采购。

采用公开招标方式采购的，招标采购单位必须在财政部门指定的政府采购信息发布媒体上发布招标公告。采用公开招标方式采购的，自招标文件发出之日起至投标人提交投标文件截止之日止，不得少于 20 日。招标采购单位应当根据招标项目的特点和需求编制招标文件。

（二）邀请招标

邀请招标是指招标采购单位依法从符合相应资格条件的供应商中随机邀请三家或三家以上供应商，并以投标邀请书的方式，邀请其参加投标的方式。

符合下列情形之一的货物或者服务，可以采用邀请招标方式采购：

(1) 具有特殊性，只能从有限范围的供应商处采购的。

(2) 采用公开招标方式的费用占政府采购项目总价值的比例过大的。

采用邀请招标方式采购的，招标采购单位应当在省级以上人民政府财政部门指定的政府采购信息媒体发布资格预审公告，公布投标人的资格条件，发布资格预审公告的期限不得少于7个工作日。

(三) 竞争性谈判

竞争性谈判是指采购人或其委托的政府采购代理机构通过与多家供应商就采购事宜进行谈判，经分析比较后从中确定中标供应商的采购方式。

符合下列情形之一的货物或者服务，可以依照法律采用竞争性谈判方式采购：

(1) 招标后没有供应商投标或者没有合格标的或者重新招标未能成立的；

(2) 技术复杂或者性质特殊，不能确定详细规格或者具体要求的；

(3) 采用招标所需时间不能满足用户紧急需要的；

(4) 不能事先计算出价格总额的。

(四) 单一来源

单一来源是指采购人采购不具有竞争条件的物品，只能从唯一的供应商取得采购货物或服务的情况下，直接向供应商协商采购的采购方式。

符合下列情形之一的货物或者服务，可以依法采用单一来源方式采购：

(1) 只能从唯一供应商处采购的；

(2) 发生了不可预见的紧急情况不能从其他供应商处采购的；

(3) 必须保证原有采购项目一致性或者服务配套的要求，需要继续从原供应商处添购，且添购资金总额不超过原合同采购金额10%的。

(五) 询价

询价是指只考虑价格因素，要求采购人向三家以上供应商发出询价单，对一次性报出的价格进行比较，最后按照符合采购需求、质量和服务相等且报价最低的原则，确定成交供应商的方式。采购的货物规格、标准统一，现货货源充足且价格变化幅度小的政府采购项目，可以依照规定采用询价方式采购。

(六) 国务院政府采购监督管理部门认定的其他采购方式

国务院政府采购监督管理部门还可以在《政府采购法》规定的五种方式之外，认定其他采购方式。

六、政府采购的监督检查

(一) 政府采购监督管理部门的监督

政府采购监督管理部门应当加强对政府采购活动及集中采购机构的监督检查。监督检查的内容包括：有关政府采购的法律、行政法规和规章的执行情况；采购范围、采购方式和采购程序的执行情况；政府采购人员的职业素质和专业技能。

政府采购监督管理部门不得设置集中采购机构，不得参与政府采购项目的采购活动。采购代理机构与行政机关不得存在隶属关系或者其他利益关系。

（二）集中采购机构的内部监督

集中采购机构应当建立健全内部监督管理制度。采购活动的决策和执行程序应当明确，并相互监督、相互制约。经办采购的人员与负责采购合同审核、验收人员的职责权限应当明确，并相互分离。

（三）采购人的内部监督

采购人必须按照《政府采购法》规定的采购方式和采购程序进行采购。政府采购项目的采购标准和采购结果应当公开。任何单位和个人不得违反《政府采购法》的规定，要求采购人或者采购工作人员向其指定的供应商进行采购。

（四）政府其他有关部门的监督

依照法律、行政法规的规定对政府采购负有行政监督职责的政府部门，应当按照其职责分工，加强对政府采购活动的监督。审计机关对政府采购进行审计监督。监察机关对参与政府采购活动的国家机关、国家公务员和国家行政机关任命的其他人员实施监察。政府采购监督管理部门、政府采购各当事人的有关政府采购活动，应当接受审计机关的审计监督。

（五）政府采购活动的社会监督

任何单位和个人对政府采购活动中的违法行为，有权控告和检举，有关部门、机关依照各自职责及时处理。

※ 练习题 ※

一、单项选择题

在线测试

1. 采购人或其委托的政府采购代理机构通过与多家供应商就采购事宜进行谈判，经分析比较后从中确定中标供应商的采购方式是（　　）。

A. 邀请招标　　B. 竞争性谈判

C. 询价　　D. 公开招标

2. 政府采购被誉为“阳光下的交易”，指的是（　　）。

A. 公开透明　　B. 公平竞争　　C. 公正　　D. 诚实信用

3. 政府采购主体是指使用（　　）采购依法制定的集中采购目录以内的或者采购限额标准以上的货物、工程和服务的国家机关、事业单位和团体组织。

A. 国有资金　　B. 财政性资金　　C. 事业资金　　D. 企业资金

4. 政府采购主体不包括（　　）。

A. 国家机关　　B. 国有事业单位
C. 国有团体组织　　D. 国有企业

5. 政府采购资金是指采购机关获取货物、工程和服务时支付的资金，不包括（　　）。
A. 预算资金　　B. 预算外资金
C. 单位自筹资金　　D. 银行借款

6.（　　）根据本级政府采购项目组织集中采购的，需要设立集中采购机构。
A. 省级以上的人民政府　　B. 市级以上的人民政府
C. 县级以上的人民政府　　D. 乡级以上的人民政府

7. 下列各项中，不属于政府采购当事人的是（　　）。
A. 采购人　　B. 供应商　　C. 采购代理机构　　D. 国有企业

8. 根据《政府采购法》的规定，我国政府采购实行（　　）的执行模式。
A. 集中采购　　B. 分散采购
C. 自行采购　　D. 集中采购和分散采购相结合

9. 下列各项中，属于集中采购的缺点的是（　　）。
A. 取得规模效益　　B. 降低采购成本　　C. 采购周期长　　D. 保证采购质量

10. 政府采购的主要采购方式是（　　）。
A. 邀请招标　　B. 竞争性谈判　　C. 询价　　D. 公开招标

11. 采用招标方式采购的，自招标文件发出之日起至投标人提交投标文件截止之日止，不得少于（　　）。
A. 10 日　　B. 20 日　　C. 30 日　　D. 40 日

二、多项选择题

1. 政府采购是指各级（　　）使用财政性资金采购依法制定的集中采购目录以内的或者采购限额标准以上的货物、工程和服务的行为。
A. 国家机关　　B. 事业单位　　C. 团体组织　　D. 国有企业

2. 下列各项中，属于政府采购对象的有（　　）。
A. 货物　　B. 装修工程　　C. 服务　　D. 拆除建筑物

3. 政府采购的原则包括（　　）。
A. 公开透明　　B. 公平竞争　　C. 公正　　D. 诚实信用

4. 政府采购的功能包括（　　）。
A. 强化宏观调控　　B. 推进反腐倡廉
C. 活跃市场经济　　D. 保护民族产业

5. 下列各项中，属于集中采购的优点的有（　　）。
A. 取得规模效益　　B. 降低采购成本　　C. 采购周期短　　D. 保证采购质量

6. 政府采购主要可以采用的方式有（　　）。
A. 公开招标　　B. 邀请招标　　C. 竞争性谈判　　D. 单一来源

7. 政府采购原则中公开透明原则的具体体现有（　　）。
A. 公开的内容　　B. 公开的标准　　C. 公开的途径　　D. 公开的方式

8. 政府采购的功能包括（　　）。

A. 增加财政收入　B. 节约财政支出　　C. 强化宏观调控　　D. 保护民族产业

9. 依照《政府采购法》的规定，采用询价方式采购应满足的条件有（　　）。

A. 采购的货物规格统一　　B. 采购的货物标准统一

C. 现货货源充足　　D. 价格变化幅度小

10. 依照《政府采购法》的规定，下列情形中，采购人可以采用竞争性谈判方式采购的有（　　）。

A. 发生了不可预见的紧急情况，不能从其他供应商处采购的

B. 招标后没有供应商投标或者没有合格标的，或者重新招标未能成立的

C. 技术复杂或者性质特殊，不能确定详细规格或者具体要求的

D. 因艺术品采购、专利、专有技术或者服务的时间、数量事先不能确定等原因不能事先计算出价格总额的

三、判断题

1.《政府采购法》把国有企业纳入政府采购的主体范围。（　　）

2. 政府集中采购目录和政府采购限额标准由各县级以上人民政府确定并公布。（　　）

3. 政府采购法是调整各级国家机关、事业单位和团体组织，使用各项资金依法采购货物、工程和服务的活动的法律规范的总称。（　　）

4. 集中采购必须委托采购机构代理采购。（　　）

5. 一般采购代理机构是由国务院有关部门或省级人民政府财政部门认定的具有政府采购代理机构资格的采购代理机构。（　　）

6. 具有一般采购代理机构资格的采购代理机构，主要负责集中采购的代理业务。（　　）

7. 根据《政府采购法》的规定，我国政府采购实行集中采购和分散采购相结合的执行模式。（　　）

8. 根据《政府采购法》的规定，采购人采购纳入集中采购目录的政府采购项目，应当采用集中采购。（　　）

9. 公开招标是指招标采购单位依法以招标公告的方式邀请特定的供应商参加投标的方式。（　　）

10. 预算单位零余额账户，用于财政授权支付和清算。该账户可以办理转账、提取现金等结算业务。（　　）

第三节　国库集中收付制度

一、国库集中收付制度的概念

国库集中收付制度是指以国库单一账户体系为基础，将所有财政性资金都纳入国库单一账户体系管理，收入直接缴入国库和财政专户，支出通过国库单一账户体系支付到商品

和劳务提供者或用款单位的一项国库管理制度。

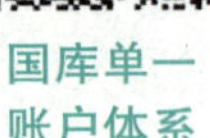

国库单一账户体系

二、国库单一账户体系

（一）国库单一账户体系的概念

国库单一账户体系是指以财政国库存款账户为核心的各类财政性资金账户的集合，所有财政性资金的收入、支付、存储及资金清算活动均在该账户体系进行。

（二）国库单一账户体系的构成

1. 国库单一账户

财政部门在中国人民银行开设的国库单一账户，简称国库单一账户，该账户用于记录、核算和反映纳入预算管理的财政收入和支出活动，并用于与财政部门在商业银行开设的零余额账户进行清算，实现支付。

2. 财政部门零余额账户

财政部门在商业银行开设的零余额账户，用于财政直接支付和与国库单一账户支出清算。该账户每日发生的支付，于当日营业终了前与国库单一账户清算；营业中单笔支付额 5 000 万元人民币以上的（含 5 000 万元），应当及时与国库单一账户清算。财政部门的零余额账户在国库会计中使用，行政单位和事业单位会计中不设置该账户。

3. 预算单位零余额账户

财政部门在商业银行为预算单位开设的零余额账户，简称预算单位零余额账户。该账户用于财政授权支付和清算。该账户可以办理转账、提取现金等结算业务，可以向本单位按账户管理规定保留的相应账户划拨工会经费、住房公积金及提租补贴，以及经财政部门批准的特殊款项，不得违反规定向本单位其他账户和上级主管单位所属下级单位账户划拨资金。预算单位零余额账户在行政单位和事业单位会计中使用。

4. 预算外资金专户

财政部门在商业银行为预算单位开设的预算外资金财政专户，简称预算外资金专户。该专户用于记录、核算和反映预算外资金的收入和支出活动，并用于预算外资金日常收支清算。预算外资金专户在财政部门设立和使用。

5. 特设专户

经国务院或国务院授权财政部门批准的预算单位在商业银行开设的特殊专户，简称特设专户。该专户用于记录、核算和反映预算单位的特殊专项支出活动，并用于与国库单一账户清算。特设专户在按规定申请设置了特设专户的预算单位使用。

财政收支方式

三、财政收入收缴方式和程序

（一）收缴方式

为适应财政国库管理制度的改革要求，将财政收入的收缴分为直接缴库和集中汇缴两种方式。

1. 直接缴库

直接缴库是由缴款单位或缴款人按有关法律法规规定，直接将应缴收入缴入国库单一账户或预算外资金财政专户。

2. 集中汇缴

集中汇缴是由征收机关（有关法定单位）按有关法律法规规定，将所收的应缴收入汇总缴入国库单一账户或预算外资金财政专户。

（二）收缴程序

收缴程序包括直接缴库程序和集中汇缴程序。

1. 直接缴库程序

直接缴库的税收收入由纳税人或税务代理人提出纳税申报，经征收机关审核无误后，由纳税人通过开户银行将税款缴入国库单一账户。直接缴库的其他收入，比照上述程序缴入国库单一账户或预算外资金财政专户。

2. 集中汇缴程序

小额零散税收和法律另有规定的应缴收入，由征收机关于收缴收入的当日汇总缴入国库单一账户。非税收入中的现金缴款，比照本程序缴入国库单一账户或预算外资金财政专户。

四、财政支出支付方式和程序

（一）支付方式

1. 财政直接支付

财政直接支付是指由财政部门开具支付令，通过国库单一账户体系，直接将财政资金支付到收款人（即商品和劳务供应者，下同）或用款单位账户。实行财政直接支付的支出包括工资支出、购买支出以及转移支付等。

2. 财政授权支付

财政授权支付是指预算单位根据财政授权，自行开具支付令，通过国库单一账户体系将资金支付到收款人账户。实行财政授权支付的支出包括未实行财政直接支付的购买支出和零星支出。

（二）支付程序

1. 财政直接支付程序

预算单位实行财政直接支付的财政性资金包括工资支出、工程采购支出、物品和服务采购支出。其支付程序如下：

（1）预算单位申请。财政直接支付的申请由一级预算单位汇总，填写“财政直接支付汇总申请书”，报财政部门国库支付执行机构。

（2）财政部门国库支付执行机构开具支付令。财政部门国库支付执行机构对一级预算单位提出的支付申请审核无误后，开具“财政直接支付汇总清算额度通知单”和“财政直接支付凭证”，经财政部门国库管理机构加盖印章签发后，分别送中国人民银行和代理银行。

（3）代理银行划拨资金。代理银行根据“财政直接支付凭证”及时将资金直接支付给收款人或用款单位。

（4）资金清算。代理银行依据财政部门国库支付执行机构的支付指令，将当日实际支付的资金，按一级预算单位分预算科目汇总，附实际支付清单与国库单一账户进行资金清算。

（5）出具入账通知书。代理银行根据“财政直接支付凭证”办理支出后，开具“财政直接支付入账通知书”发给一级预算单位和基层预算单位。“财政直接支付入账通知书”作为一级预算单位和基层预算单位收到或付出款项的凭证。一级预算单位有所属二级或多级预算单位的，由一级预算单位负责向二级或多级预算单位提供收到和付出款项的凭证。

（6）会计处理。预算单位根据收到的支付凭证做好相应会计核算。

2. 财政授权支付程序

财政授权支付程序适用于未纳入工资支出，工程采购支出，物品、服务采购支出管理的购买支出和零星支出。包括单件物品或单项服务购买额不足 10 万元人民币的购买支出；年度财政投资不足 50 万元人民币的工程采购支出；特别紧急的支出和经财政部门批准的其他支出。其支付程序如下：

（1）预算单位申请月度用款限额。预算单位按照批复的部门预算和资金使用计划，申请授权支付的月度用款限额，由一级预算单位汇总后报财政部门国库支付执行机构。

（2）通知支付银行。财政部门根据批准的一级预算单位用款计划中月度授权支付额度，每月 25 日前以“财政授权支付汇总清算额度通知单”“财政授权支付额度通知单”的形式分别通知中国人民银行、代理银行。

（3）代理银行办理支付。代理银行在收到财政部门下达的“财政授权支付额度通知单”后，向相关预算单位发出“财政授权支付额度到账通知书”。基层预算单位凭据“财政授权支付额度到账通知书”所确定的额度支用资金。

（4）代理银行办理资金清算。代理银行凭据“财政授权支付额度通知单”受理预算单位财政授权支付业务，控制预算单位的支付金额，并与国库单一账户进行资金清算。

（5）预算单位使用资金。预算单位支用授权额度时，填制财政部门统一制定的“财政授权支付凭证”（或新版银行票据和结算凭证）送代理银行，代理银行根据“财政授权支付凭证”通过零余额账户办理资金支付。

※ 练习题 ※

在线测试

一、单项选择题

1. 根据国库集中收付制度的规定，国库单一账户在（　　）中使用。

A. 国库会计　　B. 行政单位会计

C. 事业单位会计　　D. 财政总预算会计

2. 用于记录、核算和反映预算单位的特殊专项支出活动，并用于与国库单一账户清算的账户是（　　）。

A. 国库单一账户　B. 特设账户　C. 小额现金账户　D. 预算外资金专户

3. 财政授权支付程序不适用于（　　）。

A. 工资支出

B. 年度财政投资不足50万元人民币的工程采购支出

C. 特别紧急的支出

D. 单件物品或单项服务购买额超过10万元人民币的购买支出

4. 实行财政授权支付的支出是（　　）。

A. 工资支出　B. 零星支出　C. 转移支付　D. 购买支出

5. 用于财政授权支付和清算的账户是（　　）。

A. 国库单一账户　B. 财政部门的零余额账户

C. 预算单位零余额账户　D. 预算外资金专户

6. 国库单一账户体系是指以（　　）为核心的各类财政性资金账户的集合。

A. 银行存款账户　B. 财政国库存款账户

C. 小额现金账户　D. 预算外资金专户

二、多项选择题

1. 国库集中收付制度包括（　　）。

A. 国库集中支付制度　B. 预算法律制度

C. 政府采购法律制度　D. 收入收缴管理制度

2. 下列各项中，属于国库单一账户体系的构成的有（　　）。

A. 国库单一账户　B. 财政部门零余额账户

C. 预算单位零余额账户　D. 预算外资金专户

3. 实行财政直接支付的支出包括（　　）。

A. 工资支出　B. 零星支出

C. 转移支付　D. 购买支出

4. 下列关于财政支出的支付方式的说法中，正确的有（　　）。

A. 财政支出支付方式分为直接支付和授权支付

B. 特别紧急的支出适用于财政授权支付

C. 年度财政资金不足50万元人民币的工程采购支出适用于财政授权支付

D. 单件物品或单项服务购买额不足10万元人民币的购买支出适用于财政授权支付

5. 下列关于预算单位零余额账户说法中，正确的有（　　）。

A. 预算单位零余额账户用于财政授权支付和清算

B. 预算单位零余额账户可以办理转账、提取现金等结算业务

C. 预算单位零余额账户可以划拨工会经费、住房公积金及提租补贴

D. 预算单位零余额账户在行政单位和事业单位会计中使用

三、判断题

1. 预算单位零余额账户，用于财政授权支付和清算。(　　)
2. 预算单位零余额账户可以办理转账、提取现金等结算业务。(　　)
3. 特别紧急的支出和经财政部门批准的其他支出应该采用财政直接支付程序。(　　)
4. 财政部门在中国银行开设的国库单一账户，简称国库单一账户。(　　)
5. 行政单位和事业单位会计中不设置财政部门零余额账户。(　　)

※ 课程思政专栏 ※

加强财政预算执行力度　开源节流确保收支平衡

课程思政融入点

1. 学习依法治国新理念、新思想、新战略，切实增强预算法治意识，增强文化自信。
2. 践行勤俭节约理念、培养勤俭节约习惯、传播勤俭节约美德。
3. 不忘初心、牢记使命，增强为人民服务的宗旨意识。

第四章
会计职业道德

教学目标

1. 知识目标

（1）掌握会计职业道德的概念与功能。

（2）掌握会计职业道德与会计法律制度的关系。

（3）掌握会计职业道德规范的主要内容。

（4）掌握会计职业道德教育与修养的内容和途径。

（5）掌握会计职业道德建设的组织与实施等方面的知识。

2. 能力目标

（1）掌握会计职业道德的概念，理解会计职业道德所具有的功能。

（2）深刻理解和正确把握会计职业道德规范的主要内容，自觉遵守会计职业道德规范。

（3）理解会计职业道德与会计法律制度的联系和区别，把握好两者的关系。

（4）熟悉会计职业道德教育与修养的内容、形式及途径，主动进行会计职业道德教育。

（5）理解会计职业道德建设的相关问题，为会计职业道德建设贡献力量。

案例导入

上市公司财务造假案例分析

一、财务造假简介

康×药业股份有限公司（以下简称康×药业）成立于1997年，于2001年在上交所上市。该公司在国家振兴中医药事业战略指引下，率先布局中医药全产业，全面打造“大健康＋大平台＋大数据＋大服务”体系，成为中医药全产业链精准服务型“智慧＋”大健康产业上市企业，国家高新技术企业。

康×药业财务造假的声音在2012年就开始引起大众讨论，直至2018年10月15日一篇文章从资金真实性、经营现金等多个角度对康×药业提出质疑，康×药业股价触底跌停，并出现连续跌停的情况。随后康×药业发布了澄清公告，但此公告不仅没有澄清疑问，反而引起了更大的争议。

二、财务造假动因分析

第一，动因压力，康×药业财务造假的压力来自维持股价或融资的需求，维持股价是其财务造假最直接的利益驱使，通过粉饰财报，维持一个比较满意的股价水平，从而使企业持股的高管、员工减持获取不错的收益。还可以维持公司较大的融资需求，包括股权融资、债权融资，或者股票质押融资。

第二，动因机会，马某为康×药业董事长、总经理、实际控制人，许某为副董事长、常务副总经理，且二人为夫妻关系，康×公司的其他大股东也有其家族成员，公司董事与管理层职务兼容使得董事会的职能丧失，无法对管理层进行制约，公司内控制度无法得到有效的监管，这无疑为财务造假提供了巨大便利，降低了掩饰舞弊行为的难度。

第三，动因借口，康×药业早期的财务情况已经屡遭质疑，但没有确凿的证据，直至在披露2018年度报告之时，康×药业更正了前期出现的会计差错，称2018年之前，营业收入、营业成本、费用及款项收付方面存在账实不符的情况。以“核算账户资金时存在错误”为由，康×药业299亿现金蒸发消失，引发市场哗然。康×药业为掩饰自己的舞弊行为，企图用这种漏洞百出的借口蒙混过关。

三、财务造假手段分析

（一）业绩造假

业绩造假一般为了虚增利润，而虚增利润则体现为利润表上净利润的虚增，根据会计恒等式，资产等于负债加所有者权益，若转入所有者权益未分配利润科目的净利润增加，则等式上对应着资产增加或负债减少，由于难度问题，虚增利润就成了财务造假最常用的手段。比如2019年8月16日晚，证监会公布了康×药业财务造假事件的调查结果，康×药业在2016—2018年年度报告中虚增营业收入291.28亿元、虚增利息收入5.10亿元、虚增营业利润41.01亿元。

（二）资金流造假

资金流造假一般是通过虚假现金交易、变造资金交易凭证以及伪造资金循环三种方式。在康×药业造假案中，使用的就是第二种方式——变造资金交易凭证。通过篡改伪造银行收付交易回单、对账单等，达成资金流的造假目的。这种无舞弊方式操作成本低，变造的凭证作为第三方证据，证明效力更强。康×药业财务造假案中，康×药业就是通过财务不记账、虚假记账，伪造、变造大额定期存单或银行对账单，配合营业收入造假伪造销售回款等方式，在2016—2018年上半年，分别虚增货币资金225.49亿元、299.44亿元和361.88亿元，共计886.81亿元。

2019年4月底康×药业披露2018年公司年报，表示由于公司会计处理存在错误，造成公司应收账款少计6.41亿元；存货少计195.46亿元；在建工程少计6.32亿元；由于公司核算账户资金时存在错误，造成货币资金多计299.44亿元。企图通过会计错误蒙混过关，但显然康×药业的这种行为破绽百出。2019年8月底，证监会披露立案调查结果：康×药业三年虚增收入206亿元，虚增利润20.72亿元，虚构362亿货币资金，虚增固定资产、在建工程、投资性房地产36.05亿元，坐实了康×药业三百亿的财务造假，进一步的调查显示，这还只是冰山一角。

第一节 会计职业道德概述

一、职业道德的概念、特征与作用

会计职业道德概述

（一）职业道德的概念

不同职业的人员在特定的职业活动中形成了特殊的职业关系、职业利益、职业活动范围和方式。为了协调这些复杂的、特殊的社会关系，除了依赖政治的、行政的、法律的、经济的规范之外，还需要一种适应职业生活特点的、调节职业社会关系的规范和手段，由此形成了不同职业人员的道德规范，即职业道德。这些职业道德规范用来指导和约束职业行为，以保证职业活动的正常进行。

职业道德是道德在职业实践活动中的具体体现。我国《新时代公民道德建设实施纲要》提出了职业道德的主要内容，包括爱岗敬业、诚实守信、办事公道、热情服务、奉献社会。

（二）职业道德的特征

1. 职业道德具有职业性（行业性）

职业道德是道德在职业实践活动中的具体体现，其内容与职业实践活动紧密相连，反映着特定职业活动对从业人员行为的道德要求。每一种职业道德都只能规范本行业从业人员的职业行为，在特定的职业范围内发挥作用。所以，职业道德的职业性很强，不具有全社会普遍的适用性。

2. 职业道德具有实践性

职业道德总是与具体的职业活动紧密联系，这使其具有较强的针对性、实践性，偏重于实用性，容易形成条文。它一般用行业公约、工作守则、行为须知、操作规程等具体的规章制度形式，来教育、约束本行业的从业人员，并且公之于众，让行业内外人员检查、监督。

3. 职业道德具有继承性

由于职业道德与职业活动紧密结合，即使在不同的社会经济发展阶段，同样一种职业因服务对象、服务手段、职业利益、职业责任和义务相对稳定，职业行为的道德要求的核心内容就被继承和发扬。例如，教师"诲人不倦"、商人"买卖公平"等职业道德，就在这些行业中世代相传，并且得到不断的丰富和发展。

4. 职业道德具有多样性

既然职业道德与具体的职业相联系，而社会上的职业是复杂的、多样的，因此有多少种职业就有多少种职业道德。例如，经商要有“商德”，行医要有“医德”，执教要有“师德”等。随着生产力和社会的发展，新兴行业不断产生，与之相适应的职业道德也就层出不穷，职业道德就越来越多样，越来越丰富。

（三）职业道德的作用

1. 促进职业活动的有序进行

职业道德最主要的作用就是通过调节职业关系，维护正常的职业活动秩序。人们在从事的各种职业活动中所涉及的各方都会存在责、权、利的矛盾和差异，职业道德作为职业行为的规范，用来协调职业关系中的各种矛盾和差异，确保职业活动的正常进行，同时也促进职业的有序发展。

2. 对社会道德风尚会产生积极的影响

职业道德是社会道德的一个重要组成部分。职业道德状况对社会道德风尚会产生极大的影响。在现实生活中，人们把商业、交通、医疗、供电、电信等对社会生活影响较大的一些行业和部门形象地比喻为“窗口”行业，这些行业和部门的职业道德水准，直接体现着社会道德风尚的面貌。如果人们都能自觉遵守各自的职业道德规范，那么必将形成良好的社会道德风尚。

二、会计职业道德的概念与特征

（一）会计职业道德的概念

会计职业道德是指在会计职业活动中应当遵循的、体现会计职业特征的、调整会计职业关系的职业行为准则和规范。

会计职业道德作为社会道德体系的重要组成部分，既吸纳社会道德规范的一般要求，如爱岗敬业、诚实守信，又突出会计职业特征，如客观公正、坚持准则等。

（二）会计职业道德的特征

会计作为社会经济活动中的一种特殊职业，除具有职业道德的一般特征外，还具有一定的强制性和较多关注公众利益的特征。会计工作中要处理的各种经济关系的实质是经济利益关系。

1. 较多关注公众利益

会计的一个显著特征是会计活动与社会公众利益密切联系。会计人员在遵循会计职业道德的过程中，往往会受到利益因素的驱动。由于会计人员的利益取决于经济主体的利益，当个人利益、经济主体利益与国家利益和社会公众利益出现矛盾时，如果会计人员与经济主体利益协调一致，忽视国家利益和社会公众利益时，便产生了会计职业道德危机，从事做假账、偷税漏税等违法行为，损害广大投资者利益和债权人利益。因此，会计职业的社会公众利益性，要求会计人员客观公正，在会计职业活动中，发生道德冲突时要坚持准则，把社会公众利益放在第一位。

2. 具有一定的强制性

会计职业道德具有广泛的社会性，是旨在维护社会经济秩序的职业规范，而不是仅仅去追求内在精神世界的高尚和完善。为了强化会计职业道德的调整职能，我国的会计职业道德中的许多内容直接纳入了会计法律制度。例如，我国的《会计法》《会计基础工作规范》等都规定了会计职业道德的内容和要求，对会计人员的行为有明确的规定和要求。

三、会计职业道德的功能与作用

（一）会计职业道德的功能

会计职业道德的功能是指会计职业道德对会计职业发展所具有的功效与能力。

1. 指导功能

指导功能，即指导会计人员行为的功能。会计职业道德是职业行为准则和规范，它对会计的行为动机提出了相应的要求，如诚实守信、客观公正等，因此会计职业道德可以引导、规劝、约束会计人员树立正确的职业观念，建立良好的职业品行，从而达到规范会计行为的目的。

2. 评价功能

评价功能，即根据一定的道德标准对会计人员的行为进行评价的功能。会计职业道德可以评价会计人员的工作，具有评价功能。在现实工作中，会计人员的很多行为很难由法律作出规定，会计法律只能对会计人员不得违法的行为作出规定，不宜对他们如何爱岗敬业、诚实守信、提高技能等提出具体要求。但是，如果会计人员缺乏爱岗敬业的热情和态度，缺乏诚实守信的做人准则，没有必要的职业技能，则很难保证会计信息达到真实、完整的法定要求。会计职业道德恰好从职业道德的角度形成其他会计法律制度的有益补充，对会计人员的职业道德行为给予评价。

3. 教化功能

会计职业道德具有道德的一般特征，即自觉性的一面，侧重于倡导会计从业人员应自觉遵循的职业行为。同时，会计职业道德又有强制性的一面，许多内容都直接纳入了会计法律制度，侧重于防范会计人员的不正当的职业行为，通常采用政府或社会组织的限制性或禁止性条款的形式，要求人们必须这样或那样做。因此，会计职业道德对于会计人员的行为有教化功能。

（二）会计职业道德的作用

1. 会计职业道德是规范会计行为的基础

会计行为是由内心信念来支配的，信念的善与恶将导致行为的是与非。会计职业道德对会计的行为动机提出了相应的要求，如诚实守信、客观公正等，引导、规劝、约束会计人员树立正确的职业观念，遵守职业道德要求，从而达到规范会计行为的目的。

2. 会计职业道德是实现会计目标的重要保证

从会计职业关系角度讲，会计目标就是为会计职业关系中的各个服务对象提供有用的会计信息。能否为这些服务对象及时提供相关的、可靠的会计信息，取决于会计职业者能否严格履行职业行为准则。如果会计人员故意提供不充分、不可靠的会计信息，会严重背离会计目标，造成会计信息严重失真，使服务对象的决策失误，甚至会导致社会经济秩序混乱。

3. 会计职业道德是对会计法律制度的重要补充

会计法律制度是会计职业道德的最低要求，会计职业道德是对会计法律制度的重要补充，其作用是其他会计法律制度所不能替代的。

4. 会计职业道德是提高会计人员职业素养的内在要求

社会的进步和发展，对会计职业者的素质要求越来越高，会计职业道德是会计人员素质的主要体现。一个高素质的会计人员应当做到爱岗敬业、提高专业胜任能力，这不仅是会计职业道德的主要内容，也是会计职业者遵循会计职业道德的可靠保证。倡导会计职业道德，加强会计职业道德教育，并结合会计职业活动，引导会计职业者进一步加强自我修养，提高专业胜任能力，有利于促进会计职业者整体素质的不断提高。

四、会计职业道德与会计法律制度

为了保证市场经济主体之间的公平竞争，需要有完备的法律制度，因此市场经济是法制经济。同时，市场经济的负面效应也会反映在会计职业领域中，会计法制的加强并不意味着会计职业道德的作用被弱化。会计职业道德与会计法律制度作为社会规范，均属于会计人员行为规范的范畴，两者既有联系，又有区别。

（一）会计职业道德与会计法律制度的关系

会计职业道德与会计法律制度有着共同的目标、相同的调整对象，承担着同样的职责，两者联系密切。主要表现在以下几个方面：

（1）两者在作用上相互补充、协调。在规范会计行为时，我们不可能完全依赖会计法律制度的强制功能而排斥会计职业道德的教化功能，会计行为不可能都由会计法律制度进行规范，不需要或不宜由会计法律制度进行规范的行为，可通过会计职业道德规范来实现。同样，那些基本的会计行为必须运用会计法律制度强制执行。

（2）两者在内容上相互渗透、相互重叠。会计法律制度中含有会计职业道德规范的内容，同时，会计职业道德规范中也包含会计法律制度的某些条款。

（3）两者在地位上相互转化、相互吸收。最初的会计职业道德规范就是对会计职业行为约定俗成的基本要求，后来制定的会计法律制度逐渐吸收了这些基本要求。可见，会计法律制度是会计职业道德的最低要求。

（4）两者在实施上相互作用、相互促进。会计法律制度和会计职业道德在实施过程中相互作用，会计职业道德是会计法律规范实施的重要的社会和思想基础，会计法律制度是促进会计职业道德规范形成和遵守的制度保障。

（二）会计职业道德与会计法律制度的区别

1. 性质不同

会计法律制度体现了统治阶级的愿望和意志，通过国家机器强制执行，具有很强的他律性；会计职业道德主要依靠会计从业人员的自觉性，并依靠社会舆论、传统习惯和内心的信念来实现，具有很强的自律性。

2. 作用范围不同

会计法律制度侧重于调整会计人员的外在行为和结果的合法化，是会计职业关系得以维系的最基本条件，是对会计从业人员行为的最低限度的要求，具有较强的客观性；会计职业道德则不仅要求调整会计人员的外在行为，还要调整会计人员内在的精神世界。因此，会计职业道德在时间和空间上对会计人员的影响比会计法律制度要广泛、深刻得多。违反会计职业道德的行为，不一定违反会计法律制度；受到会计法律制裁的，一般都会受到道德的谴责（某些过失犯罪除外）。

3. 表现形式不同

会计法律制度是通过一定的程序由国家立法机关或行政管理机关制定的，其表现形式是具体的、明确的、正式的成文规定；会计职业道德出自会计人员的职业生活和职业实践，其表现形式既有明确的成文规定，也有不成文的规范，存在于人们的意识和信念之中，并无具体的表现形式，主要依靠社会舆论、道德教育、传统习俗和道德评价来实现。

4. 实施保障机制不同

会计法律制度由国家强制力保障实施；会计职业道德既有国家法律的相应要求，又需要会计人员的自觉遵守，缺乏权威机构保障对裁定的执行。

※ 练习题 ※

一、单项选择题

在线测试

1. 会计职业道德是指会计职业活动中应当遵循的、体现会计职业特征、调整（ ）的职业行为准则和规范。

A. 会计职业关系　　B. 会计职业道德

C. 会计职业行为　　D. 会计职业活动

2. 以下各项中，不属于会计职业道德具有的基本功能的是（ ）。

A. 教化功能　　B. 监督功能　　C. 评价功能　　D. 指导功能

3. 下列不是职业道德特征的是（ ）。

A. 职业性　　B. 实践性　　C. 继承性　　D. 一致性

4. 会计法律制度是会计职业道德的（ ）。

A. 最高要求　　B. 较高要求　　C. 一般要求　　D. 最低要求

5. 可以配合国家会计法律制度，调整会计职业关系中的经济利益关系，维护正常的市场经济秩序的工具称为（ ）。

A. 会计职业教育　B. 会计职业修养　　C. 会计职业纪律　　D. 会计职业道德

6. 下列属于会计人员职业道德规范的内容的是（　　）。

A. 爱岗敬业　　B. 注重仪表　　C. 尊老爱幼　　D. 提高效益

7. 职业道德是道德在职业实践活动中的具体体现，其内容与职业实践活动紧密相连。这反映出职业道德的（　　）。

A. 职业性　　B. 实践性　　C. 继承性　　D. 多样性

8. 教师"诲人不倦"、商人"买卖公平"等职业道德，体现了职业道德（　　）。

A. 职业性　　B. 实践性　　C. 继承性　　D. 多样性

9. 会计职业道德有强制性的一面，许多内容都直接纳入了会计法律制度。从这个方面看，会计职业道德具有（　　）。

A. 教化功能　　B. 监督功能　　C. 评价功能　　D. 指导功能

10. 会计职业道德可以引导、规劝、约束会计人员树立正确的职业观念，建立良好的职业品行，从而达到规范会计行为的目的。从这个方面看，会计职业道德具有（　　）。

A. 教化功能　　B. 监督功能　　C. 评价功能　　D. 指导功能

二、多项选择题

1. 职业道德的特征主要有（　　）。

A. 职业性　　B. 实践性　　C. 继承性　　D. 多样性

2. 会计职业道德具有的基本功能包括（　　）。

A. 教化功能　　B. 监督功能　　C. 评价功能　　D. 指导功能

3. 下列关于会计职业道德作用的表述中，正确的有（　　）。

A. 会计职业道德是规范会计行为的基础

B. 会计职业道德是实现会计目标的重要保证

C. 会计职业道德是对会计法律制度的重要补充

D. 会计职业道德教育是提高会计人员素质的重要措施

4. 某企业会计人员在讨论会计职业道德和会计法律制度两者的关系时提出如下观点，正确的有（　　）。

A. 两者在实施过程中相互作用、相互补充

B. 会计法律制度是会计职业道德的最低要求

C. 违反会计法律制度一定违反会计职业道德

D. 违反会计职业道德一定违反会计法律制度

5. 会计职业道德与会计法律制度的区别表现在（　　）。

A. 性质不同　　B. 作用范围不同

C. 表现形式不同　　D. 实施保障机制不同

6. 会计职业道德与会计法律制度的联系表现在（　　）。

A. 两者在作用上相互补充、协调　　B. 两者在内容上相互渗透、相互重叠

C. 两者在地位上相互转化、相互吸收　　D. 两者在实施上相互作用、相互促进

7. 下列项目中，属于会计职业道德的特征的有（　　）。

A. 会计职业道德具有多样性　　B. 会计职业道德较多关注公众利益

C. 会计职业道德具有一定的强制性　　D. 会计职业道德具有继承性

8. 我国《新时代公民道德建设实施纲要》和会计职业道德规定的内容相同的有（　　）。
A. 爱岗敬业　　B. 诚实守信　　C. 热情服务　　D. 奉献社会

三、判断题

1. 会计职业道德具有一定的强制性。（　　）
2. 会计职业道德重在确认会计人员的职业权利。（　　）
3. 会计人员违背了会计职业道德，就会受到法律的制裁。（　　）
4. 职业道德的职业性很强，不具有全社会普遍的适用性。
5. 会计人员违反了会计法律，就一定违背了会计职业道德。（　　）
6. 会计职业道德以会计人员享有的权利和义务为标准来判定其行为是否违背职业道德。（　　）
7. 会计职业道德以善恶为标准来判定会计人员的行为是否违背道德规范。（　　）
8. 会计职业道德规范的对象仅指单位会计人员，不包括注册会计师。（　　）
9. 当单位利益与社会公众利益发生冲突时，会计人员应该首先维护社会公众利益。（　　）
10. 会计职业道德对于会计人员的行为有教化功能。（　　）

第二节　会计职业道德规范的主要内容

会计职业道德规范是指在一定社会经济条件下，对会计职业行为及职业活动的系统要求或明确规定，是职业道德在会计职业行为和会计职业活动中的具体表现。根据我国会计工作、会计人员的实际情况，结合《新时代公民道德建设实施纲要》和国际上会计职业道德的一般要求，我国会计职业道德规范的主要内容包括：爱岗敬业、诚实守信、廉洁自律、客观公正、坚持准则、提高技能、参与管理、强化服务八个方面。

会计职业道德的内容

一、爱岗敬业

（一）爱岗敬业的含义

爱岗敬业就是要求会计人员热爱会计工作，安心于本职岗位，忠于职守，尽心尽力，尽职尽责。爱岗就是会计人员热爱自己的会计岗位，安心于本职岗位，恪尽职守地做好本职工作。爱岗是会计人员的一种意识活动，是敬业精神在其职业活动方式上的有意识的表达，具体表现为会计人员对自己应承担的责任和义务所表现出的一种责任感和义务感。如果会计从业人员对其所从事的会计工作不热爱，就很难在工作中做到尽心尽力、尽职尽责。敬业就是会计人员应该充分认识本职工作在社会经济活动中的地位和作用，充分认识本职工作的社会意义和道德价值，具有会计职业的荣誉感和自豪感，在职业活动中具有高度的劳动热情和创造性，以强烈的事业心、责任感从事会计工作。

爱岗敬业指的是忠于职守的事业精神，是会计职业道德的基础。爱岗和敬业互为前提，相互支持，相辅相成。“爱岗”是“敬业”的基石，“敬业”是“爱岗”的升华。

（二）爱岗敬业的基本要求

1. 热爱会计工作，敬重会计职业

热爱一项工作，首先就意味着对这项工作有一种职业的荣誉感，有自信心和自尊心；其次是对这项工作抱有浓厚的兴趣，把职业生活看成一种乐趣。只要人们是根据自己的爱好、兴趣和特长来选择职业，通常都对所选职业充满情感，喜爱这一职业。但是，任何社会、任何时候都难以绝对保证人们所选择的职业是自己满意的。因而，在所从事的职业与自己的兴趣、爱好不一致时，要求人们对其所从事的职业有一个正确的认识和态度。如果做了会计，就应该热爱会计工作，敬重会计职业。

我国各行各业的无数职业道德标兵的先进事迹告诉我们，热爱自己的工作、敬重自己的岗位是做好本职工作的前提。会计人员只要树立了“干一行爱一行”的思想，就会发现会计职业中的乐趣；只有树立了“干一行爱一行”的思想，才会刻苦钻研会计业务技能，才会努力学习会计业务知识，才会发现在会计核算、企业理财领域有许多值得人们去研究和探索的东西。有了对本职工作的热爱，就会激发出一种敬业精神，自觉自愿地执行职业道德的各种规范，不断改进自己的工作，在平凡的岗位上作出不平凡的业绩。

2. 严肃认真，一丝不苟

从业者对自己本职工作的热爱，必定会体现在对工作所必需的职业技能的态度上，体现在对自己工作成果的追求上，这就是对工作严肃认真、一丝不苟，对技术精益求精。会计工作是一项严肃、细致的工作，没有严肃认真的工作态度和一丝不苟的工作作风，就容易出现偏差。对一些损失浪费、违法乱纪的行为和一切不合法、不合理的业务开支，要严肃、认真地对待，把好费用支出关。严肃认真、一丝不苟的职业作风贯穿于会计工作的始终，会计工作不仅要求数字计算准确，手续清楚完备，而且绝不能有“都是熟人不会错”的麻痹思想和马马虎虎的工作作风。

3. 忠于职守，尽职尽责

忠于职守，不仅要求会计人员认真地执行岗位规范，而且要求会计人员在各种复杂的情况下，能够抵制各种诱惑，忠实地履行岗位职责。尽职尽责具体表现为会计人员对自己应承担的责任和义务所表现出的一种责任感和义务感，这种责任感和义务感包含两方面的内容：一是社会或他人对会计人员规定的责任；二是会计人员对社会或他人所负的道义责任。

在现代经济生活中，会计职业因其所处的环境具有特殊性，不同的岗位要求承担的责任和义务不尽相同。注册会计师接受单位委托对委托者进行审计、鉴证或咨询，要维护委托人的权益，保守商业秘密，依法出具审计报告。单位内部会计人员不仅要尽职尽责地履行会计职能，客观、真实地记录、反映服务主体的经济活动状况，负责其资金的有效运作，积极参与经营和决策，而且应抵制不当的开支，防止有人侵占单位的资产，保护单位财产的安全、完整。在对单位（或雇主）的忠诚与国家及社会公众利益发生冲突时，会计人员应该忠实于国家、忠实于社会公众，承担起维护国家和社会公众利益的责任。单位会

计人员应对外提供有关服务主体真实、可靠的会计信息；注册会计师不仅要对委托人负责，更应对广大的信息使用者负责，对被审计单位的财务状况和经营成果作出客观、公允的审计报告。

二、诚实守信

（一）诚实守信的含义

诚实守信要求会计人员做老实人，说老实话，办老实事，执业谨慎，信誉至上，不为利益所诱惑，不弄虚作假，不泄露秘密。诚实是指言行跟内心思想一致，不弄虚作假，不欺上瞒下，做老实人，说老实话，办老实事。守信就是遵守自己所作出的承诺，讲信用，重信用，信守诺言，保守秘密。诚实守信是做人的基本准则，是人们在古往今来的交往中产生的最根本的道德规范，也是会计职业道德的精髓。

诚实与守信具有内在的因果联系，一般来说，诚实即为守信，守信就是诚实。有诚无信，道德品质得不到推广和延伸；有信无诚，信就失去了根基，德就失去了依托。诚实必须守信。

中国现代会计学之父潘序伦先生认为，“诚信”是会计职业道德的重要内容。他终身倡导“信以立志，信以守身，信以处事，信以待人，毋忘‘立信’，当必有成”，并将其作为立信会计学校的校训。为突显并倡导会计职业的诚信，潘序伦先生一生的实业，皆冠之以“立信”，如立信会计师事务所、立信会计学校、立信会计出版社等。

人无信不立，国无信不强。在现代市场经济中，“诚信”尤为重要。市场经济是“信用经济”“契约经济”，注重的就是“诚实守信”。可以说，信用是维护市场经济步入良性发展轨道的前提和基础，是市场经济赖以生存的基石。朱镕基同志在 2001 年视察北京国家会计学院时，为北京国家会计学院题词：“诚信为本，操守为重，坚持准则，不做假账。”这是对广大会计人员和注册会计师最基本的要求。

（二）诚实守信的基本要求

1. 做老实人，说老实话，办老实事，不搞虚假

做老实人，要求会计人员言行一致，表里如一，光明正大。说老实话，要求会计人员说话诚实：是一说一，是二说二，不夸大，不缩小，不隐瞒，如实反映和披露单位经济业务事项。办老实事，要求会计人员工作踏踏实实，不弄虚作假，不欺上瞒下。总之，会计人员应言行一致，实事求是，如实反映单位经济业务的情况，不为个人和小集团的利益伪造账目，弄虚作假，损害国家和社会公众利益。

近年来，在财政部进行的会计信息质量抽查中，假凭证、假账簿、假报表比较普遍。而虚假信息均是出自单位管理层和会计人员之手，而且一些注册会计师也扮演了不光彩的角色，严重影响了会计职业的社会信誉。会计人员要树立良好的职业形象，就必须恪守诚实守信的基本道德准则。

2. 实事求是，如实反映

会计是经济管理的重要组成部分，会计活动的目的就是要为会计信息使用者及时提供

真实、可靠、相关的会计信息。会计资料不仅是各单位进行经营管理和业务管理的依据，而且也是国家据以进行宏观经济分析和调控的重要依据。如果会计数据失真，那会计核算就毫无意义，这不仅影响微观管理，而且影响宏观决策。因此，会计人员在办理会计事务中，必须以实事求是的精神和客观公正的态度，完整、准确、如实地反映各项经济活动的情况，不隐瞒歪曲，不弄虚作假，不搞假账真算、真账假算。维护会计信息的真实性，是会计职业道德的起码要求。

3. 保密守信，不为利益所诱惑

所谓保密守信，就是会计人员在履行自己的职责时，应树立保密观念，做到保守商业秘密，对机密资料不外传、不外泄，守口如瓶。在市场经济中，秘密可以带来经济利益，严守单位的商业秘密是极其重要的，它往往关系到单位的生死存亡。会计人员因职业特点经常接触到单位和客户的一些秘密，如单位的财务状况、经营情况、成本资料及重要单据、经济合同等，因而，会计人员应依法保守单位秘密，这是会计人员应尽的义务，也是诚实守信的具体体现。

泄密不仅是一种不道德的行为，而且是违法行为，是会计职业的大忌。会计人员在没有法律规定或经单位批准的情况下，不能以任何借口或方式把单位的商业秘密泄露出去。我国有关法律制度对会计人员保守秘密作了相关的规定。如《注册会计师法》第十九条规定："注册会计师对在执行业务中知悉的商业秘密，负有保密义务。"财政部印发的《会计基础工作规范》第二十三条规定："会计人员应当保守本单位商业秘密。除法律规定和单位领导人同意外，不能私自向外界提供或者泄露单位的会计信息。"

会计人员要做到保密守信，就要注意不在工作岗位以外的场所谈论、评价企业的经营状况和财务数据。此外，在日常生活中会计人员应保持必要的警惕，防止无意泄密。俗话说，说者无意，听者有心。人们在日常交流中经常会对熟知的事情脱口而出，而没有想到后果。为了防止这种情况的发生，会计人员要了解自己所知的信息中，哪些是商业秘密，哪些是无关紧要的事项，以防止无意泄密的情况发生，而且要抵制住各种各样的利益诱惑，绝对不能用商业秘密作为牟利的手段。

4. 职业谨慎，信誉至上

诚实守信要求注册会计师在执业中始终保持应有的谨慎态度，对客户和社会公众尽职尽责，形成"守信光荣，失信可耻"的氛围，以维护职业信誉。注册会计师在选择客户时应谨慎，不要一味地追求营业收入，迎合客户的不正当要求，接受违背职业道德的附加条件。注意评估自身的业务能力，正确判断自身的知识、经验和专业能力能否胜任所承担的委托业务。

三、廉洁自律

（一）廉洁自律的含义

廉洁自律要求会计人员公私分明、不贪不占、遵纪守法、清正廉洁。廉洁就是不贪污钱财，不收受贿赂，保持清白。自律是指自律主体按照一定的标准，自己约束自己、自己控制自己的言行和思想的过程。廉洁自律是会计职业道德的前提，也是会计职业道德的内在要求，这是会计工作的特点决定的。

作为整天与钱财打交道的会计人员，必须两袖清风，不取不义之财，做到面对金钱不眼红。会计人员只有首先做到自身廉洁，严格约束自己，才能要求别人廉洁，才能理直气壮地阻止或防止别人侵占集体利益，正确行使反映和监督的会计职责，保证各项经济活动正常进行。

自律的核心就是用道德观念自觉地抵制自己的不良欲望。一个能自律的人，能保持清醒的头脑，把持住自我不迷失方向；而不能自律的人则头脑昏昏，丧失警惕，终将成为权、财的奴隶。在我们身边这方面的事例有很多。惩治腐败，打击会计职业活动中的各种违法活动和违反职业道德的行为，除了要靠法制手段建立和完善法律外，还要会计人员严格自律，防微杜渐，构筑思想道德防线。

会计人员的廉洁是自律的基础，而自律是廉洁的保证。自律性不强就很难做到廉洁，不廉洁就谈不上自律。

（二）廉洁自律的基本要求

1. 树立正确的人生观和价值观

廉洁自律，首先要求会计人员必须加强世界观的改造，树立正确的人生观和价值观。人生观是人们对人生的目的和意义的总的观点和看法。价值观是指人们对于价值的根本观点和看法，它是世界观的一个重要组成部分，包括对价值的本质、功能、创造、认识、实现等有关价值的一系列问题的基本观点和看法。会计人员应以马克思主义、毛泽东思想、邓小平理论、“三个代表”重要思想、科学发展观、习近平新时代中国特色社会主义思想为指导，树立科学的人生观和价值观，自觉抵制享乐主义、个人主义、拜金主义等错误的思想，这是在会计工作中做到廉洁自律的思想基础。

2. 公私分明，不贪不占

公私分明就是指严格划分公与私的界线，公是公，私是私。如果公私分明，就能够廉洁奉公，一尘不染，做到“常在河边走，就是不湿鞋”。如果公私不分，就会出现以权谋私的腐败现象，甚至出现违法违纪行为。

廉洁自律的天敌就是“贪”“欲”。在会计工作中，由于大量的钱财要经过会计人员之手，因此，很容易诱发会计人员的“贪”“欲”。一些会计人员贪图金钱和物质上的享受，利用职务之便，自觉或不自觉地行“贪”。有的被动受贿，有的主动索贿，有的贪污、挪用公款，有的监守自盗，有的集体贪污。究其根本原因是这些会计人员忽视了世界观的自我改造，放松了道德的自我修养，弱化了职业道德的自律。

3. 遵纪守法，尽职尽责

遵纪守法，正确处理会计职业权利与职业义务的关系，增强抵制行业不正之风的能力，是会计人员廉洁自律的又一个基本要求。会计人员的权利和义务在《会计法》中作出了明确规定。会计人员不仅要遵纪守法，不违法乱纪、以权谋私，做到廉洁自律，而且要敢于、善于运用法律所赋予的权力，尽职尽责，勇于承担职业责任，履行职业义务，保证廉洁自律。

案例分析 4－1

小张和小林是同一个单位的会计和出纳，多年来同处一室，在工作上互相配合，关系很好。小林的丈夫开办了一家经销电脑配件的公司，最近根据电脑市场信息得知，有一种计算机软件销售前景看好，但因公司资金不足，无法进货。于是小林的丈夫让小林想办法借些款项。小林想到了单位账户的存款，于是自己填了票面金额为 24 000 元的现金支票一张，在小张下班离开办公室后，私自将小张保管的印鉴加盖在现金支票上，从银行提取了现金。一个月后，小林又将 24 000 元现金填现金缴款单存入单位银行账户。不久，小张在月末对账时，发现了此事。试从会计职业道德的角度分析小林的行为属于何种行为。如果你是小张，发现了此事应该如何处理？

分析与提示：

(1) 小林的行为属于挪用公款、公私不分，违背了会计职业道德规范中对于廉洁自律的要求。

(2) 小张发现了此事，应向单位会计部门负责人（会计主管）报告，由其对小林违背会计职业道德规范的行为进行处理。

四、客观公正

（一）客观公正的含义

客观公正要求会计人员端正态度，依法办事，实事求是，不偏不倚，保持应有的独立性。客观是指按事物的本来面目去反映，不掺杂个人的主观意愿，也不为他人意见所左右。对于会计职业活动而言，客观主要有两层含义：一是真实性，即以实际发生的经济活动为依据，对会计事项进行确认、计量、记录和报告；二是可靠性，即会计核算要准确，记录要可靠，凭证要合法。公正就是平等、公平、正直，没有偏失。但公正是相对的，世上没有绝对的公正。客观公正是会计职业道德所追求的理想目标。在会计职业活动中，由于涉及对多方利益的协调处理，因此，公正就是要求各企事业单位管理层和会计人员不仅应当具备诚实的品质，而且应公正地开展会计核算和会计监督工作，即在履行会计职能时，摒弃单位、个人私利，公平公正、不偏不倚地对待相关利益各方。注册会计师在进行审计鉴证时，应以超然独立的姿态，进行公平、公正的判断和评价，出具客观、适当的审计意见。

客观是公正的基础，公正是客观的反映。要达到公正，仅仅做到客观是不够的。公正不仅仅单指诚实、真实、可靠，还包括在真实、可靠中作出公正选择。这种选择尽管是建立在客观的基础之上，还需要在主观上作出公平、合理的选择。是否公平、合理，既取决于客观的选择标准，又取决于选择者的道德品质和职业态度。

（二）客观公正的基本要求

1. 端正态度

坚持客观公正原则的基础是会计人员的态度、专业知识和专业技能。没有客观公正的态度，不可能尊重事实。有了正确的态度之后，没有扎实的理论功底和较高的专业技能，工作也会出现失误，感到力不从心。

2. 依法办事

依法办事，认真遵守法律法规，是会计工作保证客观、公正的前提。当会计人员有了端正的态度和专业知识、技能之后，必须依据《会计法》《企业会计准则》《企业会计制度》等法律、法规和制度的规定进行会计业务处理，并对复杂、疑难的经济业务，作出客观的会计职业判断。总之，只有熟练掌握并严格遵守会计法律法规，才能客观、公正地处理会计业务。

3. 实事求是，不偏不倚

社会经济是复杂多变的，会计法律制度不可能对所有的经济事项作出规范，那么会计人员对经济事项的职业判断，就可能会出现偏差。因此，客观公正是会计工作和会计人员追求的目标，通过不断提高专业技能，正确理解、把握并严格执行会计准则、制度，不断消除非客观、非公正因素的影响，才能做到最大限度的客观公正。

客观公正应贯穿于会计活动的整个过程：一是在处理会计业务的过程中或进行职业判断时，应保持客观公正的态度，实事求是、不偏不倚；二是会计人员对经济业务的处理结果应是公正的。例如，某人出差丢失了报销用的车票，在业务处理时，不能因为无报销凭证就不报销，也不能随意报销，而是要求出差人员办理各种合法、合理的证明手续后，才能报销，即最终结果是客观公正地进行会计处理。不报销或随意报销，都是不客观公正的。总之，会计核算过程的客观公正和最终结果的客观公正都十分重要，没有客观公正的会计核算过程作为保证，结果的客观公正就难以保证；没有客观公正的结果，业务操作过程的客观公正就没有意义。

注册会计师的职业特征是维护国家和社会公众利益。注册会计师在进行职业判断时，将会涉及多方的利益，在处理这些复杂的利益关系时，绝不能采取折中的态度和方法。注册会计师应始终站在第三者的独立立场上，不偏不倚地对待有关利益各方，不以牺牲一方利益为条件而使另一方受益，应超然独立地对企业遵守会计准则、制度的具体情况进行客观公正的评价并出具恰当的审计意见。只有这样，财务报告的使用者才能确定企业财务报告的可信度，并作出适当的投资决策或信贷决策。

4. 保持独立性

客观公正是会计职业者的一种工作态度。它要求会计人员对会计业务的处理，对会计政策和会计方法的选择，以及对财务会计报告的编制、披露和评价，必须独立进行职业判断，做到客观、公平、理智、诚实。

保持独立性，对于注册会计师行业尤为重要。工作关系和经济利益等问题，单位会计人员在形式上或实质上都难以保证绝对的独立性。所以，这里所说的独立性主要是指注册会计师在执行审计业务的过程中，与相关利益当事人应保持独立。独立是客观、公正的基础，也是注册会计师行业存在的基础。根据《中国注册会计师职业道德规范指导意见》，注册会计师保持其独立性应当做到以下两点：

一是注册会计师应当回避可能影响独立性的审计事项，实现形式上的独立。注册会计师在履行其职责时，保持独立性固然十分重要，但财务报表的使用者对这种独立性的信任也很重要。如果审计人员在执业过程中实质上是独立的，但报表的使用者认为他们是客户的辩护人，则审计职业的大部分价值将随之丧失。

二是注册会计师应当恪守职业良心，保持实质上的独立。形式上独立是实质上独立的必要条件，形式上不独立，就不能保证实质上独立，而形式上独立也不一定能够保持实质上独立。注册会计师更重要的是保持实质上的独立。

五、 坚持准则

（一）坚持准则的含义

坚持准则是指会计人员在处理业务的过程中，要严格按照会计法律制度办事，不为主观或他人意志左右。这里所说的“准则”不仅指会计准则，而且包括会计法律、法规、国家统一的会计制度以及与会计工作相关的法律制度。坚持准则是会计职业道德的核心。

会计人员在进行核算和监督的过程中，只有坚持准则，才能以准则作为自己的行动指南。在发生道德冲突时，应坚持准则，以维护国家利益、社会公众利益和正常的经济秩序。注册会计师在进行审计业务时，应严格按照独立审计准则的有关要求和国家统一的会计制度的规定，出具客观公正的审计报告。

（二）坚持准则的基本要求

1. 熟悉准则

熟悉准则是指会计人员应了解和掌握《会计法》和国家统一的会计制度及与会计相关的法律制度，这是遵循准则、坚持准则的前提。只有熟悉准则，才能按准则办事，才能遵纪守法，才能保证会计信息的真实性、完整性。

2. 遵循准则

遵循准则，即执行准则。准则是会计人员开展会计工作的外在标准和参照物。会计人员在会计核算和监督时要自觉地严格遵守各项准则，将单位具体的经济业务事项与准则相对照，先作出是否合法合规的判断，对不合法的经济业务不予受理。在实际工作中，由于经济的发展和社会环境的变化，会计业务日趋复杂，因而准则规范的内容也会不断变化和完善。这就要求会计人员不仅要经常学习、掌握准则的最新变化，了解本部门、本单位的实际情况，准确地理解和执行准则，还要在面对经济活动中出现的新情况、新问题以及准则未涉及的经济业务或事项时，通过运用所掌握的会计专业理论和技能，作出客观的职业判断，予以妥善处理。

3. 坚持准则

市场经济是利益经济。在会计工作中，各种利益的交织，常常引起会计人员道德上的冲突。如果会计人员为了自己的个人利益不受影响放弃原则，做“老好人”，就会使会计工作严重偏离准则，会计信息的真实性、完整性就无法保证，作为会计人员，也应当承担相应的责任。如果会计人员坚持准则，往往会受到单位负责人和其他方面的阻挠、刁难甚至打击报复。为了切实维护会计人员的合法权益，《会计法》强化了单位负责人对单位会计工作的法律责任，赋予了会计人员相应的权力，保证了会计人员的执法环境。会计人员应认真执行国家统一的会计制度，依法履行会计监督职责，发生冲突时，应坚持准则，对法律负责，对国家和社会公众负责，敢于同违反会计法律法规和财务制度的现象作斗争，确保会计信息的真实性和完整性。

案例分析 4-2

某公司财务部门年末时发现，该年度业务招待费超过规定的开支标准。于是，会计人员按照领导的意图，搞来一些假发票，准备将超支的业务招待费列入管理费用的其他项目。这种做法是否违背了会计职业道德？为什么？

分析与提示：

这种做法违背了客观公正和坚持准则的会计职业道德要求。因为该公司的会计人员无视国家法律、法规和国家统一的会计制度，按照领导的意图实施会计舞弊。

六、提高技能

（一）提高技能的含义

提高技能要求会计人员通过学习、培训和实践等途径，持续提高会计职业技能，以达到和维持足够的专业胜任能力。会计人员是会计工作的主体。会计工作质量的好坏，一方面受会计人员职业技能水平的影响，另一方面受会计人员道德品行的影响。会计人员的道德品行是会计职业道德的根本和核心，会计人员的职业技能水平是会计人员职业道德水平的保证。会计工作是一门专业性和技术性很强的工作，从业人员必须“具备一定的会计专业知识和技能”，这样才能胜任会计工作。会计工作者必须不断地提高其职业技能，这既是会计人员的义务，又是在职业活动中做到客观公正、坚持准则的基础，是参与管理的前提。

职业技能，也可称为职业能力，是人们进行职业活动、承担职业责任的能力和手段。就会计职业而言，职业技能包括会计理论水平、会计实务操作能力、职业判断能力、自动更新知识的能力、提供会计信息的能力、沟通交流能力以及职业经验等。提高技能就是指会计人员通过学习、培训和实践等途径，持续提高上述职业技能，以拥有和维持足够的专业胜任能力。遵守会计职业道德客观上需要不断提高会计职业技能。

会计人员对会计事项进行确认、计量、记录和报告以及对单位内部会计控制制度进行设计等都需要有扎实的理论功底和丰富的实践经验；对会计处理方法的选择、会计估计的变更、会计信息的电算化处理等都是技术性很强的工作。没有娴熟的专业技能，是无法开展会计工作、履行会计职责的。特别是我国加入世界贸易组织以后，中国经济逐渐融入全球经济体系，要求会计准则、会计制度与国际会计惯例充分协调，这就需要会计人员不断地学习新的会计理论和新的准则、制度，熟悉和掌握新的法律法规。会计人员只有不断地学习，才能保持持续的专业胜任能力、职业判断能力和交流沟通能力，不断地提高会计专业技能，以适应我国深化会计改革和会计国际化的要求。

（二）提高技能的基本要求

1. 要有不断提高会计专业技能的意识和愿望

随着市场经济的发展、全球经济一体化以及科学技术日新月异，会计在经济发展中的作用越来越明显，对会计的要求也越来越高，会计人才的竞争也越来越激烈。会计人员要想生存和发展，就必须具有不断提高会计专业技能的意识和愿望，不断进取，主动地求知、求学，刻苦钻研，使自身的专业技能不断提高，使自己的知识不断更新，从而掌握过硬的本领，在会计人才的竞争中立于不败之地。

2. 要有勤学苦练的精神和科学的学习方法

专业技能的提高和学习不可能是一劳永逸之事，必须持之以恒，不间断地学习、充实和提高，“活到老学到老”。只有锲而不舍地“勤学”，同时掌握科学的学习方法，在学中思，在思中学，在实践中不断锤炼，才能不断地提高自己的业务水平，才能推动会计工作和会计职业的发展，以适应不断变化的新形势和新情况的需要。

谦虚好学、刻苦钻研、锲而不舍，是练就高超的专业技术和过硬本领的唯一途径，也是衡量会计人员职业道德水准高低的重要标志之一。

案例分析 4-3

某企业每周二下午都有两个小时固定的业务理论学习时间。因为会计人员工作繁忙，现会计主管向领导提出，财务部门的全体人员能否不参加或少参加学习。该会计主管的建议是否正确？为什么？

分析与提示：

该会计主管的建议不正确，违背了提高技能的会计职业道德要求。提高技能就是要求会计人员增强提高专业技能的自觉性和紧迫感，勤学苦练，刻苦钻研，不断进取，提高业务水平。会计人员只有通过不断学习、培训和实践等途径持续提高职业技能，才能一直保持足够的专业胜任能力。不能因工作繁忙就不参加或少参加学习。

七、参与管理

（一）参与管理的含义

参与管理，简单地讲就是间接参加管理活动，为管理者当参谋，为管理活动服务。会计管理是企业管理的重要组成部分，在企业管理中具有十分重要的作用。但会计工作的性质决定了会计在企业管理活动中，更多的是从事间接管理活动。参与管理就是要求会计人员积极主动地向单位领导反映本单位的财务、经营状况及存在的问题，主动提出合理化建议，积极地参与市场调研和预测，参与决策方案的制定和选择，参与决策的执行、检查和监督，为领导的经营管理和决策活动当好助手和参谋。如果没有会计人员的积极参与，企业的经营管理就会出现问题，决策就可能出现失误。会计人员特别是会计部门的负责人，必须强化自己参与管理、当好参谋的角色意识和责任意识。

（二）参与管理的基本要求

1. 努力钻研业务，熟悉财经法规和相关制度，提高业务技能，为参与管理打下坚实的基础

娴熟的业务、精湛的技能是会计人员参与管理的前提。会计人员只有努力钻研业务，

不断提高业务技能，深刻领会财经法规和相关制度，才能有效地参与管理，为改善经营管理、提高经济效益服务。钻研业务、提高技能，首先要求会计人员有扎实的基本功，掌握会计的基本理论、基本方法和基本技能，做好会计核算的各项基础性工作，确保会计信息真实、完整。其次，会计人员要充分利用掌握的大量会计信息，运用各种管理分析方法，对单位的经营管理活动进行分析、预测，找出经营管理中的问题和薄弱环节，提出改进意见和措施，把管理结合在日常工作之中，从而使会计的事后反映变为事前的预测和事中的控制，使会计工作真正起到当家理财的作用，成为决策层的参谋和助手。

2. 熟悉服务对象的经营活动和业务流程，使管理活动更具针对性和有效性

会计人员应当了解本单位的整体情况，特别是要熟悉本单位的生产经营、业务流程和管理情况，知晓单位的生产经营能力、技术设备条件、产品市场及资源状况等情况。只有如此，才能充分利用会计工作的优势，更好地满足经营管理的需要，才能在参与管理的活动中有针对性地拟订可行性方案，从而提高经营决策的合理性和科学性，更有效地服务于单位的总体发展目标。

八、强化服务

（一）强化服务的含义

强化服务就是要求会计人员具有文明的服务态度、强烈的服务意识和优良的服务质量。服务态度是服务者的行为表现，“文明服务，以礼待人”，不仅仅是对服务行业提出的道德要求，也是对所有职业活动提出的道德要求。在我们的社会生活中，各岗位上的就业者都处于服务他人和接受他人服务的地位。在服务他人的过程中，人们承担对他人的责任和义务的同时，也接受着他人的服务。

会计工作虽不能说是“窗口”行业，但其工作涉及面广，又往往需要服务对象和其他部门的协作及配合，而且会计工作的政策性很强，在工作交往和处理业务的过程中，容易同其他部门及服务对象发生利益冲突或意见分歧。因而会计人员待人处世的态度直接关系到工作能否顺利开展和工作的成效。这就要求会计人员不仅要有热情、耐心、诚恳的工作态度，待人平等、礼貌，而且遇到问题要以商量的口吻，充分尊重服务对象和其他部门的意见，做到大事讲原则，小事讲风格，沟通讲策略，用语讲准确，建议看场合。

强化服务的结果，就是奉献社会。任何职业的利益、职业劳动者个人的利益都必须服从社会的利益、国家的利益。如果说爱岗敬业是职业道德的出发点，那么，强化服务、奉献社会就是职业道德的归宿点。

（二）强化服务的基本要求

1. 强化服务意识

会计人员要树立强烈的服务意识，为管理者服务、为所有者服务、为社会公众服务、为人民服务。不论服务对象的地位高低，都要摆正自己的工作位置，管钱管账是自己的工作职责，参与管理是自己的义务。只有树立了强烈的服务意识，才能做好会计工作，履行会计职能，为单位和社会经济的发展作出应有的贡献。

2. 提高服务质量

强化服务的关键是提高服务质量。单位会计人员的服务质量表现在：是否真实地记录单位的经济活动，向有关方面提供可靠的会计信息；是否积极主动地向单位领导反映经营活动情况和存在的问题，提出合理化建议，协助领导决策，参与经营管理活动。注册会计师的服务质量表现在，是否以客观、公正的态度正确评价委托单位的财务状况、经营成果，出具恰当的审计报告，为社会公众及信息使用者服务好。

需要注意的是，在会计工作中提供上乘的服务，并非无原则地满足服务主体的需要，而是在坚持原则、坚持准则的基础上尽量满足用户或服务主体的需要。

案例分析 4-4

会计人员看人办事——官大办得快，官小办得慢，无官拖着办。这种现象违背了哪种会计职业道德规范？为什么？

分析与提示：

违背了“强化服务”的会计职业道德规范，因为“强化服务”要求会计人员具有文明的服务态度、强烈的服务意识和优良的服务质量。强化会计职业服务的基本要求就是会计人员要有强烈的服务意识，服务要文明，质量要上乘。“官大办得快，官小办得慢，无官拖着办”，违背了“强化服务”的基本要求。

※ 练习题 ※

在线测试

一、单项选择题

1. 客观公正的基本要求是（　　）。

A. 端正态度，依法办事，实事求是，保持独立性

B. 端正态度，坚持准则，实事求是，保持独立性

C. 公私分明，依法办事，实事求是，保持独立性

D. 端正态度，忠于职守，实事求是，保持独立性

2. 某公司资金紧张，需向银行贷款500万元。公司经理请返聘的张会计对公司提供给银行的会计报表进行技术处理。张会计很清楚公司目前的财务状况和偿债能力，做这种技术处理是很危险的，但在经理的反复开导下，张会计感恩于经理平时对自己的照顾，于是编制了一份经过技术处理后漂亮的会计报告，公司获得了银行的贷款。下列对张会计行为的认定中正确的是（　　）。

A. 张会计违反了爱岗敬业、客观公正的会计职业道德要求

B. 张会计违反了参与管理、坚持准则的会计职业道德要求

C. 张会计违反了客观公正、坚持准则的会计职业道德要求

D. 张会计违反了强化服务、客观公正的会计职业道德要求

3. “常在河边走，就是不湿鞋”这句话体现的会计职业道德是（　　）。

A. 参与管理　　B. 廉洁自律　　C. 提高技能　　D. 强化服务

4. 公司为获得一项工程合同，拟向工程发包方的有关人员支付好处费8万元。公司市场部持公司董事长的批示到财务部领取该笔款项。财务部经理谢某认为该项支出不符合有关规定，但考虑到公司主要领导已做了批示，遂同意拨付款项。下列对谢某做法的认定中正确的是（　　）。

A. 谢某违反了爱岗敬业的会计职业道德要求

B. 谢某违反了参与管理的会计职业道德要求

C. 谢某违反了客观公正的会计职业道德要求

D. 谢某违反了坚持准则的会计职业道德要求

5. 公司会计小李不仅熟悉会计电算化业务，而且对利用现代信息技术加强经营管理颇有研究。互联网时代，小李向公司建议开辟网上业务洽谈，并实行优惠的折扣政策。公司采纳了小李的建议，使得销售额持续增长。小李的行为体现出的会计职业道德是（　　）。

A. 爱岗敬业、参与管理　　B. 爱岗敬业、坚持准则

C. 爱岗敬业、廉洁自律　　D. 提高技能、强化服务

6.（　　）是会计职业道德的精髓，也是做人的基本准则。

A. 爱岗敬业　　B. 诚实守信　　C. 服务群众　　D. 奉献社会

7. 某些会计人员认为“既然跟着领导工作，那肯定是领导要我干啥就干啥”。这种说法违背了会计职业道德的（　　）的要求。

A. 诚实守信　　B. 廉洁自律　　C. 坚持准则　　D. 客观公正

8. 为企业的决策者当好参谋和助手，是会计人员应尽的（　　）。

A. 社会责任　　B. 行政责任　　C. 道德责任　　D. 法律责任

9. 会计人员的基本品质是（　　）。

A. 爱岗敬业　　B. 廉洁自律　　C. 文明服务　　D. 提高技能

10. 会计人员实事求是地反映企业的经济业务是（　　）道德规范的要求。

A. 文明服务　　B. 客观公正　　C. 提高技能　　D. 廉洁自律

11. 新的会计职业道德意识中，（　　）要求以劳动者的业绩与贡献作为衡量一个人价值的根本标准。

A. 平等意识　　B. 服务意识　　C. 廉洁意识　　D. 才能意识

12. 职业道德的出发点和归宿是（　　）。

A. 爱岗敬业　　B. 诚实守信　　C. 办事公道　　D. 奉献社会

13. 会计制度中的账实相符规定体现了（　　）的会计职业道德规范的要求。

A. 诚实、合理　　B. 诚实、客观　　C. 公正、规范　　D. 公正、自律

14. 职业道德中的最高境界是（　　）。

A. 爱岗敬业　　B. 诚实守信　　C. 办事公道　　D. 奉献社会

15. 在我国会计职业道德规范中，（　　）是会计人员做到依法办事的核心内容。

A. 诚信为本　　B. 操守为重　　C. 坚持准则　　D. 不做假账

16. 职业道德的基础是（　　）。

A. 爱岗敬业　　B. 诚实守信　　C. 办事公道　　D. 服务群众

17. 要求会计人员端正态度、依法办事、实事求是、不偏不倚、保持应有的独立性，体现了（　　）方面的会计职业道德。

A. 诚实守信　　B. 提高技能　　C. 参与管理　　D. 客观公正

二、多项选择题

1. 爱岗敬业的基本要求包括（　　）。
A. 正确认识会计职业，树立职业荣誉感
B. 热爱会计工作，敬重会计职业
C. 严肃认真，一丝不苟
D. 忠于职守，尽职尽责

2. 廉洁自律的基本要求包括（　　）。
A. 树立正确的人生观和价值观　　B. 公私分明，不贪不占
C. 保密守信，不为利益所诱惑　　D. 遵纪守法，尽职尽责

3. 下列各项中，属于会计职业道德“参与管理”行为的有（　　）。
A. 对公司财务报告进行综合分析，并提交风险预警报告
B. 参加公司重大投资项目的可行性研究分析
C. 分析坏账形成原因，提出加强授信管理、加快货款回收的建议
D. 分析现金流量状况，查找存在的问题，提出改进措施

4. 下列体现会计职业道德“爱岗敬业”基本要求的有（　　）。
A. 工作任劳任怨　　B. 工作一丝不苟
C. 工作尽职尽责　　D. 工作精益求精

5. 会计人员如果泄露本单位的商业秘密，可能导致的后果有（　　）。
A. 会计人员的信誉将会受到损害　　B. 单位的经济利益将遭受损失
C. 会计行业声誉将受到损害　　D. 会计人员将承担法律责任

6. 下列体现会计职业道德“诚实守信”基本要求的有（　　）。
A. 做老实人、说老实话、办老实事　　B. 言行一致、表里如一
C. 保守商业秘密，不为利益所诱惑　　D. 公私分明、不贪不占

7. 小王是某代理记账公司提供专业服务的会计人员，其在为客户提供的下列服务中，违背会计职业道德要求的做法有（　　）。
A. 向委托单位提出改进内部会计控制的建议
B. 利用专业知识向委托单位提出偷税建议
C. 在委托单位举办会计知识培训，帮助其树立依法理财观念
D. 为帮助委托单位负责人完成年度业绩，提出将固定资产折旧和银行借款利息挂账处理的建议

8. 下列符合会计职业道德“提高技能”要求的有（　　）。
A. 出纳人员向银行工作人员请教辨别假钞的技术
B. 会计主管与单位其他会计人员交流隐瞒业务收入的做法
C. 会计人员积极参加会计职称培训
D. 总会计师通过自学提高会计职业判断能力，熟知经济政策

9. 客观公正的基本要求有（　　）。
A. 端正态度　　B. 依法办事　　C. 不偏不倚　　D. 保持独立性

10. 下列各项中，有利于提高会计人员职业技能的有（　　）。

A. 参加全国会计专业技术职称培训和考试

B. 参加单位会计知识竞赛

C. 参加单位举办的文艺晚会

D. 撰写学术论文并予以发表

三、判断题

1. 会计职业道德规范中的“坚持准则”不仅指会计准则，而且包括会计法律、法规、国家统一的会计制度以及与会计工作相关的法律制度。（　　）

2. 会计人员泄露商业秘密违反了会计职业道德，但不违反法律。（　　）

3. 会计职业道德要求会计人员客观公正。所谓公正，就是要求会计人员公平正直，没有偏失，遵循中庸之道。（　　）

4. 会计人员的工作与单位经营决策关系不大，没有必要要求会计人员参与管理。（　　）

5. 会计人员在工作中“懒”“拖”的不良习惯，违背了会计职业道德的爱岗敬业的规范要求。（　　）

6. 谦虚好学、刻苦钻研、锲而不舍，是练就高超的专业技术和过硬本领的唯一途径，也是衡量会计人员职业道德水准高低的重要标志之一。（　　）

第三节　会计职业道德教育

实现以“诚信”为核心的会计职业道德目标，必须开展全方位、多形式、多渠道的会计职业道德教育，以逐步培养会计人员的会计职业道德情感，树立会计职业道德观念，提高会计职业道德水平，从而使会计职业健康发展。

一、会计职业道德教育的含义

会计职业道德教育是指根据会计工作的特点，有目的、有组织、有计划地对会计人员施加系统的会计职业道德影响，促使会计人员形成会计职业道德品质，履行会计职业道德义务的活动。会计职业道德教育是使外在的会计职业道德规范转化为会计人员的内在品质和行为的有效途径，它根据会计工作的特点，用会计职业道德对会计人员进行灌输和施加影响，使会计职业道德和优秀的会计职业传统深入会计人员的心中，提高会计人员在会计工作中的职业道德水平。会计职业道德教育是对会计人员的一种外在的影响和督促，是会计工作的主管部门、会计职业的管理机构等对会计人员进行职业教育的一项基本内容。

二、会计职业道德教育的形式

（一）接受教育

接受教育即外在教育，是指通过学校或培训单位对会计人员进行以职业责任、职业义务为核心内容的正面灌输，以规范其职业行为，维护国家和社会公众利益的教育。接受教育具有导向作用，对职业道德教育的组织者来说，接受教育是主动开展正面教育和灌输，对会计人员则是被动学习、被动接受教育。

（二）自我修养

自我修养即内在教育，它是一种自我学习、自身道德修养的行为活动。著名教育家叶圣陶所说的“教育的目的就是为了不教育”，也就是实现由接受教育到自我教育的过程。把外在的会计职业道德的内容要求，逐步转变为会计人员内在的职业道德认识，会计职业道德情感、会计职业道德意志和会计职业道德信念，要通过内在的自我教育才能实现。要大力提倡和引导会计人员自我教育，在社会实践中不断地加强职业道德修养，养成良好的道德行为，从而实现道德境界的升华。

三、会计职业道德教育的内容

（一）会计职业道德观念教育

普及会计职业道德基础知识，是会计职业道德教育的基础。要广泛宣传会计职业道德基本常识，树立会计职业道德观念，了解会计职业道德对社会经济秩序、会计信息质量的影响，以及违反会计职业道德将受到的惩戒和处罚。把会计职业道德教育同社会教育、学校教育、家庭教育结合起来，形成会计人员遵守职业道德光荣，不遵守职业道德可耻的社会氛围。

（二）会计职业道德规范教育

会计职业道德规范教育是指对会计人员开展以会计职业道德规范为内容的教育。以爱岗敬业、诚实守信、廉洁自律、客观公正、坚持准则、提高技能、参与管理和强化服务为主要内容的会计职业道德规范是会计职业道德教育的核心内容，并贯穿于会计职业道德教育的始终。

（三）会计职业道德警示教育

会计职业道德警示教育是指通过开展对违法会计行为典型案例的讨论，给会计人员以启示和警示。根据不同的教育对象，选择一些违法会计行为的典型案例和违反会计职业道德的典型案例，开展广泛、深入的讨论，从而提高会计人员的法律意识和会计职业道德观念，提高会计人员辨别是非的能力。

（四）其他教育

其他与会计职业道德相关的教育主要有形势教育、法制教育、政策教育、反腐斗争教育、品德教育等。通过这些教育形式，会计人员可以了解国家政治、经济、科技发展形势，把握会计工作和理论发展趋势，以增强职业责任感和社会责任感。

四、会计职业道德教育的途径

（一）接受教育的途径

1. 岗前职业道德教育

岗前职业道德教育是指对将要从事会计职业的人员进行的道德教育，它一般是指会计专业学历教育中的职业道德教育。教育的侧重点应放在职业观念、职业情感及职业规范等方面。

《新时代公民道德建设实施纲要》指出："学校是公民道德建设的重要阵地。要全面贯彻党的教育方针，坚持社会主义办学方向，坚持育人为本、德育为先，把思想品德作为学生核心素养、纳入学业质量标准，构建德智体美劳全面培养的教育体系。"在我国大专院校会计类专业就读的学生，以后大部分将加入会计队伍，从事会计工作，是会计队伍的预备人员。会计学历教育的阶段是他们的会计职业情感、道德观念和是非善恶判断标准初步形成的时期，在会计学历教育中开展会计职业道德教育，可以促使会计队伍预备人员将会计职业道德要求转化为内在的会计职业道德品质，把会计职业道德规范变成未来职业活动中遵循的信念和标准，从而对潜在的会计人员职业道德水准起着基础性作用。所以，开设会计类专业的大专院校是会计职业道德教育的重要阵地，是会计人员岗前道德教育的主要场所，在会计职业道德教育中具有基础性地位。我国每年有几十万名大中专毕业生加入会计队伍的行列。为保证进入会计队伍的新鲜血液具有良好的职业道德观念，会计职业道德教育必须从会计学历教育抓起。

2. 岗位职业道德继续教育

岗位职业道德继续教育是对已进入会计职业的会计人员进行的继续教育。会计人员继续教育是强化会计职业道德教育的有效形式。

会计职业道德教育应贯穿于整个会计人员继续教育的始终，在职业道德继续教育中应体现出社会经济的发展变化对道德的要求，也就是说在不同的阶段，道德教育的侧重点应有所不同。就现阶段而言，会计人员继续教育中的会计职业道德教育目标是适应新的市场经济形势的发展变化，在不断更新、补充、拓展会计人员业务能力的同时，使其政治素质、职业道德水平不断提高，具体包括以下内容：

（1）形势教育。形势教育的重点是要贯彻"以德治国"的重要思想和"诚信为本，操守为重，坚持准则，不做假账"的指示精神，通过形势教育，让会计人员了解国家政治、经济、科技发展形势，正确理解党的路线、方针、政策，把握会计工作和理论的发展趋势，踏实做好本职工作，进一步全面、系统地加强会计职业道德培训，提高广大会计人员的政治水平和思想道德意识。

（2）品德教育。品德教育主要包括会计职业信念教育、会计职业业务教育、会计职业荣誉教育、会计职业尊严教育和会计职业节操教育。教育的重点是引导会计人员自觉地用会计职业道德规范指导和约束自身的行为，提高职业道德自律能力，最终形成良好的、稳定的道德品行。

（3）法制教育。教育的重点是引导会计人员熟悉并了解不同历史时期的会计法律法规，学会运用法律的手段处理会计事务。

（二）自我修养的途径

1. 慎省慎微

“慎省”，就是认真自省，即通过自我反思、自我剖析、自我总结而发扬长处、克服短处，从而实现自我升华，自我超越。古人云，“吾日三省吾身”，就是“内省”的修养法则。“慎微”，就是指在微处、小处自律，从微处、小处着眼，积小善成大德。

2. 慎独慎欲

“慎独”，即在一个人单独处事、无人监督的情况下，仍能坚持道德准则，自觉地按照道德准则去办事，不做任何对国家、对社会、对他人不道德的事情。“慎欲”，是会计人员要控制私欲，用正当的手段获得物质利益。会计人员要把国家、社会公众和集体利益放在首位，在追求自身利益的时候，不损害国家和他人利益。

3. 自警自励

“自警”，就是要随时警醒、告诫自己，要警钟长鸣，防止各种不良思想对自己的侵蚀。“自励”，就是要以崇高的会计职业道德理想、信念激励自己、教育自己。

※ 练习题 ※

在线测试

一、单项选择题

1. 会计职业道德教育中具有基础性地位的是（　　）。

A. 会计学历教育中的职业道德教育

B. 参加会计培训中的职业道德教育

C. 岗位职业道德继续教育

D. 职称聘任过程中的职业道德教育

2. 下列不属于岗位职业道德继续教育范围的是（　　）。

A. 形势教育　　B. 品德教育　　C. 法制教育　　D. 会计电算化教育

3. 下列不属于会计职业道德自我修养途径的是（　　）。

A. 慎省慎微　　B. 慎独慎欲　　C. 自警自励　　D. 自我安慰

4. 把会计职业道德教育同社会教育、学校教育、家庭教育结合起来，形成会计人员遵守职业道德光荣，不遵守职业道德可耻的社会氛围。这种教育属于（　　）。

A. 会计职业道德观念教育　　B. 会计职业道德形势教育

C. 会计职业道德规范教育　　D. 会计职业道德警示教育

5. 贯穿于会计职业道德始终的教育属于（　　）。

A. 会计职业道德观念教育　　B. 会计职业道德形势教育

C. 会计职业道德规范教育　　　　D. 会计职业道德警示教育

二、多项选择题

1. 开展会计职业道德教育的意义在于（　　）。

A. 促使会计职业健康发展　　　　B. 培养会计职业道德情感

C. 树立会计职业道德信念　　　　D. 提高会计职业道德水平

2. 会计职业道德教育的形式有（　　）。

A. 接受教育　　B. 学历教育　　C. 自我教育　　D. 继续教育

3. 会计职业道德教育的主要内容包括（　　）。

A. 观念教育　　B. 形势教育　　C. 规范教育　　D. 警示教育

4. 就现阶段而言，会计人员继续教育中的会计职业道德教育的主要内容包括（　　）。

A. 观念教育　　B. 形势教育　　C. 品德教育　　D. 法制教育

5. 会计职业道德教育中的“品德教育”主要内容包括（　　）。

A. 会计职业信念教育　　　　B. 会计职业业务教育

C. 会计职业荣誉教育　　　　D. 会计职业尊严教育

6. 会计人员自我修养的途径包括（　　）。

A. 慎省慎微　　B. 慎独慎欲　　C. 自警自励　　D. 谦虚谨慎

三、判断题

1. 会计职业道德教育的自我教育是相对于接受教育而言的，是一种通过自我学习，加强自身道德修养的行为活动，是内在教育。（　　）

2. 会计职业道德教育是使外在的会计职业道德规范转化为会计人员的内在品质和行为的有效途径。（　　）

3. 所谓“慎独”，是指会计人员要控制私欲，用正当的手段获得物质利益。（　　）

4. 岗位职业道德教育是指对将要从事会计职业的人员进行的道德教育。（　　）

5. 接受教育是指会计人员被动学习、被动接受的教育。（　　）

6. 会计职业道德教育应贯穿于整个会计人员继续教育的始终。（　　）

第四节　会计职业道德建设组织与实施

会计职业道德建设是一项复杂的系统工程，要抓好会计职业道德建设，关键在于加强和改善会计职业道德建设的组织和领导，并使其得到切实贯彻和实施。各级财政部门、会计职业团体、机关和企事业单位要充分认识到加强会计职业道德建设对于促进社会经济健康发展的重要意义，积极探索会计职业道德建设组织与实施的制度和机制，齐抓共管，保证会计职业道德建设的各项任务和要求的切实贯彻和实施。

一、财政部门的组织推动

财政部门应组织和推动会计职业道德建设，依法行政，探索会计职业道德建设的有效途径和实现形式。各级财政部门应当根据会计法律制度，积极探索将会计职业道德建设与会计从业人员管理相结合的机制，逐步完善会计从业人员的资格准入、考核、奖惩、培训、退出等制度。各地在组织开展会计人员继续教育的过程中，要将会计职业道德作为一项重要内容，通过组织一定学时的继续教育，使会计人员了解和掌握会计职业道德的主要内容。

（一）采用多种形式开展会计职业道德宣传教育

加强会计职业道德建设，是当前会计队伍建设和会计秩序建设的一项重要任务，需要各方面的配合，应有计划、有步骤地开展会计职业道德的宣传教育工作，要结合本地区的实际情况，制定切实可行的宣传教育方案，采取灵活多样的宣传形式，如举办会计职业道德演讲会、有奖知识竞赛、征文、专题研讨等活动引导广大会计人员积极参与会计职业道德教育活动，要充分利用广播、电视、网络、报刊等媒体，广泛宣传遵守会计职业道德的先进典范，弘扬正气，树立诚实守信等会计新风尚，在全社会营造会计职业道德建设的良好氛围。

（二）会计职业道德建设与会计专业技术资格考评、聘用相结合

我国《会计专业技术资格考试暂行规定》及其实施办法规定，报考初级资格、中级资格的会计人员，应坚持原则，具备良好的职业道德品质。会计专业技术资格考试管理机构在组织报名时，应对参加报名的会计人员职业道德情况进行检查。对有不遵循会计职业道德记录的，应取消其报名资格。

目前我国有不少地方已开始试行高级会计师资格考试与评审相结合的方式，在考试和评审两个方面对其会计职业道德进行检查、考核。一是在考试方面，考虑到职业道德对高级会计师的重要性，有必要增设职业道德的内容，从理论上加深其对会计职业道德的理解和认识。二是在评审方面要对申报人的会计职业道德情况严格审查。此外，还规定一些关于职业道德规范的否决条款。比如，申报人曾因违法犯罪行为而受过刑事处罚，则不能参加高级会计师资格的评审等。

将会计职业道德奖惩与会计专业技术资格的考、评、聘联系起来，必将使广大会计人员像重视自己的专业技术职称一样重视自己的职业道德形象，在日常的学习和工作中不断提高自身的职业道德修养。

（三）会计职业道德建设与会计法执法检查相结合

财政部门作为《会计法》的执法主体，可以依法对社会各单位执行会计法律制度的情况及会计信息质量进行不同形式的检查或抽查。通过检查，一方面督促各单位严格执行会计法律法规，另一方面也是对各单位会计人员遵守会计职业道德规范的情况的检查和检验。

违反《会计法》的行为，同时也一定是违反了会计职业道德要求的行为。会计人员若存在这种行为，不仅要承担《会计法》规定的法律责任，受到行政处罚或刑事处罚，同时

还必须接受相应的道德制裁，可以在会计行业范围内通报批评、指令其参加一定学时的继续教育课程、在行业内部的公开刊物上予以曝光等。法律惩罚和道德惩罚两者是并行不悖、不可替代的，应同时并举。

（四）会计职业道德建设与会计人员表彰奖励制度相结合

《会计法》规定："对认真执行本法，忠于职守，坚持原则，做出显著成绩的会计人员，给予精神的或物质的奖励。"因此，在对违反会计职业道德的行为进行惩戒的同时，还应对自觉遵守会计职业道德的先进人物进行表彰。实践中的大量事实表明，奖励和惩罚相结合的方法优于只奖不罚或只罚不奖。赏罚结合可以带来双重的激励效果。

对会计人员的表彰奖励应注意将物质奖励和精神激励有机结合起来，具体可以采用给予一定数额奖金、晋升工资、授予荣誉称号、颁发荣誉证书等方式，并通过大众媒体予以广泛宣传。我国会计人员的庞大队伍中蕴藏着许许多多先进人物和动人事迹。在会计职业道德建设中，应善于发现典型、树立榜样。通过对优秀会计工作者进行表彰、奖励，营造抑恶扬善的环境，从而在潜移默化中提高全体会计人员的职业道德素质。

二、会计行业的自律

会计职业道德的建设，除了依靠财政部门的组织推动外，行业自律也是一种重要手段。会计行业自律是一个群体概念，是会计职业组织对整个会计职业的会计行为进行自我约束、自我控制的过程。会计职业组织起着联系会员与政府的桥梁作用，应充分发挥协会等会计职业组织的作用，改革和完善会计职业组织自律机制，有效发挥自律机制在会计职业道德建设中的促进作用。

在日常会计工作中，经常发生一些虽然没有触犯法律，但违反了会计职业道德要求的做法。在会计行业自律组织比较健全的情况下，可以由职业团体通过自律性监管，对发现的违反会计职业道德规范的行为进行相应的惩罚，根据情节轻重采取通报批评、罚款、取消其会员资格、警告、退回向客户收取的费用、参加后续教育等方式。

近些年来，我国正在逐步完善会计职业的行业自律机制，加大对违反会计职业道德的会计人员和会计师事务所的惩处力度，并取得了一定进展。中国注册会计师协会作为注册会计师行业自律组织，先后发布了《中国注册会计师职业道德基本准则》《中国注册会计师职业道德规范指导意见》《注册会计师、注册资产评估师行业诚信建设纲要》等。由于我国会计职业组织建立比较晚，自律性监管相对薄弱，因而在注册会计师职业道德规范的实施与惩戒过程中仍存在一些问题。这就要求注册会计师职业组织从行业整体利益和社会责任出发，切实改进管理和服务，把行业建设好。

三、企事业单位的内部监督

作为会计主体的企事业单位，是做好会计职业道德建设的最基础环节。会计人员职业道德建设的好与差，其所在单位是最直接的受益者或受害者。因此，企事业单位要任用合格的会计人员，开展会计人员职业道德教育，建立和完善内部控制制度，形成内部约束机制，防范舞弊和经营风险，支持并督促会计人员遵循会计职业道德，依法开展会计工作。

首先，单位负责人要切实抓好会计职业道德建设。《会计法》规定，单位负责人对本单位的会计工作真实性和完整性负责。因此，单位负责人必须重视和加强本单位会计人员的职业道德建设，选择任用业务素质高、职业道德好、无不良记录的人员从事会计工作。其次，要根据会计职业道德规范要求，结合本系统、本行业的特点，有针对性地制定具体的会计职业道德规范，并开展宣传教育，抓好督促落实。

四、社会各界的监督与配合

加强会计职业道德建设，既是提高广大会计人员素质的一项基础性工作，又是一项复杂的社会系统工程。它不仅是某一个单位、某一个部门的任务，也是各地区、各部门、各单位的共同责任。《新时代公民道德建设实施纲要》指出："各级党委和政府要担负起公民道德建设的领导责任，将其摆上重要议事日程，纳入全局工作谋划推进，有机融入经济社会发展各方面。纪检监察机关和组织、统战、政法、网信、经济、外交、教育、科技、卫生健康、交通运输、民政、文化和旅游、民族宗教、农业农村、自然资源、生态环境等党政部门，要紧密结合工作职能，积极履行公民道德建设责任。发挥基层党组织和党员在新时代公民道德建设中的战斗堡垒作用和先锋模范作用。工会、共青团、妇联等群团组织，各民主党派和工商联，要积极发挥自身优势，共同推动公民道德建设。"因此，加强会计职业道德建设，不仅各级党组织要管，各级机关、群众组织等也要管。只有重视和加强各级组织、广大群众和新闻媒体的监督作用，齐抓共管，形成合力，才能有效地搞好会计职业道德建设，更好地提高广大会计人员的思想道德素质。

各有关部门和单位要关心、支持会计职业道德建设，根据会计职业道德规范的要求，结合本系统、本行业的特点，有针对性地制定具体的会计职业道德规范，并开展宣传教育，抓好督促落实。

良好的会计职业道德风尚的树立，离不开社会舆论的支持和监督。"银广夏"等会计造假案被发现，媒体的追踪报道功不可没。强化舆论监督，有利于在全社会形成诚实守信的氛围。要以新闻媒体为阵地，广泛开展会计职业道德的宣传教育，使社会各界了解会计职业道德规范的内容，促进良好的会计职业道德深入人心。要在全社会会计人员中倡导诚信为荣、失信为耻的职业道德意识，引导会计人员加强职业修养。要通过会计职业道德建设中正反典型的宣传，弘扬正气，打击歪风。要通过强化舆论监督，使各部门、各行业、各会计职业组织和社会各界积极行动起来，齐抓共管，共同把会计职业道德建设搞好。

※ 练习题 ※

在线测试

一、单项选择题

1. 会计职业组织对整个会计职业的会计行为进行自我约束、自我控制的过程称为（　　）。

A. 会计人员自律　　B. 会计行业自律
C. 会计队伍自律　　D. 会计主管自律

2. 要在全社会会计人员中倡导（　　）的职业道德意识，引导会计人员加强职业修养。

A. 弘扬正气、打击歪风　　B. 坚持原则、诚实守信
C. 诚信为荣、失信为耻　　D. 依法办事、廉洁奉公

3. 在会计职业道德建设组织与实施体系中，起主导作用的是（　　）。

A. 财政部门的组织推动　　B. 会计行业的自律
C. 企事业单位的内部监督　　D. 社会各界的监督与配合

4. 企事业单位对会计职业道德建设的第一责任人是（　　）。

A. 单位负责人　　B. 总经理　　C. 单位书记　　D. 总会计师

二、多项选择题

1. 会计职业道德建设组织与实施应包括（　　）。

A. 财政部门的组织推动　　B. 会计行业的自律
C. 企事业单位的内部监督　　D. 社会各界的监督与配合

2. 财政部门对会计职业道德建设组织与实施应采取的措施有（　　）。

A. 采用多种形式开展会计职业道德宣传教育
B. 会计职业道德建设与会计专业技术资格考评、聘用相结合
C. 会计职业道德建设与会计法执法检查相结合
D. 会计职业道德建设与会计人员表彰奖励制度相结合

3. 对会计人员的表彰奖励应注意将物质奖励和精神激励有机结合起来，具体可以采用（　　）。

A. 给予一定数额奖金　　B. 晋升工资
C. 授予荣誉称号　　D. 颁发荣誉证书

4. 对会计人员违反《会计法》的行为，同时也一定是违反了会计职业道德要求的行为，不仅要承担《会计法》规定的法律责任，受到行政处罚或刑事处罚，同时还必须接受相应的道德制裁。具体表现为（　　）。

A. 追究刑事责任，赔偿经济损失
B. 在会计行业范围内通报批评
C. 在行业内部的公开刊物上予以曝光
D. 指令其参加一定学时的继续教育课程

5. 下列关于企事业单位对会计职业道德的内部监督说法正确的有（　　）。

A. 作为会计主体的企事业单位，是做好会计职业道德建设的最基础环节
B. 会计人员职业道德建设得好与差，其所在单位是最直接的受益者或受害者
C. 单位负责人必须选择任用业务素质高、职业道德好、无不良记录的人员从事会计工作
D. 企事业单位要结合本系统、本行业的特点，有针对性地制定具体的会计职业道德规范，并开展宣传教育，抓好督促落实

三、判断题

1. 会计人员违反会计职业道德的，由所在单位进行处罚。（　　）

2. 良好的会计职业道德风尚的树立，离不开社会舆论的支持和监督。（　　）

3.《中国注册会计师职业道德基本准则》是由财政部制定和颁布的。（　　）

4. 要在全社会会计人员中倡导诚信为荣、失信为耻的职业道德意识，引导会计人员加强职业修养。（　　）

5. 会计人员违反了会计职业道德要求的行为，不仅要承担《会计法》规定的法律责任，受到行政处罚或刑事处罚，同时还必须接受相应的道德制裁。（　　）

第五节　会计职业道德的检查与奖惩

为了建立健全会计职业道德体系，充分发挥会计职业道德的作用，建立职业道德规范，加强职业道德教育的基础，对会计从业人员的职业道德规范遵循情况进行检查，并根据检查结果进行相应的表彰、奖励和惩罚，建立健全会计职业道德检查和奖惩机制，这是会计职业道德整治的一个重要组成部分。

一、会计职业道德检查与奖惩的意义

（一）促使会计人员遵守职业道德规范

奖惩机制利用人类趋利避害的特点，以利益的给予和剥夺为砝码，对会计人员起着引导和威慑的作用，使会计行为主体不论出于何种动机，都必须遵循会计职业道德规范，否则将受到相应的惩罚或谴责。

（二）裁决与教育作用

会计职业道德的检查与奖惩，可以对各种会计行为的对错作出裁决，而且鞭笞违反道德的行为，褒奖那些符合职业道德要求的行为，并使其发扬光大。因此，会计职业道德的检查与奖惩不仅具有道德法庭的作用，而且对会计人员具有深刻的教育作用。

（三）形成抑恶扬善的社会环境

就道德规范自身特点而言，它主要是依靠传统习俗、社会舆论和内心信念来维系的。这种非刚性的特征也就决定了它的落实、实施还必须借助政府部门的行政监管、职业团体的自律性监管和企事业单位内部纪律等外在硬性他律机制。只有这样，才能有效地发挥道德规范潜在的裁判和激励效力。

二、会计职业道德检查与奖惩机制

（一）财政部门的监督检查

根据我国《会计法》的规定，财政部门是会计工作的行政管理部门。利用财政部门的行政管理职能等资源，开展对会计职业道德的监督检查，是十分有效的。财政部门要将会计法执法检查与会计职业道德相结合，将会计专业技术资格考评、聘用与会计职业道德检查相结合，引导建立健全会计职业道德检查与奖惩机制。

（二）会计行业组织的自律管理与约束

在经济生活中，大量违反会计职业道德的行为并没有违反会计法律、法规，对于这种情况，应对其行为进行道德谴责和行业处罚，这对于建立健全我国会计职业道德检查与奖惩机制有十分重要的意义。在会计行业中，对违反职业道德规范的行为，应由行业协会根据情节轻重，进行通报批评、罚款、取消会员资格、警告、退回客户收取的费用、参加教育等方式进行处理。

（三）建立激励机制

1985 年 1 月，新中国第一部《会计法》规定："对认真执行本法，忠于职守，坚持原则，作出显著成绩的会计人员，给予精神的或物质的奖励。"

1988 年 6 月，财政部印发的《颁发会计人员荣誉证书试行规定》，为在会计工作满 30 年的会计人员颁发《会计人员荣誉证书》。

为了鼓励会计人员热爱和做好本职工作，增强会计人员的职业荣誉感，表彰他们献身会计事业，为社会主义建设做贡献，财政部先后于 1990 年、1995 年组织了两次全国先进财会工作集体和先进工作者表彰大会，共评选出全国先进会计工作者 900 名。

为了评选表彰在社会主义市场经济中作出突出业绩和重大贡献的先进会计工作者，树立当代会计工作者楷模，塑造会计行业良好形象，激励广大会计工作者崇尚诚信、依法理财、锐意创新、敬业奉献，2007 年 4 月财政部印发《全国先进会计工作者评选表彰办法》，有多名会计工作者获得表彰，2019 年有 100 名同志获评"全国先进会计工作者"。

上述规定，对我国会计职业道德建设起到了极大的推动作用，弘扬了正气，激励了先进，鞭策了落后。但是，这些都是不定期的，没有形成一套定期的制度化、规范化的表彰制度。为此，各级政府及其财政部门、各单位可以依法建立健全会计职业道德激励机制，对会计人员遵守职业道德情况进行考核和奖惩。

※ 练习题 ※

在线测试

一、单项选择题

1. 财政部颁布《全国先进会计工作者评选表彰办法》的时间为（　　）。

A. 1985 年　　B. 2000 年

C. 2007 年　　D. 2015 年

2. 1988 年 6 月，财政部印发的《颁发会计人员荣誉证书试行规定》，为在会计工作满（　　）的会计人员颁发《会计人员荣誉证书》。

A. 10 年　　B. 20 年　　C. 30 年　　D. 40 年

3. 可以依法对社会各单位执行会计法律制度情况及会计信息质量进行不同形式的检查或抽查的执法主体是（　　）。

A. 审计署　　B. 教育部

C. 县级以上政府财政部门　　D. 税务机关

4. 2019 年在全国范围内评选出（　　）“全国先进会计工作者”。

A. 50 名　　B. 100 名　　C. 200 名　　D. 900 名

二、多项选择题

1. 财政部门在开展下列工作时，可将会计人员职业道德情况纳入考核内容的有（　　）。

A. 会计从业资格证书年检　　B. 会计法执法检查

C. 会计人员评优表彰　　D. 高级会计师资格考评

2. 会计职业道德检查与奖惩的意义主要表现在（　　）。

A. 提高会计人员整体素质　　B. 促使会计人员遵守职业道德规范

C. 裁决与教育作用　　D. 形成抑恶扬善的社会环境

3. 会计职业道德检查与奖惩的落实、实施必须借助于（　　）。

A. 政府部门的行政监管　　B. 职业团体的自律性监管

C. 企事业单位内部纪律　　D. 社会各界的监督

4. 财政部门对会计职业道德检查一般要结合（　　）。

A. 会计法执法检查　　B. 会计专业技术资格考评、聘用

C. 会计人员的晋升　　D. 会计人员的待遇

三、判断题

1. 会计职业道德检查部门是本单位的管理部门，由所在单位进行处罚。（　　）

2. 会计职业道德的检查与奖惩不仅具有道德法庭的作用，而且对会计人员具有深刻的教育作用。（　　）

3. 会计行为主体不论出于何种动机，都必须遵循会计职业道德规范，否则将受到相应的惩罚或谴责。（　　）

4. 会计职业道德的检查与奖惩可以起到裁决和教育作用。(　　)

5. 对有不遵循会计职业道德记录的，应取消其会计专业技术资格报名资格。(　　)

四、案例分析题

1. 某公司会计小袁因工作努力，喜爱钻研业务，积极提出合理化建议，多次被公司评为先进会计工作者。小袁的男友在一家私有电子企业任总经理，在其男友的多次请求下，小袁将在工作中接触到的公司新产品研发计划及相关会计资料复印件提供给其男友，给公司带来一定的损失。公司认为小袁不宜继续从事会计工作。

根据上述情况，回答下列问题：

(1) 小袁违反了哪些会计职业道德要求？

(2) 哪些单位可以对小袁违反会计职业道德的行为进行处理？说明理由。

2. 某集团公司财务部拟组织本系统会计职业道德培训。为了使培训工作更具针对性，公司财会部就会计职业道德的概念、会计职业道德与会计法律制度的关系、会计职业道德规范的内容、会计职业道德教育以及组织实施等问题，分别与会计人员甲、乙、丙、丁、戊5人进行了座谈。现就5人回答的主要观点摘录如下：

(1) 关于会计职业道德概念的问题，甲认为，会计职业道德是会计人员在社会交往和公共生活中应当遵循的行为准则，涵盖了人与人、人与社会、人与自然之间的关系。

(2) 关于会计职业道德与会计法律制度的关系问题，乙认为，会计职业道德与会计法律制度两者在性质、实现形式上都一样。

(3) 关于会计职业道德规范的内容，丙认为，会计职业道德规范的全部内容归纳起来就是两条：一是廉洁自律。会计职业是一项极为特殊的职业，整天与钱、财、物打交道，如果爱贪爱占，很容易走上犯罪的道路，会计职业的特殊性决定了会计人员必须做到“常在河边走，就是不湿鞋”。二是强化服务。会计人员的根本任务就是为单位负责人提供服务，应当无条件服从领导，不折不扣地贯彻领导意图。

(4) 关于会计职业道德教育问题，丁认为，开展会计职业道德教育的唯一途径就是依靠学历教育，只有这样，才能培养会计职业道德观念，强化会计职业道德情操。

(5) 关于会计职业道德的组织实施问题，戊认为，会计职业道德的组织实施，只能依靠财政部门的力量。因为会计的行业自律组织缺乏约束力，本单位又与会计人员存在利益上的密切关系，而财政部门承担着管理会计工作的职责，离开财政部门的组织推动，会计职业道德建设绝不可能得到有效实施。

要求：从会计职业道德的角度，分别分析判断甲、乙、丙、丁、戊5人的观点是否正确。如不正确，请阐述正确的观点。

3. 2020年，A公司由于经营管理和市场方面的原因，经营业绩滑坡。为了获得配股资格，A公司的主要负责人张三便要求公司财务总监李四对该年度的财务资料进行调整，以保证公司的净资产收益率符合配股条件。李四组织公司会计人员王五以虚做营业额、隐瞒费用和成本开支等方法调整了公司财务资料。A公司根据调整后的财务资料，于2020年10月申请配股并获批准发行。

根据上述情况，回答下列问题：

(1) 哪些当事人存在何种违法行为？哪些当事人违反了何种会计职业道德要求？

(2) 哪些单位或部门可以对相关当事人进行何种处理？说明理由。

4. 2020年11月，某公司因产品销售不畅，新产品研发受阻，公司财会部预测公司本年度将发生800万元亏损。刚刚上任的公司总经理责成总会计师王某千方百计实现当年盈利目标，并说："实在不行，可以对会计报表做一些会计技术处理。"总会计师很清楚公司本年度亏损已成定局，要落实总经理的盈利目标，只能在财务会计报告上做手脚。总会计师感到左右为难：如果不按总经理的意见去办，自己以后在公司不好待下去；如果照总经理的意见办，对自己也有风险。为此，总会计师思想负担很重，不知如何是好。

要求：根据《会计法》和会计职业道德的要求，分析总会计师王某应如何处理，并简要说明理由。

5. 总部在中国的ABC会计师事务所在美国设有分支机构，美国允许会计师事务所通过广告承揽业务，由此事务所委托该分支机构在美国媒体上进行广告宣传，以招揽美国在中国设立企业的审计业务。

要求：判断事务所是否违反中国注册会计师执业道德规范的要求并说明理由。

6. 2016年12月9日，习近平总书记在中共中央政治局第三十七次集体学习时强调："对突出的诚信缺失问题，既要抓紧建立覆盖全社会的征信系统，又要完善守法诚信褒奖机制和违法失信惩戒机制，使人不敢失信、不能失信。对见利忘义、制假售假的违法行为，要加大执法力度，让败德违法者受到惩治、付出代价。"①

要求：从会计职业道德的角度，谈谈你的感想。

7. 现象一：会计人员看人办事——官大办得快，官小办得慢，无官拖着办。

现象二：会计人员"站得住的顶不住，顶得住的站不住"，领导怎么说就怎么做，只要领导高兴，"原则"可以变成"圆则"。

现象三：会计人员整天与钱财打交道，"常在河边走，就是不湿鞋"，只要坚持"不犯罪"这条底线就行了。

要求：分别分析上述三种现象违背了哪三种会计职业道德规范。为什么？

8. 某施工单位拟向工程发包方有关人员支付好处费10万元，财务部经理于某认为该项支出不符合有关规定，但考虑到总经理已作指示，并且该项目拿下后会给企业带来100万元以上的利润，于是同意拨付该笔款项，并准备想办法弄10万元费用发票以便以后做账。

要求：分析于某的行为违背了哪些会计职业道德。

9. 某企业负责人在财务报告编制过程中对会计主管人员提出"许盈不许亏"的要求。该企业会计人员采用变更存货计价方法、冲减资产减值准备的手段，使财务报表做到稍有盈余。在注册会计师进驻审计时，该单位会计人员在单位负责人的指使下提出"如通不过审计就换审计人员"。在这种情况下，注册会计师出具了无保留意见的审计报告。

根据上述情况，回答下列问题：

(1) 会计人员违背了哪些会计职业道德要求？说明理由。

(2) 单位负责人、会计人员违反了《会计法》的哪些规定？应如何处罚？

(3) 注册会计师出具无保留意见的审计报告是否符合规定？如不符合，应如何处理？

---

① 人民网．习近平：坚持依法治国和以德治国相结合 推进国家治理体系和治理能力现代化．(2016-12-11) [2021-4-14]. http://jhsjk.people.cn/article/28940092.

※ 课程思政专栏 ※

会计名家

课程思政融入点

1. 学习会计名家执着求真、勇于创新、独树一帜的工匠精神。

2. 以会计名家率先垂范的工作作风、诲人不倦的高尚情操、宽厚慈爱的长者风范为榜样，以立德树人铸就教育之魂。

3. 树立爱岗敬业、乐于奉献、勇于实践的职业理念。

4. 弘扬中华传统文化，发扬开拓创新精神，推动中国会计国际化进程。

附录

模拟试题

模拟题（A）

一、单项选择题（每小题 1 分，共 40 分）

1. 我国会计法律制度中最高层次的法律规范是（　　）。
A. 《中华人民共和国宪法》　　B. 《会计法》
C. 《企业会计准则——基本准则》　　D. 《企业会计准则》

2. 根据《会计法》的规定，有权制定国家统一的会计制度的政府部门是（　　）。
A. 国务院　　B. 国务院财政部门
C. 国务院各业务主管部门　　D. 省级人民政府财务部门

3. 内部会计监督的主体是（　　）。
A. 单位负责人　　B. 会计机构负责人
C. 会计人员　　D. 会计机构和会计人员

4. 财政部门实施会计监督检查的对象是（　　）。
A. 单位负责人　　B. 单位经济业务事项
C. 会计行为　　D. 会计人员

5. 任用会计人员可以不实行回避制度的是（　　）。
A. 国家机关　　B. 事业单位　　C. 国有企业　　D. 代理记账公司

6. 代理记账许可证书（　　）。
A. 在全县范围内有效　　B. 在全市范围内有效
C. 在全省范围内有效　　D. 在全国范围内有效

7. 根据《支付结算办法》的规定，负责对银行结算账户进行监督的是（　　）。
A. 财政部　　B. 中国银行　　C. 中国人民银行　　D. 各商业银行

8. 会计人员违反会计制度规定情节严重的，（　　）。
A. 吊销其会计从业资格证书　　B. 移交司法机关
C. 5 年内不得从事会计工作　　D. 不得从事会计工作

9.《会计法》规定，国有单位实行回避制度。国有企业的会计机构负责人的直系亲属不得在本单位会计机构中从事（　　）。

A. 稽核工作　　B. 收入、支出、债权债务核算

C. 出纳工作　　D. 总账登记工作

10. 一般会计人员办理交接手续，负责监交的人员是（　　）。

A. 单位负责人　　B. 会计机构负责人　　C. 稽核人员　　D. 内部审计人员

11. 会计资料移交后，如发现是在原移交人员经办会计工作期间所发生的问题，由（　　）负责。

A. 单位负责人　　B. 接交人员　　C. 原监交人员　　D. 原移交人员

12. 临时存款账户有效期最长不得超过（　　）年。

A. 1　　B. 2　　C. 3　　D. 4

13. 由出票人签发、委托办理支票存款业务的银行在见票时无条件支付确定的金额给收款人或者持票人的票据称为（　　）。

A. 支票　　B. 银行汇票　　C. 银行本票　　D. 商业汇票

14. 商业汇票的付款期限，最长不得超过（　　）。

A. 10 天　　B. 1 个月　　C. 3 个月　　D. 6 个月

15. 签发支票，可由出票人授权补记的事项是（　　）。

A. 无条件支付的委托　　B. 确定的金额

C. 出票日期　　D. 收款人名称

16. 单位信用卡所需要的资金来源，必须从（　　）转账存入，不得交存现金。

A. 基本存款账户　　B. 一般存款账户

C. 专用存款账户　　D. 临时存款账户

17. 下列各项中，不符合票据和结算凭证填写要求的是（　　）。

A. 中文大写金额数字书写中使用繁体字，也应受理

B. 大写金额数字有“分”的，“分”后面不写“整”（或“正”）字

C. 中文大写金额数字前应标明“人民币”字样

D. 中文大写金额数字到“角”为止的，在“角”之后一定要写“整”（或“正”）字

18. 支票的有效期限为（　　）天。

A. 5　　B. 10　　C. 15　　D. 20

19. 政府采购的主要采购方式是（　　）。

A. 邀请招标　　B. 竞争性谈判　　C. 询价　　D. 公开招标

20. 关于办理支付结算的基本要求，下列表达不正确的是（　　）。

A. 必须使用按中国人民银行统一规定印刷的票据凭证和统一规定的结算凭证

B. 票据和结算凭证上的签章，必须是签名加盖章

C. 票据和结算凭证中的金额以中文大写和阿拉伯数码同时记载，两者必须一致

D. 票据和结算凭证的金额、出票或签发日期、收款人名称不得更改

21. 根据《会计法》的规定，（　　）对本单位的会计工作和会计资料的真实性、完整性负责。

A. 会计机构负责人　　B. 会计主管人员

C. 单位负责人　　D. 总会计师

22. 下列项目中，不属于现金结算特点的有（　　）。

A. 直接便利　　B. 安全性

C. 不易宏观控制和管理　　D. 费用较高

23. 实行财政授权支付的支出是（　　）。

A. 工资支出　　B. 零星支出　　C. 转移支付　　D. 购买支出

24. 不必采用订本式账簿的是（　　）。

A. 总账　　B. 库存现金日记账　　C. 银行存款日记账　　D. 明细账

25. 下列各项中，不属于会计档案的是（　　）。

A. 会计档案移交清册　　B. 会计档案保管清册

C. 会计档案销毁清册　　D. 月度财务计划

26.（　　）是我国第一部财政基本法律，是我国国家预算管理工作的根本性法律以及制定其他预算法规的基本依据。

A.《预算法》　　B.《预算法实施条例》

C.《政府采购法》　　D.《国库集中收付制度》

27.《会计法》规定的会计主管人员是指（　　）。

A. 会计机构中的主管会计

B. 未单独设置会计机构而在有关机构中指定的行使会计机构负责人职权的会计人员

C. 会计机构负责人

D. 主办会计

28. 根据《会计法》的规定，未按照规定填制、取得原始凭证或者填制、取得的原始凭证不符合规定的，应当追究有关（　　）的法律责任。

A. 会计人员　　B. 会计主管人员　　C. 单位负责人　　D. 单位和个人

29. 会计人员在办理移交手续时，对已经受理的经济业务尚未填制会计凭证的，应当填制完毕；尚未登记的账目，应当登记完毕，并在最后一笔（　　）后加盖经办人员印章。

A. 累计发生额　　B. 余额　　C. 本期发生额　　D. 期末余额

30. 适应我国当前经济发展的一种新的会计人才评价方式是（　　）。

A. 会计从业资格考试　　B. 会计专业技术资格考试

C. 会计领军（后备）人才培养　　D. 注册会计师考试

31. 在填写票据出票日期时，“11 月 20 日”应填写成（　　）。

A. 拾壹月贰拾日　　B. 零拾壹月贰拾日

C. 拾壹月零贰拾日　　D. 零壹拾壹月零贰拾日

32. 单位、个人和银行办理结算，必须使用按（　　）统一规定印制的票据和结算凭证。

A. 国家税务总局　　B. 财政部　　C. 国务院　　D. 中国人民银行

33. 下列账户中，不需要经过中国人民银行核准的是（　　）。

A. 基本存款账户　　B. 一般存款账户

C. 临时存款账户　　D. 预算单位开立的专用存款账户

34. 我国的国家预算实行一级政府一级预算，共分为（　　）预算。

A. 三级　　B. 四级　　C. 五级　　D. 六级

35. 有权审查本级总预算草案及中央及本级预算执行情况的报告的是（　　）。

A. 全国人民代表大会　　B. 省级以上人民代表大会

C. 县级以上人民代表大会　　D. 乡级以上人民代表大会

36. 根据《政府采购法》的规定，我国政府采购实行（　　）的执行模式。

A. 集中采购　　B. 分散采购

C. 自行采购　　D. 集中采购和分散采购相结合

37. 可以配合国家法律制度，调整职业关系中的经济利益关系，维护正常的市场经济秩序的工具称为（　　）。

A. 会计职业教育　　B. 会计职业修养

C. 会计职业纪律　　D. 会计职业道德

38. 下列对会计职业道德教育中的“廉洁自律”的阐述不正确的是（　　）。

A. 树立正确的人生观和价值观　　B. 公私分明，不贪不占

C. 重视会计职业声望　　D. 实事求是，不偏不倚

39. 会计职业道德的精髓，也是做人的基本准则体现在（　　）。

A. 爱岗敬业　　B. 诚实守信　　C. 服务群众　　D. 奉献社会

40. 根据《票据法》的规定，下列对于支票的表述不正确的是（　　）。

A. 现金支票只能支取现金　　B. 转账支票只能用于转账

C. 普通支票只能用于转账　　D. 划线支票只能用于转账

二、多项选择题（每小题 2 分，共 20 分）

1. 我国会计法律制度的构成包括（　　）。

A. 会计法律　　B. 会计行政法规

C. 国家统一的会计制度　　D. 地方性会计法规

2. 我国的国家预算根据国家政权结构和行政区划的不同，可分为（　　）。

A. 中央预算　　B. 地方预算

C. 总预算　　D. 部门单位预算

3. 财政部门履行的会计行政管理职能主要包括（　　）。

A. 制定国家统一的会计准则制度　　B. 会计市场管理

C. 会计专业人才评价　　D. 会计监督检查

4. 下列各项中，属于委托代理记账的委托人的义务的有（　　）。

A. 对本单位发生的经济业务事项，应当填制或者取得符合国家统一的会计制度规定的原始凭证

B. 应当配备专人负责日常货币收支和保管

C. 及时向代理记账机构提供真实、完整的原始凭证和其他相关资料

D. 对于代理记账机构退回的要求按照国家统一的会计制度规定进行更正、补充的原始凭证，应当及时予以更正、补充

5. 预算组织程序包括预算的（　　）等环节。

A. 编制　　B. 审批　　C. 执行　　D. 调整

6. 政府采购的原则包括（　　）。

A. 公开透明　　B. 公平竞争　　C. 公正　　D. 诚实信用

7. 国家预算的作用是国家预算职能在经济生活中的具体体现，它主要包括（　　）。

A. 财力保证作用　　B. 调节制约作用　　C. 反映监督作用　　D. 强制分配作用

8. 下列各项中，属于集中采购的优点的有（　　）。

A. 取得规模效益　　B. 降低采购成本　　C. 采购周期短　　D. 保证采购质量

9. 会计职业道德与会计法律制度的共同点包括（　　）。

A. 目标相同　　B. 调整对象相同　　C. 承担的职责相同　　D. 作用范围相同

10. 会计职业道德教育的内容包括（　　）。

A. 会计职业道德观念教育　　B. 会计职业道德规范教育

C. 会计职业道德警示教育　　D. 会计职业道德继续教育

三、判断题（每小题 1 分，共 10 分）

1. 单位负责人是指单位法定代表人或者法律、行政法规规定代表单位行使职权的主要负责人。（　　）

2. 会计工作的外部监督就是指会计工作的政府监督。（　　）

3. 按照会计法律制度的规定，各单位必须设置会计机构。（　　）

4. 初级、中级、高级会计师资格的取得均实行全国统一考试制度。（　　）

5. 票据大写日期未按要求规范填写的，银行可予受理。（　　）

6. 违法会计行为是指公民、法人和其他组织违反《会计法》和其他有关法律、行政法规、国家统一的会计制度的行为。（　　）

7. 按照《会计法》的规定，企业、事业单位任用会计人员应当实行回避制度。（　　）

8. 如果票据和结算凭证上的金额数字书写中使用繁体字，也应受理。（　　）

9. 财政部门实施会计监督检查的对象是会计核算工作。（　　）

10. 在社会主义市场经济条件下，会计法规与会计职业道德存在此消彼长的关系。（　　）

四、案例分析题（每小题 15 分，共 30 分）

1. 新源公司是一家国有企业。2020 年发生以下事项：

（1）该企业对 5 名会计人员进行了分工。其中单位出纳人员由单位负责人的侄女担任。

（2）会计人员 A 向税务部门举报本企业存在偷税行为，税务部门接到举报后，将有关材料转给该单位负责人进行核实。

（3）该企业在向外部报送财务会计报表时，由单位负责人、会计工作负责人盖章。

（4）年底单位档案管理部门自行销毁一批保管期满的会计档案。

（5）单位负责人要求会计负责人将 2019 年财务会计报告亏损改为盈利。

要求：分别指出上述业务是否违反了《会计法》和国家统一的会计制度的规定，并简要说明正确或错误的理由。

2. 2020 年 12 月，某公司因产品销售不畅，新产品研发受阻，公司会计部门预测公司本年度将发生 800 万元亏损。刚刚上任的公司总经理责成总会计师王某千方百计实现当年盈利目标，并说："实在不行，可以对会计报表做一些会计技术处理。"总会计师很清楚公司本年度亏损已成定局，要落实总经理的盈利目标，只能在财务会计报告上做手脚。总会计师感到左右为难：如果不按总经理的意见去办，自己以后在公司不好待下去；如果照总经理的意见办，对自己也有风险。为此，总会计师思想负担很重，不知如何是好。

要求：根据《会计法》和会计职业道德的要求，分析总会计师王某应如何处理，并简要说明理由。

模拟题（B）

在线测试

一、单项选择题（每小题 1 分，共 40 分）

1. 会计档案保管期限分为永久和定期两类。定期保管的会计档案，其最短期限是（　　）。

A. 15 年　　B. 10 年

C. 30 年　　D. 40 年

2.《企业会计准则》《会计基础工作规范》等属于会计法律制度中的（　　）。

A. 会计法律　　B. 会计行政法规

C. 会计部门规章　　D. 地方性会计法规

3. 见票后定期付款的商业汇票，持票人应当自出票之日起（　　）内向付款人提示承兑。

A. 10 天　　B. 1 个月　　C. 2 个月　　D. 6 个月

4. 根据《会计基础工作规范》的规定，会计机构负责人的直系亲属不得在本单位会计机构中从事（　　）。

A. 成本核算工作　　B. 固定资产明细账登记工作

C. 出纳工作　　D. 会计档案管理工作

5. 根据《支付结算办法》的规定，票据的出票日期必须使用中文规范填写。如“2 月 12 日”应写成（　　）。

A. 零贰月零壹拾贰日　　B. 零贰月壹拾贰日

C. 贰月零壹拾贰日　　D. 零贰月拾贰日

6. 根据《会计档案管理办法》的规定，各单位当年形成的会计档案，在会计年度终了后，可暂由（　　）。

A. 会计机构保管 1 年　　B. 会计机构保管 3 年

C. 会计人员保管 1 年　　D. 会计人员保管 3 年

7. 根据《会计法》的规定，担任单位会计机构负责人的，应具备（　　）以上专业技术职务资格或者从事会计工作 3 年以上经历。

A. 注册会计师　　B. 助理会计师　　C. 会计师　　D. 高级会计师

8. 根据《银行账户管理办法》的规定，存款人的工资、奖金等现金的支取，只能通过（　　）办理。

A. 一般存款账户　　B. 临时存款账户　　C. 基本存款账户　　D. 专用存款账户

9. 根据《会计法》的规定，在会计核算中，原始凭证金额有错误的，其正确的处理方法是（　　）。

A. 由出具单位重开，不得在原始凭证上更正

B. 由出具单位重开，并在更正处加盖出具单位印章

C. 由出具单位重开，也可以由出具单位在原始凭证上更正

D. 特殊情况下可以由本单位更正，但必须由至少两名会计人员在更正处签名

10. 下列各项关于票据特征的表述，不正确的是（　　）。

A. 票据以支付一定金额为目的　　B. 票据是出票人依法签发的有价证券

C. 票据所表示的权利与票据不可分离　　D. 票据所记载的金额均应委托他人支付

11. 下列各项关于银行汇票的表述，不符合《票据法》规定的是（　　）。

A. 银行汇票既可以用于转账，也可以用于支取现金

B. 对于转账的银行汇票不得支取现金

C. 用于支取现金的银行汇票必须在银行汇票上填写“现金”字样

D. 银行汇票的提示付款期自出票日期 10 日内

12. 支票的提示付款期限为自出票之日起（　　）日，超过提示付款期限提示付款的，持票人开户银行不予以受理，付款人不予以付款。

A. 3　　B. 5　　C. 10　　D. 15

13. 会计职业道德与会计法律制度的性质不同，这是因为（　　）。

A. 会计法律制度是具体的、明确的，而会计职业道德缺乏具体性、准确性

B. 会计法律制度具有很强的客观性，而会计职业道德具有很强的主观性

C. 会计法律制度具有很强的他律性，而会计职业道德具有很强的自律性

D. 会计法律制度具有很强的自律性，而会计职业道德具有很强的他律性

14. 下列项目中，关于票据签章的规定，不正确的是（　　）。

A. 票据签发时，由出票人签章　　B. 票据承兑时，由承兑人签章

C. 票据保证时，由保证人签章　　D. 票据转让时，由被背书人签章

15. 下列项目中，不属于支票的基本当事人的是（　　）。

A. 出票人　　B. 付款人　　C. 承兑人　　D. 收款人

16. 对于支票，既能用于支付现金，又能用于转账的是（　　）。

A. 现金支票　　B. 转账支票　　C. 划线支票　　D. 普通支票

17. 会计人员必须具备的行为品德中，被称为会计职业道德规范灵魂的是（　　）。

A. 爱岗敬业　　B. 诚实守信　　C. 客观公正　　D. 廉洁自律

18. “不为五斗米而折腰”说的是会计职业道德中的（　　）。

A. 坚持准则　　B. 提高技能　　C. 客观公正　　D. 廉洁自律

19. 财政部颁布《全国先进会计工作者评选表彰办法》的时间为（　　）。

A. 1985 年　　B. 2000 年　　C. 2007 年　　D. 2015 年

20. 在会计职业道德建设组织与实施体系中，起主导作用的是（　　）。

A. 财政部门的组织推动　　B. 会计行业的自律

C. 企事业单位的内部监督　　D. 社会各界的监督与配合

21. 会计制度中的账实相符规定体现了（　　）的会计职业道德规范的要求。

A. 诚实、合理　　B. 诚实、客观　　C. 公正、规范　　D. 公正、自律

22. 用于记录、核算和反映预算单位的特殊专项支出活动，并用于与国库单一账户清算的账户是（　　）。

A. 国库单一账户　　B. 特设账户　　C. 小额现金账户　　D. 预算外资金专户

23. 根据《政府采购法》的规定，我国政府采购实行（　　）的执行模式。

A. 集中采购　　B. 分散采购

C. 自行采购　　D. 集中采购和分散采购相结合

24. 在财政法体系中处于核心地位的是（　　）。

A. 税收法律制度　　B. 金融法律制度

C. 预算法律制度　　D. 政府采购法律制度

25. 采用汇兑结算方式，经过（　　）无法交付的汇款，汇入银行应主动办理退汇。

A. 1 个月　　B. 2 个月　　C. 3 个月　　D. 4 个月

26. 银行卡分为信用卡和借记卡是按（　　）分类的。

A. 使用对象　　B. 授信额度　　C. 币种　　D. 信息载体

27. 出票人签发空头支票，银行应予退票，并按票面金额处以（　　）的罚款。

A. 2%但不低于 1 000 元　　B. 5%但不低于 1 000 元

C. 5%但不低于 2 000 元　　D. 5%但不低于 10 000 元

28. 某公司签发一张商业汇票。根据《票据法》的规定，该公司的下列签章行为中，正确的是（　　）。

A. 公司盖章　　B. 公司法定代表人李某盖章

C. 公司法定代表人李某签名加盖章　　D. 公司盖章加公司法定代表人李某盖章

29. 存款人因借款或其他结算需要申请开立一般存款账户，其数量（　　）。

A. 只能为 1 个　　B. 不能超过 2 个　　C. 不能超过 3 个　　D. 没有限制

30. 票据的出票日期“3 月 15 日”应写成（　　）。

A. 3 月 15 日　　B. 叁月壹拾伍日　　C. 零叁月拾伍日　　D. 三月十五日

31. 凡在银行开户的单位，银行根据实际需要核定（　　）的日常零星开支数额作为该单位的库存现金限额。

A. 1～3 天　　B. 3～5 天　　C. 5～7 天　　D. 7～10 天

32. 下列关于库存现金限额说法不正确的是（　　）。

A. 各开户单位的库存现金都要核定限额

B. 库存现金限额是最低限额

C. 边远地区和交通不便地区的开户单位，其库存现金限额最多不得超过 15 天的日常零星开支的需要量

D. 库存现金限额由开户银行和开户单位根据具体情况商定

33. 我国的国家预算实行一级政府一级预算，共分为（　　）预算。

A. 三级　　B. 四级　　C. 五级　　D. 六级

34. 总预算的编制基础是（　　）。

A. 中央预算　　B. 地方预算　　C. 各级总预算　　D. 部门单位预算

35. 我国的国家预算实行一级政府一级预算，共分为（　　）。

A. 中央、省（自治区、直辖市）、市（自治州）三级预算

B. 中央、省（自治区、直辖市）、市（自治州）、县四级预算

C. 中央、省（自治区、直辖市）、市（自治州）、县、乡五级预算

D. 中央、省（自治区、直辖市）、市（自治州）、县、乡、村六级预算

36. 有权审查本级总预算草案及中央及本级预算执行情况的报告的是（　　）。

A. 全国人民代表大会　　B. 省级以上人民代表大会

C. 县级以上人民代表大会　　D. 乡级以上人民代表大会

37. 下列各项中，不属于政府采购当事人的是（　　）。

A. 采购人　　B. 供应商　　C. 采购代理机构　　D. 国有企业

38. 国库单一账户体系是指以（　　）为核心的各类财政性资金账户的集合。

A. 银行存款账户　　B. 财政国库存款账户

C. 小额现金账户　　D. 预算外资金专户

39. 会计档案保管期限分为永久和定期两类。定期保管的会计档案，其最长保管期限是（　　）。

A. 5 年　　B. 10 年　　C. 15 年　　D. 30 年

40. 下列会计档案中，不需要永久保管的是（　　）。

A. 会计档案移交清册　　B. 会计档案保管清册

C. 会计档案销毁清册　　D. 会计档案鉴定意见书

二、多项选择题（每小题 2 分，共 20 分）

1. 根据《会计法》的规定，会计账簿包括（　　）。

A. 总账　　B. 日记账　　C. 明细账　　D. 其他辅助账簿

2. 下列各项关于记账本位币的表述，符合《会计法》规定的有（　　）。

A. 会计核算以人民币为记账本位币

B. 业务收支以人民币以外的货币为主的单位，可以选定其中一种货币作为记账本位币

C. 以人民币以外的货币为记账本位币的单位，编制的财务会计报告无须折算为人民币

D. 以人民币以外的货币为记账本位币的单位，编制的财务会计报告应当折算为人民币

3. 根据《支付结算办法》的规定，支付结算应当遵循的原则包括（　　）。

A. 恪守信用、履约付款的原则　　B. 谁的钱进谁的账、由谁支配的原则

C. 统一管理、分类结算的原则　　D. 银行不垫款的原则

4. 我国预算法律制度由（　　）以及国家预算管理的其他法规制度构成。

A.《预算法》　　B.《预算法实施条例》

C.《政府采购法》　　D.《国库集中收付制度》

5. 单位内部会计监督的主体是各单位的（　　）。

A. 会计机构　　B. 审计机构　　C. 会计人员　　D. 审计人员

6. 根据《会计基础工作规范》的规定，会计工作岗位（　　）。

A. 可以一人一岗　　B. 可以一人多岗

C. 可以一岗多人　　D. 可以多人多岗

7. 代理记账机构可以根据委托人的委托，（　　）。

A. 对委托人的业务进行会计核算　　B. 对外提供财务会计报告

C. 向税务机构提供税务资料　　　　　　　D. 办理工商执照

8. 根据《票据法》的规定，票据丧失后可以采取的补救措施有（　　）。

A. 挂失止付　　　　B. 申请仲裁　　　　C. 公示催告　　　　D. 普通诉讼

9. 根据《银行账户管理办法》的规定，专用存款账户主要适用于专项管理和使用的资金，包括（　　）。

A. 日常经济活动收付的资金　　　　　　B. 技术改造资金

C. 住房基金　　　　　　　　　　　　　D. 社会保障资金

10. 建立会计职业道德的检查与奖惩机制，主要包括（　　）。

A. 加强财政部门对会计职业道德的监督检查

B. 加强会计行业组织对会计职业道德的自律管理与约束

C. 建立、健全会计职业道德的激励机制

D. 建立、健全会计职业道德的惩处机制

三、判断题（每小题 1 分，共 10 分）

1. “会计主管人员”是《会计法》中的一个特指概念，其意义等同于“会计主管”或者“主管会计”。（　　）

2. 会计职业道德是在会计职业活动中应当遵循的、体现会计职业特征的、调整会计职业关系的职业行为准则和规范。（　　）

3. 所谓变造会计凭证、会计账簿，是指采取涂改、挖补以及其他方法改变会计凭证、会计账簿真实内容的行为。（　　）

4. 任何单位和个人都有权检举违反《会计法》的行为。（　　）

5. 在我国会计法律体系中，《会计法》是层次最高的法律规范，是制定其他法规的依据，是指导会计工作的最高准则。（　　）

6. 决算是指对年度预算收支执行结果的会计报告，是预算执行的总结，是国家管理预算活动的最后一道程序。（　　）

7. 根据《政府采购法》的规定，采购人采购纳入集中采购目录的政府采购项目，应当采用集中采购。（　　）

8. 出纳人员不得兼任稽核和收入、费用、债权债务账目的登记工作，但可以兼管会计档案。（　　）

9. 挂失止付是票据丧失后采取的必经措施。（　　）

10. 《票据法》规定，对出票金额、出票日期、收款人名称进行更改的票据，为无效票据。（　　）

四、案例分析题（每小题 15 分，共 30 分）

1. 2020 年某建材厂（一般纳税人）发生以下事项：

（1）2 月 10 日，该厂会计人员王某脱产学习一个月。会计科科长陈某指定出纳员李某临时兼管王某费用账目的登记工作。

（2）7 月 15 日，该厂收到一张与乙公司共同负担费用支出的原始凭证，该厂会计人员赵某对该原始凭证及应承担的费用进行账务处理，并保存该原始凭证；同时应乙公司的要求，将该原始凭证复印件提供给乙公司用于账务处理。

（3）会计科小袁是主办会计，因工作努力，喜爱钻研业务，积极提出合理化建议，多次被公司评为先进会计工作者。小袁的男友在一家私有电子企业任总经理，在其男友的多次请求下，8 月 28 日小袁将在工作中接触到的公司新产品研发计划及相关会计资料复印件提供给其男友，给公司带来一定的损失。公司认为小袁不宜继续从事会计工作。

根据上述情况，分析回答以下问题：

（1）出纳员李某临时兼管王某费用账目的登记工作是否符合有关规定？为什么？

（2）赵某将原始凭证复印件提供给乙公司用于账务处理的做法是否正确？为什么？

（3）小袁违反了哪些会计职业道德要求？

2. A 公司向 B 公司购买一批货物，于 2020 年 8 月 20 日签发一张转账支票给 B 公司用于支付货款，但 A 公司在支票上未记载收款人名称，约定由 B 公司自行填写。B 公司取得支票后，在支票收款人处填写上 B 公司名称，并于 2020 年 8 月 26 日将该支票背书转让给 C 公司。C 公司于 2020 年 9 月 1 日向付款银行提示付款。已知 A 公司在付款银行的存款足以支付支票金额。

根据上述情况，回答以下问题：

（1）A 公司签发的未记载收款人名称的支票是否有效？简要说明理由。

（2）A 公司签发的支票能否向付款银行支取现金？简要说明理由。

（3）付款银行能否拒绝向 C 公司付款？简要说明理由。

图书在版编目（CIP）数据

财经法规与会计职业道德/丁增稳主编 . -- 5 版
. -- 北京：中国人民大学出版社，2021.8
21 世纪高职高专会计类专业课程改革规划教材
ISBN 978-7-300-29458-2

Ⅰ. ①财… Ⅱ. ①丁… Ⅲ. ①财政法-中国-会计-高等职业教育-教材②经济法-中国-会计-高等职业教育-教材③会计人员-职业道德-高等职业教育-教材
Ⅳ. ①D922.2②F233

中国版本图书馆 CIP 数据核字（2021）第 110397 号

"十三五"职业教育国家规划教材
"十二五"职业教育国家规划教材
经全国职业教育教材审定委员会审定
"教学做一体化"特色教材
21 世纪高职高专会计类专业课程改革规划教材
财经法规与会计职业道德（第五版）
主　编　丁增稳
副主编　郑兴东　李海燕
Caijing Fagui yu Kuaiji Zhiye Daode

出版发行	中国人民大学出版社		
社　　址	北京中关村大街 31 号	**邮政编码**	100080
电　　话	010－62511242（总编室）		010－62511770（质管部）
	010－82501766（邮购部）		010－62514148（门市部）
	010－62515195（发行公司）		010－62515275（盗版举报）
网　　址	http://www.crup.com.cn		
经　　销	新华书店		
印　　刷	北京鑫丰华彩印有限公司	**版　　次**	2010 年 3 月第 1 版
规　　格	185 mm×260 mm　16 开本		2021 年 8 月第 5 版
印　　张	12.5	**印　　次**	2021 年 8 月第 1 次印刷
字　　数	296 000	**定　　价**	36.00 元